28 Susa
29 Syene
30 Syrakus
31 Theben
32 Thera
33 Tusculum

Wie Augustus die Feuerwehr erfand

Holger Sonnabend

Wie Augustus die Feuerwehr erfand

Große Errungenschaften der Antike

Artemis & Winkler

Die Deutsche Bibliothek – CIP-Einheitsaufnahme

Sonnabend, Holger:
Wie Augustus die Feuerwehr erfand : große Errungenschaften der Antike /
Holger Sonnabend. –
Düsseldorf ; Zürich : Artemis und Winkler, 2002
ISBN 3-538-07135-7

Umschlagmotiv: © ZEFA/Raga. EUR 0212 FRANKREICH/PROVENCE: PONT DU GARD.
Europe France Geography & Travel. Pont du Grad P
Umschlaggestaltung: Groothuis & Consorten, Hamburg
Satz: KompetenzCenter, Düsseldorf
Druck und Verarbeitung: Wiener Verlag, A-Himberg
ISBN 3-538-07135-7
www.patmos.de

Inhalt

Einführung

Eine der nachteiligen Eigenschaften der Antike scheint zu sein, daß sie schon so lange her ist. Insofern haftet ihr nicht ganz zu Unrecht das Etikett an, alt zu sein, und mit jedem neuen Tag wird sie auch wieder etwas älter. Alt (und sogar sehr alt) ist die Antike jedoch nur aus unserer heutigen, modernen Perspektive. Folgt man dem zeitlichen Verlauf der Geschichte, dann steht die Antike ganz am Anfang und ist insofern neu. Viel Geschichte hat die Antike jedenfalls nicht vor sich gehabt, und daher hatte sie auch die einzigartige und so nicht mehr wiederholbare Chance, auf vielen Gebieten Neuland zu betreten. Und diese Chance hat sie auch bestens genutzt.

Gerne und häufig verweist man auf die Leistungen von Griechen und Römern in Politik, Kunst, Literatur und Philosophie. Anders sieht es bei den Naturwissenschaften, bei der Technik und der Wirtschaft aus. Hier konstatiert man genauso gern und genauso häufig ein beträchtliches Defizit. Am deutlichsten zeigt sich dies an dem (manchmal etwas gönnerhaften) Erstaunen, mit dem man registriert, was die Antike an Errungenschaften und Leistungen auf diesen Feldern aufzuweisen hat – als ob man ihr so etwas gar nicht zugetraut hätte.

Das vorliegende Buch will aber nicht ins andere Extrem verfallen und die antiken Menschen zu naturwissenschaftlichen und technischen Heroen stilisieren. Vielmehr ist zu zeigen, was man aus den zur Verfügung stehenden Möglichkeiten gemacht hat. Erfindungen und Innovationen fallen nicht vom Himmel, und nur selten sind sie das Resultat ingeniöser Eingebungen großer Geister. Es bedarf dazu eines kreativen Gesamtklimas, der richtigen Zeit und des richtigen Ortes. Und häufig bedurfte es, in der Antike genauso wie in späteren Epochen der Geschichte, eines langwierigen Prozesses des Arbeitens, des Probierens und des Experimentierens, an dem viele kluge Geister beteiligt waren, bis der Durchbruch gelang und endlich das innovative Produkt vorlag.

Gewürdigt werden in diesem Buch die Leistungen und Errungenschaften der Perser, der Griechen und der Römer. Das hat den einfachen Grund, daß wir aufgrund vieler, vor allem auch schriftlicher Zeugnisse und Quellen über deren Aktivitäten besonders gut im Bilde sind. Aber Perser, Griechen und Römer konnten schon auf den Innovationen des Alten Orients, insbesondere in Ägypten und Mesopotamien, aufbauen. Schließlich waren die Ägypter in der Lage, Wunderwerke wie die Pyramiden zu bauen, obwohl man heute im-

mer noch nicht so genau weiß, wie sie das eigentlich angestellt haben. Und die Mesopotamier haben beispielsweise in der Astronomie Bahnbrechendes geleistet. Auch die Bewässerungstechnik hat ihre Ursprünge in den alten Staaten an Euphrat, Tigris und Nil. Nur müssen die Pioniere, die Ingenieure und Konstrukteure des Alten Orients aufgrund fehlender Quellen wohl für immer namenlos und unbekannt bleiben. Ihr Anteil an den Leistungen griechischer und römischer Wissenschaftler aber muß angemessen berücksichtigt werden.
Bei den Persern, vor allem aber bei den Griechen und den Römern sieht es mit den Möglichkeiten der Erkenntnis ganz anders aus. Hier können wir in den meisten Fällen viele Einzelheiten rekonstruieren, wir kennen das Umfeld, in dem sie ihre Leistungen vollbrachten, und auch die Biographien der Wissenschaftler selbst müssen nicht völlig im Dunkeln bleiben. Präsentiert werden in diesem Buch 21 Sachgebiete antiker Wissenschaft mit 21 jeweils dazugehörigen Persönlichkeiten, die auf diesen Gebieten Wesentliches und Bedeutendes geleistet haben. Vollständigkeit konnte nicht angestrebt werden, die Garde der 21 Auserwählten steht sozusagen stellvertretend für eine noch viel größere Zahl von Naturwissenschaftlern, Technikern und Tüftlern, die sich zu verschiedenen Zeiten den Kopf darüber zerbrochen haben, wie man die Menschheit technisch und zivilisatorisch voranbringen könne. Aufgenommen wurden solche Persönlichkeiten, deren innovative Tätigkeit eine über die Antike hinausgehende, am besten sogar bis in die Gegenwart reichende Wirkung hat. Vielleicht überraschen den ein oder anderen Namen wie Caesar oder Augustus, die man als erfolgreiche Feldherrn oder Politiker kennt, weniger aber mit so segensreichen Einrichtungen wie der Verkehrsplanung oder der Feuerwehr in Verbindung zu bringen pflegt. Auch Wissenschaftler wie Aristoteles oder Philosophen wie Seneca tauchen als Protagonisten von Disziplinen auf, in denen man sie ebenfalls nicht unbedingt erwarten würde. Gesellschaft leisten diesen zur antiken Prominenz gehörenden Persönlichkeiten aber auch eher unbekannte Menschen wie der römische Fischzüchter Gaius Sergius Orata, der in kaum einem Lexikon verzeichnet ist, obwohl er sich in der Sparte der Heiztechnik unsterbliche Verdienste erworben hat.
Wenn also bei dem Personal notwendigerweise eine Auswahl zu treffen war, so könnte man eine ganze Gruppe vermissen, die eigentlich in einer Parade kreativer Geister der Antike nicht fehlen sollte. Der Fischzüchter und Heiztechniker Orata ist vertreten, aber was ist mit Prometheus, mit Daidalos und Ikaros, mit Odysseus? Auch Prometheus machte sich um das Allgemeinwohl verdient, als er den Göttern das Feuer stahl und es den Menschen schenkte. Ohne ihn hät-

ten die antiken Menschen also nie heizen, kochen und für Licht sorgen können. Für seinen Diebstahl wurde er von dem erbosten Zeus zur Strafe an einen Felsen im Kaukasus gefesselt, und zu allem Überfluß fraß ein Adler täglich an seiner Leber, die daraufhin immer wieder nachwuchs. Befreit wurde er endlich vom Helden Herakles. Und Ikaros? Er machte den Traum vom Fliegen wahr, weil er das Glück hatte, über einen sehr patenten Vater zu verfügen. Jener Daidalos, der Prototyp des antiken Erfinders, baute als erster Statuen, die sich automatisch bewegten. Er konstruierte auch das berühmte Labyrinth im Palast von Knossos auf Kreta. Der König Minos zeigte sich allerdings wenig dankbar und setzte ihn dort gefangen. Da stellte Daidalos für sich und seinen Sohn Flügel her, deren Federn er mit Wachs zusammenklebte, und mit deren Hilfe erhoben sie sich in die Lüfte. Dem unbesonnenen Ikaros wurden aber gleich die Grenzen antiker Luftfahrt aufgezeigt: In seinem Übermut kam er zu nahe an die Sonne heran, da schmolz das Wachs, und Ikaros stürzte hinab ins Meer. Daidalos wenigstens glückte die Flucht, und er konnte nach Sizilien entkommen. Schließlich Odysseus, der griechische Trojaheld, »listenreich«, wie ihn Homer zu bezeichnen pflegt und unsterblich geworden als Architekt des »Trojanischen Pferdes«, das es den Griechen ermöglichte, Troja zu stürmen – darf er keinen Platz in der Reihe prominenter Protagonisten antiker Wissenschaft beanspruchen?
Aber das sind alles Figuren des Mythos – zumindest sind Zweifel angebracht, ob es einen Prometheus, einen Daidalos, einen Ikaros, einen Odysseus wirklich gegeben hat. Und doch zeugen diese von antiken Menschen produzierten Mythen von einem sehr realen Interesse daran, etwas Neues zu schaffen, Herausforderungen anzunehmen, die Welt zu verändern, die eigenen Grenzen zu überschreiten, die Natur in den Griff zu bekommen oder gar zu überlisten. Wie das in der Wirklichkeit funktioniert hat, soll der folgende, chronologisch angelegte Streifzug durch über 600 Jahre antike Geschichte zeigen.

Thales

Griechischer Naturwissenschaftler, um 625 – um 547 v. Chr.; Pionierleistung: der »Satz des Thales«

Es gibt viele Persönlichkeiten der Antike, die man heute nicht mehr unbedingt kennen muß. Andere sollten einem schon etwas sagen, will man nicht in den Verdacht geraten, bei seinen Bemühungen um eine gediegene Allgemeinbildung Wesentliches versäumt zu haben. Dann aber gibt es glücklicherweise Namen, an denen man einfach nicht vorbeikommt, weil sie sich einem geradezu aufdrängen. Zu diesem illustren Kreis gehört zweifellos auch Thales, dessen berühmter, nach ihm benannter »Satz« fester Bestandteil eines jeden Mathematik-Unterrichts ist.

Thales – ein Phantom?

Wer aber war dieser Thales? Forscht man in den antiken Quellen nach gesicherten Informationen über sein Leben und sein Wirken, so ergibt sich ein höchst diffuses Bild. Zu unterschiedlich sind die wissenschaftlichen Großtaten, die man ihm zuschreibt, als daß man all diesen Nachrichten Glauben schenken mag. Thales als Pionier der Philosophie, Meister der Astronomie, Protagonist der Geometrie, Kenner der Meteorologie, Experte der Geographie, nebenbei auch noch Fachmann für Politik und Diplomatie – das scheint, bei allem Respekt vor antiken Forschungsleistungen, doch des Guten etwas zu viel zu sein. Und dann die vielen Anekdoten, die über ihn kursierten, die ihn einmal als weltfremden Sonderling, dann wieder als patenten, marktorientierten Kapitalisten porträtieren: Gehören diese Facetten tatsächlich zu ein und derselben Persönlichkeit? Oder ist dieser Thales am Ende nur ein Phantom, eine Chiffre für Leistungen, die in Wirklichkeit ganz andere erbracht haben?

Auf der Suche nach dem historischen Thales

Zur Beruhigung sei versichert: Die Bücher zur europäischen Wissenschaftsgeschichte müssen nicht neu geschrieben werden. Es entspricht nach wir vor den Tatsachen, wenn in den ersten Kapiteln dieser Bücher der Name Thales auftaucht. Allerdings kommt man nicht umhin, behutsam zu prüfen, was von dem historischen Thales übrig bleibt, wenn man die antiken Zeugnisse, die auf ihn Bezug nehmen, nach ihrem Wahrheitsgehalt befragt. Zuzutrauen ist ihm auf jeden

Fall die postulierte wissenschaftliche Vielseitigkeit. In jener frühen Phase der griechischen Geschichte, in die Thales hineingehört, gab es noch keine Spezialisierung. Ein kluger Kopf, der über genügend Geld und Zeit verfügte, interessierte sich so ziemlich für alles, was es in der Welt zu erkunden gab. Andererseits hatten die Griechen die Angewohnheit, große Erfindungen und Errungenschaften im Rückblick gleich paketweise einzelnen Protagonisten wie eben Thales zuzuschreiben.

Thales (Büste, Rom, vatikan. Museen)

Heimat Milet

Was die Biographie des Thales angeht, so gibt es immerhin zwei unumstößliche Fakten: Er stammte aus der Stadt Milet, und er erlebte das Jahr 585 v. Chr. Die Herkunft ist in diesem Fall nicht unwichtig und geeignet, das Phänomen Thales zu erklären. Milet war eine alte griechische Gründung und entwickelte sich bald zur bedeutendsten Stadt in Ionien (wie die Griechen diese Landschaft im Westen Kleinasiens nannten). Im Gegensatz zu den mutterländischen Griechen empfingen die Ionier, wegen der räumlichen Nähe, viele Impulse von den hochentwickelten Kulturen des Orients.

Die Sonnenfinsternis vom 28. Mai 585 v. Chr.

Und so dürfte Thales die Inspiration für eine erste, vielbewunderte Leistung aus dem babylonischen Raum empfangen haben: die Vorhersage einer Sonnenfinsternis, die nach modernen astronomischen Berechnungen am 28. Mai 585 v. Chr. stattgefunden hat. Die antiken Thales-Forscher rekonstruierten aus dieser Angabe ein Geburtsdatum 625 v. Chr., gemäß der vorherrschenden Auffassung, daß der Mensch im 40. Lebensjahr seine bedeutendste Tat vollbringt (eine für ältere Menschen, die glauben, noch nichts Besonderes geleistet zu haben, durchaus beunruhigende Einschätzung). Vermutlich hatte sich Thales bei seiner Prognose babylonischer Schaltzyklen bedient. Heutige Forscher sind allerdings skeptisch, ob er auch wirklich den genauen Tag und den genauen Monat und nicht nur das betreffende Jahr vorausgesagt hat. Aber das schmälert seine Verdienste um die wissenschaftliche Astronomie nur unwesentlich.

Die Suche nach der Grundsubstanz

Wahrscheinlich schon älter als 40 Jahre war Thales, als er zum Begründer dessen wurde, was man heute die ionische Naturphilosophie nennt. Wiederum unter dem Eindruck der innovativen geistigen Atmosphäre des Orients machte er sich auf die Suche nach der Antwort auf eine wahrlich fundamentale Frage: Was ist die Grundsubstanz der Welt und allen Lebens? Das Ergebnis seines diesbezüglichen Nachdenkens: Der Ursprung und die Grundlage von allem Seienden ist das Wasser. Mit dieser revolutionären Meinung trat der Forscher geradezu eine Lawine los. Seine ebenfalls aus Milet stammenden Schüler und Kollegen Anaximander und Anaximenes wandelten auf seinen Spuren und kamen zu alternativen Resultaten: Anaximander ersetzte das Wasser des Thales etwas abstrakt durch eine Substanz, die er das *ápeiron*, das Grenzenlos-Unbestimmbare, nannte, Anaximenes hingegen tauschte das Wasser gegen ein anderes Element, die Luft, aus. Das Thema sollte die antiken Denker jedenfalls nicht mehr loslassen und wurde vor allem von Demokrit, dem Pionier der antiken Atomforschung, wieder aufgegriffen.

Die Geographie des Thales

Wie Thales ausgerechnet auf das Wasser gekommen ist, läßt sich nicht deutlich ausmachen. Doch spielte das Wasser in seinem Denken überhaupt eine große Rolle. Er fragte nicht nur nach der Substanz allen Seins, sondern – etwas pragmatischer – auch nach der geographischen Beschaffenheit der Erde. Diese dachte er sich als eine Scheibe, die auf dem unendlichen Weltmeer, dem *Okéanos*, schwimmt. Und zukünftigen Erdbebenforschern gab er als Anregung mit auf den Weg, doch die Möglichkeit in Betracht zu ziehen, daß die seismischen Vorgänge durch stürmische Bewegungen auf dem

Ozean hervorgerufen werden – eine unkonventionelle Deutung der Dinge (der Römer Seneca nannte sie schlicht »albern«), galten Erdbeben doch gemeinhin als Werk des Gottes Poseidon.

»Der Satz« – des Thales oder des Pythagoras?

Was ist aber nun mit Thales als Mathematiker? Hier gibt es Anlaß zur Sorge. Schon in der Antike bestanden ernste Zweifel an den Urheberrechten des Thales für den »Satz des Thales«. Der »Satz des Thales«, so heißt es, sei in Wirklichkeit ein »Satz des Pythagoras«. Das kann etwas verwirren, weil, wie man ebenfalls aus dem Mathematik-Unterricht weiß, Pythagoras doch schon seinen »Satz« hat, nämlich die folgende grundlegende Erkenntnis der Geometrie: In einem rechtwinkligen Dreieck ist der Flächeninhalt des Quadrates über der Hypotenuse c (also die Langseite des Dreiecks) gleich der Summe der Flächeninhalte der Quadrate über den Katheten (den Kurzseiten des Dreiecks) a und b – besser bekannt unter der Formel $a^2 + b^2 = c^2$. Nun war Pythagoras, ein jüngerer Kollege des Thales, der im unteritalischen Kroton eine Gruppe von lernwilligen Schülern um sich geschart hatte, sicher noch mehr an Mathematik interessiert als der Gelehrte aus Milet. Mit seinem Namen sind unter anderem verbunden die Theorie der Proportionen und die Lehre von den geraden und den ungeraden Zahlen. Und so würde zu ihm durchaus auch die Entdeckung jenes nach Thales benannten Lehrsatzes passen, der sich ja ebenfalls mit den geometrischen Eigenschaften des Dreiecks beschäftigt: Wenn in einem Dreieck die Ecke gegenüber der Hypotenuse auf einem Halbkreis über dieser Seite liegt, dann bildet diese Ecke einen rechten Winkel, oder, anders formuliert: Die Scheitelpunkte aller rechtwinkligen Dreiecke liegen über dem auf der Hypotenuse errichteten Kreis.

Definitiv kann die Streitfrage nach dem Copyright auf den »Satz des Thales« nicht entschieden werden. Als Argument *pro* Thales wird kaum gelten, daß Pythagoras seinen »Satz« sicher hat und man deshalb auch Thales großzügig einen »Satz« überlassen sollte. Nicht zu unterschätzen ist die angesprochene Tendenz der antiken Schriftsteller, Thales mit allen möglichen – und auch mit ihm in Wirklichkeit nicht zustehenden – Lorbeeren zu versehen. Vielleicht kann man sich salomonisch auf den Kompromiß einigen, daß Thales auf jeden Fall das intellektuelle Rüstzeug gehabt hat, um einen solchen »Satz« aufzustellen. Sein treuester antiker Anhänger, der im 3. Jahrhundert n. Chr. schreibende Philosophie-Historiker Diogenes Laertios, der unerschütterlich an Thales als Erfinder des Thales-Satzes festhielt, wußte sogar noch von weiteren mathematischen Aktivitäten zu berichten. Während eines Aufenthaltes in Ägypten soll er die Höhe der Pyramiden aufgrund der Länge ihrer Schatten bestimmt haben, »indem er den Zeitpunkt benutzte, zu dem unser Schatten ebenso groß ist wie wir selbst.« Andere Quellen erzählen, Thales habe sich auch um die Seefahrt Verdienste erworben, als er ein Verfahren entwickelte, das es ermöglichte, die Enfernung zwischen Schiffen auf dem Meer zu errechnen. Gelungen sei ihm dies durch die konsequente Anwendung des sogenannten Zweiten Kongruenzsatzes, wonach Dreiecke dann kongruent sind, wenn eine Seite und die beiden angrenzenden Winkel gleich sind.

Platons Zorn auf die Mathematiker

Auf die weitere Geschichte der Mathematik in der Antike hat aber zweifellos Pythagoras den größeren Einfluß ausgeübt. Dafür steht vor allem der Name des Eudoxos aus dem kleinasiatischen Knidos, der im 4. Jahrhundert v. Chr. die Lehre von den Proportionen weiterentwickelte. Eudoxos ist allerdings auch ein Beispiel dafür, daß es in der Antike mitunter nicht ungefährlich war, Mathematiker zu sein. Wie der Schriftsteller Plutarch berichtet, nahm Eudoxos das an sich verdienstvolle Unternehmen in Angriff, die »Mathematik interessant zu machen«, indem er »Probleme, die durch theoretische und zeichnerische Beweisführung nicht zu lösen waren, durch ins Auge fallende mechanische Apparate unterbaute«. So führte er nach Plutarch das grundlegende Problem des Auffindens der zwei mittleren Proportionalen durch mechanische Instrumente zur Lösung, wobei er »ausgehend von krummen Linien und Schnitten nach deren Muster bestimmte Mittelwertzeichner konstruierte«. Dieser Versuch der Veranschaulichung mathematischer Probleme ließ den berühmten Philosophen Platon vor Zorn erbeben. Eudoxos und seine Anhänger, so wetterte er, zerstören den Adel und die Reinheit der Mathematik, »wenn sie aus der unkörperlichen Sphäre des reinen Denkens ins Sinnliche herabgleitet und sich körperlicher Dinge bediene, die vieler niedrigen, handwerklichen Tätigkeiten bedürfe«. Nach Plutarch war dieses harsche Verdikt die Geburtsstunde der Trennung von antiker Mathematik und antiker Mechanik. Gleichwohl gab es auch weiterhin Forscher wie Archimedes, für den mathematische Reinheit und praktische Anwendung in der Mechanik kein Widerspruch waren.

Der Tod der Mathematikerin Hypatia

Den Fortschritten in der Mathematik konnten solche akademischen Diskussionen nichts anhaben. Um 300 v. Chr. wirkte in der Wissenschaftsmetropole Alexandria Euklid, der wohl berühmteste Mathematiker der Antike, der auch die neuzeitliche Mathematik entscheidend beeinflußt hat. Die Planimetrie (die Lehre von der ebenen Geometrie), die Arithmetik und die Stereometrie zählten zu seinen bevorzugten Arbeitsgebieten. Einen Kommentar zu Euklid verfaßte im 4. Jahrhundert n. Chr. der ebenfalls in Alexandria forschende Theon, der im übrigen der Vater jener Hypatia gewesen ist, mit deren Name ein ziemlich düsteres Kapitel antiker Wissenschaft verbunden ist. Vom Vater erbte Hypatia das Interesse an der Mathematik und an der Philosophie, und in einer nach den damaligen Verhältnissen für Frauen singulären Weise engagierte sie sich öffentlich in der Forschung und in der Lehre. Bald geriet sie in Konflikt mit den führenden christlichen Kreisen in Alexandria – nicht so sehr, weil diesen eine solch exponierte Rolle einer Frau ein Dorn im Auge war, sondern eher, weil sie mit ihren philosophischen Überzeugungen den Interessen der Kirche in die Quere kam. Auf Anstiftung des Bischofs Kyrillos wurde Hypatia, der historische Prototyp aller Mathematikerinnen, im Jahre 415 n. Chr. von einer aufgebrachten Menge gelyncht.

Thales im Dienste des Kroisos

Thales von Milet war 1000 Jahre zuvor von solchen Anfeindungen verschont geblieben. Dazu bestand auch keinerlei Anlaß, denn er hat sich, will man den Quellen einigermaßen Glauben schenken, den Herrschenden und den Mächtigen mehrfach als dienstbar erwiesen. Zu seinen speziellen Freunden zählte der Lyderkönig Kroisos, der in seiner latinisierten Namensform *Krösus* zum sprichwörtlichen Sinnbild für Reichtum wurde (den Kroisos im übrigen durch die Ausbeutung der lydischen Bodenschätze und eine recht rigide Steuerpolitik erworben hatte). Im Jahre 547 v. Chr. unternahm Kroisos einen Feldzug gegen den Erzfeind, das östlich benachbarte Perserreich. Dabei ergab sich das Problem, wie das Heer über den Halys, den Grenzfluß zwischen Lydien und Persien, kommen solle. Die Lösung fand Thales, der sich in der Begleitung des Kroisos befand. Er legte einen Kanal an, in den er den Halys umleitete, und so konnte die lydische Armee bequem durch das nun trockengelegte alte Flußbett marschieren. Der Historiker Herodot, der offenbar nicht zur Fraktion der Thales-Freunde gehörte, wollte diese Leistung allerdings aus der Liste der Meriten des Wissenschaftlers aus Milet streichen. Seiner Meinung nach habe Kroisos mit seiner Armee den Halys ganz unspektakulär auf Brücken überquert. »Bei den Griechen aber«, so der mißgünstige Geschichtsschreiber, »erzählt man sich überall, Thales aus Milet habe das Heer hinübergeschafft.«

Ein kapitales Mißverständnis

Der Feldzug endete für Kroisos allerdings mit einer Katastrophe, sein Heer wurde vollständig aufgerieben, die Perser zerstörten seine Residenzstadt Sardes. Dabei war der Freund des Thales sehr optimistisch in den Krieg gezogen, hatte ihm doch das Orakel von Delphi, das er vor entscheidenden Aktionen regelmäßig zu konsultieren pflegte, prognostiziert, er würde, wenn er den Halys überschreitet, ein großes Reich zerstören. Zu spät erkannte der König, daß das Orakel immer zweideutige Antworten gab, was die Trefferquote der Auskünfte deutlich erhöhte. Als lydische Gesandte nach der Niederlage gegen die Perser mit einer Protest-Botschaft in Delphi erschienen, teilte ihnen das Orakel mit, Kroisos habe nicht richtig zugehört – das Reich, das er zerstören werde, sei nicht das der Perser, sondern sein eigenes gewesen.

Thales als politischer Ratgeber

Das Vordringen der Perser in Kleinasien stellte nicht nur für Kroisos ein Problem dar. Auch die Griechenstädte Ioniens sahen sich in ihrer Freiheit und Autonomie bedroht. In dieser schwierigen Lage soll Thales einen weisen politischen Rat gegeben haben. Dessen Authentizität darf als gesichert gelten, weil er ausgerechnet von dem Thales-Kritiker Herodot überliefert wird, der keinen Anlaß hatte, über den Milesier unverdiente Lorbeeren auszustreuen. Die Ionier, so lautete die Empfehlung des Thales, sollten ihre Rivalitäten vergessen, nicht weiter auf die Autonomie einer jeden Stadt pochen, sondern sich in der Stunde der Gefahr zusammentun. Konkret plädierte er für die Installierung eines gemeinsamen Rates in der zentral gelegenen Stadt Teos. »Recht brauchbar« nannte der sich in Gönnerstimmung befindliche Herodot diesen Plan – befolgt wurde er freilich nicht, und so kamen die Ionier, allerdings erst nach dem Tod des Thales, unter die Herrschaft der Perser.

Die Sieben Weisen

Seine erwiesene Klugheit verschaffte Thales Zutritt zu einem exklusiven Club der Antike: den Sieben Weisen. Viel miteinander zu tun hatten diese jedoch nicht. Der Kreis wurde vielmehr erst im frühen 5. Jahrhundert v. Chr. zusammengestellt, als man, auch unter dem Eindruck der Magie der Zahl Sieben, nach Männern suchte, die sich in der Vergangenheit durch Verstand und Intellekt ausgezeichnet hatten. Ganz einig war man sich nicht, wer dazugehören durfte – es kursierten konkurrierende Listen mit insgesamt 17 Namen, die man in den Olymp der »Sieben Weisen« erheben wollte. Thales aber war immer dabei, was erkennen läßt, welch bedeutenden Ruf er bei der Nachwelt hatte. Gleiches gilt für den Athener Solon, einen der Wegbereiter der attischen Demokratie, oder den Priener Bias, der in der Zeit der Bedrängnis der Ionier durch die Perser den Rat gegeben hatte, man solle doch nach Sardinien auswandern. Jedem der Sieben Weisen wurden eine Reihe von klugen Aussprüchen zugeschrieben, kurze, bedenkenswerte Sentenzen voller Lebenserfahrung. So gehen auch auf das Konto des Thales einige tiefgründige Einsichten. Konfrontiert mit der Frage: »Was ist schwierig?« gab er zur Antwort: »Sich selbst zu erkennen.« Und was ist einfach? »Anderen Ratschläge zu erteilen.« Und wie kann man am gerechtesten leben? »Wenn man selbst das unterläßt, was man an anderen auszusetzen hat.«

Der Philosoph im Brunnen

Früh mußte Thales aber auch herhalten als der Prototyp des weltfremden, zerstreuten Gelehrten – die Kehrseite der Ehre, Mitglied der »Sieben Weisen« gewesen zu sein und sich auf so vielfältige Weise mit den Geheimnissen der Wissenschaft beschäftigt zu haben. Kolportiert wird in diesem Zusammenhang eine wenig schmeichelhafte Anekdote. Einmal sei Thales durch die Stadt spaziert, die Augen nach oben gerichtet, mit astronomischen Studien beschäftigt, und da sei er in einen Brunnen gefallen (wobei diese unfreiwillige Bekanntschaft mit dem Element Wasser wohl kaum in einem ursächlichen Zusammenhang mit seiner Theorie vom Wasser als der Grundsubstanz alles Seienden gestanden haben dürfte). Ein einfaches Bauernmädchen habe sich daraufhin über ihn lustig gemacht: Er strenge sich an, die Dinge im Himmel zu erkennen, dabei habe er aber keine Ahnung von dem, was ihm vor den Augen und den Füßen liege.

Die Intellektuellen schlagen zurück

Solche Geschichten wurden zweifellos von Leuten in Umlauf gebracht, die der Meinung waren, die Beschäftigung mit der Wissenschaft sei etwas Nutzloses. Im Alltag, im wirklichen Leben, finden sich die Gelehrten nicht zurecht. Es gereicht den antiken Intellektuellen zur Ehre, daß sie solche Vorwürfe nicht auf sich sitzen lassen wollten. Und so starteten sie ihrerseits eine Gegenoffensive, bei der einmal mehr Thales die argumentative Hauptrolle spielen mußte. Sie zogen den Weisen gleichsam wieder aus dem Brunnen heraus und setzten ihn mit beiden Füßen in die Welt der Realitäten, in der es nach landläufiger Auffassung darauf ankam, clever zu sein und das Beste für sich herauszuholen. Kein Geringerer als Aristoteles machte sich dabei zum Anwalt des Thales und gleichzeitig zum Apologeten seiner selbst und der ganzen Zunft der Forscher und Wissenschaftler. Noch der Römer Cicero hat im 1. Jahrhundert v. Chr. die Geschichte vom gerissenen Geschäftsmann Thales nacherzählt. Genervt von der Kritik an seiner Armut und den Vorhaltungen, einer brotlosen Tätigkeit nachzugehen, schüttete Thales seine wenigen Sparstrümpfe aus, um über etwas Kapital zu verfügen. Dank seiner astronomischen Kenntnisse hatte er herausgefunden, daß es im folgenden Jahr zu einer Rekordernte bei den Oliven kommen würde. Noch im Winter mietete er, für einen niedrigen Preis, sämtliche Ölpressen in Milet und Umgebung. Als die Erntezeit kam, gab es eine starke Nachfrage nach Ölpressen. Die aber befanden sich alle im Besitz des Thales. »Da habe er«, erzählt Aristoteles, »seine Pressen so teuer verpachtet, wie er nur wollte, und auf diese Weise sehr viel Geld verdient.«

Die Moral von der Geschichte des Monopolkapitalisten Thales liegt auf der Hand: Wir Philosophen und Wissenschaftler können, wenn wir wollen, alle Reichtümer der Welt erwerben, aber darauf kommt es uns nicht an – oder in den Worten des Aristoteles: »Es ist für die Philosophen ein Leichtes, reich zu werden, wenn sie es wünschen, es ist aber nicht das, was sie interessiert.« Der Ruf der Gelehrten war gerettet und der Weg bereitet für viele weitere bahnbrechende Erfindungen und Errungenschaften.

Eupalinos

Griechischer Ingenieur, 6. Jahrhundert v. Chr.;
Pionierleistung: Bau eines Tunnels für eine Wasserleitung auf Samos

Welches sind die berühmtesten Bauwerke der Griechen? Die Akropolis von Athen? Der Zeustempel von Olympia? Das Theater von Epidauros? Der Historiker Herodot hatte im 5. Jahrhundert v. Chr. eine spezielle Meinung. Seine Favoriten befanden sich auf der Insel Samos: der Tempel der Göttin Hera, die imposante Hafenmole mit einer Länge von 300 Metern und – an allererster Stelle – der Tunnel des Eupalinos: Das waren, so urteilte Herodot, »drei der gewaltigsten Bauwerke der Griechen«. Mit seiner Euphorie stand Herodot nicht allein da: Kein Geringerer als der große Universalgelehrte Aristoteles stellte die Bauten des Polykrates in eine Reihe mit den Pyramiden in Ägypten.

Der Tyrann von Samos

Über die Wahl des durchaus kenntnisreichen Historikers und die Zustimmung einer wissenschaftlichen Koryphäe hätte sich Polykrates, eitel wie er war, zweifellos gefreut. Er war der Herrscher oder, besser gesagt, der Tyrann von Samos, als jene Meisterwerke der Architektur bzw. der Ingenieurkunst auf seiner Insel entstanden oder wenigstens vollendet wurden. Nun war Polykrates allerdings bereits im Jahre 522 v. Chr. gestorben und fiel daher als Direktempfänger der Laudatio des Herodot aus. Aber schon zu Lebzeiten dürfte er stolz darauf gewesen sein, was er aus der beschaulichen Insel vor der Küste Kleinasiens gemacht hatte. Nicht umsonst läßt ihn Friedrich Schiller in seiner bekannten Ballade vom »Ring des Polykrates« auf seines Daches Zinnen stehen und voller Wohlgefallen auf das beherrschte Samos herabblicken – in Gegenwart des ebenfalls höchst beeindruckten Amasis, des Königs von Ägypten.

Der Ring des Polykrates

Freilich gibt die Moral der Ring-Geschichte zu denken, hat sogar etwas Bedrohliches: Wer zu viel Glück hat, wird irgendwann dafür bestraft. Geborgt hat sich Schiller das Motiv bei Herodot, den das Schicksal des Tyrannen offenbar sehr beschäftigt hat. In seiner Erzählung ist Amasis nicht nur beeindruckt, sondern auch besorgt. Was war Polykrates in seinem Leben nicht alles geglückt: Erfolgreich hat-

te er die internen Rivalen um die Herrschaft ausgeschaltet, Samos zu einer Seemacht werden lassen, für Reichtum und Wohlstand gesorgt, kulturellen Glanz verbreitet und schließlich die von Herodot bewunderten Bauwerke in Auftrag gegeben. In einem Brief warnt Amasis den Freund: »Mir gefällt dein großes Glück ganz und gar nicht, denn ich weiß, daß die Götter neidisch sind.« Besser sei ein Leben mit all den Wechselfällen, die das Schicksal für die Normalmenschen bereitzuhalten pflegt. Und dann gibt er einen praktischen Ratschlag als Therapie gegen die trügerische Überdosis an Glück: Polykrates solle sich am besten von jenem Gegenstand trennen, dessen Verlust ihn am meisten schmerzen würde.
Der Tyrann entscheidet sich für einen wertvollen Siegelring. Er läßt sich weit aufs Meer hinausfahren und wirft ihn in die Fluten. Ein paar Tage später erscheint ein Fischer im Palast, um dem gegen sein Glück kämpfenden Polykrates einen wunderschönen Fisch zu überreichen, den er gerade gefangen hat. Diener schneiden den Fisch auf und finden in ihm den besagten Ring, der auf diese merkwürdige Weise wieder in den Besitz des Tyrannen gelangt. Er schreibt einen Brief an Amasis, erzählt ihm von dem Vorfall. Dieser ist aufs Höchste alarmiert: Jetzt findet Polykrates sogar das wieder, was er weggeworfen hat. Das kann kein gutes Ende nehmen, und um später nicht um den so gefährlich Beglückten trauern zu müssen, kündigt er ihm die Freundschaft auf.

Das traurige Ende eines Tyrannen
Die besten Geschichten haben meistens den Fehler, daß sie nicht wahr sind. Die Parabel vom Ring sollte letztlich nur eine Erklärung für das historische Faktum liefern, daß das Bündnis zwischen Samos und Ägypten bald in die Brüche ging und Polykrates dem persischen König Kambyses bei der Eroberung Ägyptens half. Doch mit seinem Glück war es jetzt tatsächlich vorbei. Die Perser zeigten sich wenig dankbar, lockten Polykrates in einen Hinterhalt auf dem kleinasiatischen Festland, töteten ihn und schlugen seine Leiche ans Kreuz.

Fundort Pythagorion
Wer sich heute auf die Spurensuche nach dem antiken Samos macht, fährt in eine Stadt an der Südküste der Insel, die seit 1955 Pythagorion heißt – eine späte Reverenz an den großen antiken Philosophen und Mathematiker Pythagoras, der hier um 575 v. Chr. geboren wurde und später, wegen des tyrannischen Regimes des Polykrates, seine Heimat in Richtung Kroton in Süditalien verließ. An dieser Stelle lagen die antike Inselhauptstadt Samos und die Residenz des Poly-

krates. Von dem einst so stolzen Hera-Tempel ist nur noch eine einzige Säule zu sehen. Dagegen ist der moderne Hafen viel kleiner als sein antiker Vorgänger, steht aber immer noch auf den alten Fundamenten. Am besten erhalten und erforscht ist das dritte der »gewaltigen Bauwerke«, der Tunnel des Eupalinos, ein Meisterwerk der Technik und der Ingenieurkunst.

Der Tunnel des Eupalinos

Über Eupalinos selbst ist so gut wie nichts bekannt. Man weiß nur, daß er aus Megara stammte und daß sein Vater Naustrophos hieß. In seiner Zeit aber muß er eine Berühmtheit gewesen sein, denn Polykrates engagierte ihn für ein äußerst kühnes Unternehmen. Im Prinzip ging es darum, die Stadt Samos mit Wasser zu versorgen – vor allem für den Fall einer Belagerung von außen. Das Problem war allerdings, daß die Quelle weit außerhalb der Stadt lag und, was die Sache noch schwieriger machte, daß sich dazwischen ein Berg befand. Der Ingenieur Eupalinos aber stellte sich dieser Aufgabe und löste sie, bis auf einige kleine Schönheitsfehler, mit Bravour.

Nach Abschluß der Arbeiten, die mehr als zehn Jahre in Anspruch genommen haben sollen, konnte der damals noch glückliche Polykrates, wenn er wieder einmal auf seines Daches Zinnen stand, wohl-

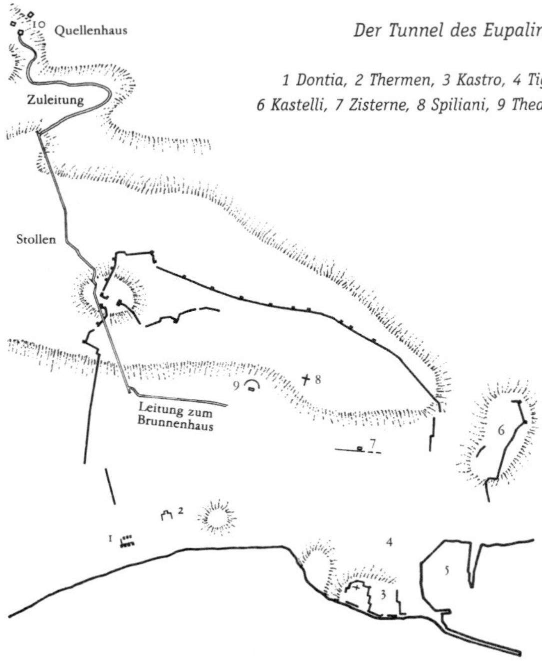

Der Tunnel des Eupalinos in Samos

1 Dontia, 2 Thermen, 3 Kastro, 4 Tigani, 5 Hafen, 6 Kastelli, 7 Zisterne, 8 Spiliani, 9 Theater, 10 Ajades

gefällig auf eine in der damaligen griechischen Welt einzigartige Anlage blicken (jedenfalls auf die Teile, die sichtbar waren). Zunächst hatte Eupalinos das Wasser der Quelle, die hoch in den samischen Bergen lag, in einem abgedeckten Reservoir gestaut. Ein ebenfalls gedeckter Leitungskanal von etwa 850 Metern Länge führte das Wasser dann, dem natürlichen Gefälle folgend, zu dem der Stadt Samos vorgelagerten Berg. Und hier vollbrachte Eupalinos nun sein Meisterstück: Quer durch den Berg legte er, über eine Länge von 1036 Metern, einen Tunnel – und dies, wie es scheint, mit relativ einfachen technischen Hilfsmitteln. Konstruiert wurde er im sogenannten Gegenortverfahren, das heißt, die Arbeiter begannen gleichzeitig an der Nord- und an der Südseite des Berges mit den Bohrungen. Das Verfahren ist nicht ganz ohne Risiko: Alles hängt davon ab, daß man dann, möglichst in der Mitte, auch zusammenkommt. Bei Eupalinos hat das fast funktioniert. Am geplanten Treffpunkt lag die Decke des südlichen Stollens gerade einmal einen Meter unter dem Boden der nördlichen Trasse und dazu auch noch ein paar Meter weiter westlich. Doch diese geringfügigen Abweichungen konnten nachträglich korrigiert werden. Die Höhe des Stollens betrug (wie übrigens auch die Breite) knapp zwei Meter, so daß, in Anbetracht der im Vergleich zu heute geringeren Körpergröße des antiken Menschen, man bequem durch den Berg spazieren konnte. Von diesem Hauptstollen separiert war die eigentliche Wasserleitung mit einem durchschnittlichen künstlichen Gefälle von 0,36 %. An der Stadtseite des Berges mündete der Kanal in eine wiederum komplett gedeckte Zuleitung von 620 Metern Länge, die das Wasser direkt in eine Zisterne in der Nähe des Theaters von Samos führte.

Ein Vorläufer in Jerusalem

Ob sich Eupalinos jemals in Jerusalem aufgehalten hat, ist nicht bekannt. Die Wahrscheinlichkeit ist aber nicht sehr groß. Und so dürfte er auch nicht jenen Tunnel gekannt haben, den fast 200 Jahre zuvor der judäische König Hiskia (725–697 v. Chr.) in der Stadt Davids und Salomos hatte anlegen lassen und der, wenn schon nicht als Vorbild, so doch als Vorläufer des Eupalinos-Tunnels gelten kann. Jerusalem befand sich damals in einer mißlichen Lage. Hiskia hatte sich mit dem Reich der Assyrer überworfen. Es war zu befürchten, daß sich die zu diesem Zeitpunkt führende Militärmacht des Ostens eine solche Provokation nicht gefallen lassen würde. Also traf Hiskia umfassende Vorbereitungen zur Abwehr einer zu erwartenden Belagerung. Ein Schwachpunkt im Verteidigungssystem war die Wasserversorgung: Die Quelle lag weit außerhalb der Stadtmauern.

Dieses Schreckens-Szenario veranlaßte Hiskia und seine Ingenieure zur Konstruktion des berühmten Siloah-Tunnels (benannt nach dem Abfluß der im Osten des Burgberges gelegenen Gihon-Quelle). So wie später Eupalinos auf Samos entschlossen sie sich dazu, die Wasserleitung direkt durch den Burgberg in die Stadt zu legen. Und das mutige Unternehmen gelang: Über eine Strecke von 533 Metern kam das Wasser nun direkt und sicher nach Jerusalem. Im Gegensatz zum Eupalinos-Tunnel verlief der Hiskia-Tunnel nicht geradlinig, sondern kämpfte sich in vielen Windungen durch den Berg. Für dieses Phänomen haben die Archäologen bis heute keine vernünftige Erklärung gefunden. Sicher ist dagegen, daß auch der Siloah im Gegenortverfahren angelegt wurde. Von beiden Seiten arbeiteten sich die Bohrtrupps aufeinander zu. Auch hier stellte sich die bange Frage, ob das Zusammentreffen gelingen würde. Kurz vor dem Treffpunkt wurden an beiden Seiten noch Richtungskorrekturen vorgenommen. Dann war es soweit: Knapp 300 Meter vom südlichen und 235 Meter vom nördlichen Eingang entfernt wurden die letzten Barrieren abgetragen und konnten sich die Arbeiter schließlich die Hände reichen. Von diesem Moment kündet eine stolze hebräische Inschrift, die man im Tunnel gefunden hat: »Der Durchbruch wurde vollendet. Und so kam der Durchbruch zustande: Die Steinhauer schwangen die Beile, jeder in Richtung seines Kameraden (auf der anderen Seite des Stollens). Als noch drei Ellen zu durchschlagen waren, konnten die Arbeiter auf beiden Seiten einander hören, denn es war ein Spalt im Felsen von rechts nach links. Und am Tag des Durchbruchs schlug jeder Steinhauer auf seinen Kollegen zu, Beil gegen Beil. Da floß das Wasser vom Ausgangspunkt zum Teich, über 1200 Ellen (= 533 Meter), und 100 Ellen (= 46 Meter) betrug die Höhe des Felsens über den Köpfen der Steinhauer.« Diese Inschrift ist insofern bemerkenswert, als sie den Anteil derjenigen, die die eigentliche Arbeit zu leisten hatten, entsprechend würdigt. Konventioneller fällt hingegen die Darstellung der Dinge bei dem jüdischen Schriftsteller Jesus Sirach aus, der, wie in der Antike üblich, das ganze Verdienst dem königlichen Auftraggeber zukommen läßt: »Hiskia sicherte die Stadt, indem er Wasser hineinleitete. Mit dem Eisen durchbrach er den Berg und dämmte den Teich zwischen dem Felsen ein.«

Das technische Meisterwerk war gerade fertiggestellt, als 701 v. Chr. tatsächlich die Assyrer vor der Stadt auftauchten. Offenbar hatte Hiskia doch weniger Zutrauen in die technischen Fähigkeiten seiner Leute als Furcht vor dem Gegner. Jedenfalls hielt er es für besser, es nicht auf eine Belagerung ankommen zu lassen. Statt dessen unterwarf er sich lieber freiwillig, und die Assyrer zogen mit reicher Beute wieder ab. Trösten konnte sich Hiskia mit der Einsicht, Jerusalem eine lange Belagerung oder gar die Zerstörung erspart zu haben – und mit der Tatsache, daß unter seiner Herrschaft eine der größten Ingenieurleistungen in der Geschichte des alten Palästina vollbracht worden war.

Tatort Numidien

Eine Wasserleitung durch einen Tunnel zu führen, stellte selbstverständlich auch für die Römer, die sich in unbescheidener Selbsteinschätzung nicht nur als Beherrscher der Welt, sondern auch als Bezwinger der Natur sahen, eine Herausforderung dar. Da die Römer ferner immer perfekt sein wollten, war es etwas peinlich, wenn ihnen einmal etwas mißlang. Aber die Römer wären keine Römer gewesen, hätten sie nicht auch aus Rückschlägen noch Kapital geschlagen. Eine solche Situation ergab sich irgendwann um die Mitte des 2. Jahrhunderts n. Chr. in der nordafrikanischen Provinz Numidien, dem heutigen Algerien.

Militärarchitekten der Dritten Legion hatten den Auftrag erhalten, von einem Quellgebiet eine Wasserleitung über 21 Kilometer zur Hafenstadt Saldae zu legen. Wieder einmal stand ein Berg im Wege, und man war gezwungen, einen Tunnel zu bauen. Die Verantwortlichen hatten aber offenbar nicht das Kaliber eines Eupalinos, und vom Siloah-Tunnel hatten sie wahrscheinlich auch noch nichts gehört. Als man den Versuch unternahm, den Berg im Gegenortverfahren zu durchbohren, trieben die Arbeiter zwar eifrig Stollen in den Felsen, dies jedoch in völlig verschiedenen Richtungen, und das, obwohl die exakte Linienführung mit Pfählen über den Berg abgesteckt worden war.

Nonius Datus rettet die Ehre Roms

Sollte der Name »Saldae« zum Synonym für das Versagen römischer Technik werden? Zum Glück gab es noch Nonius Datus, pensionierter Landvermesser der römischen Armee. Er hatte das Saldae-Projekt einst geplant und war danach nach Lambaesis, dem Stützpunkt der Dritten Legion, zurückgekehrt – im Vertrauen darauf, daß die Ausführung des Projekts auch in seiner Abwesenheit keine Probleme bereiten dürfte. Doch dann erfuhr er von dem Desaster und eilte an den Ort des Geschehens zurück. Hier rettete der Krisenmanager Nonius Datus den Ruf der römischen Technik und brachte die Arbeiten am Tunnel, der eine Länge von 482 Metern hatte, doch noch zu einem guten Ende.

Die Inschrift des Nonius Datus

Als echter Römer begnügte sich Nonius Datus nicht damit, eine bedeutende Leistung vollbracht zu haben. Es kam ihm auch darauf an, alle Welt wissen zu lassen, was er getan hatte. Und so dokumentierte er auf einer weitschweifigen Inschrift in Lambaesis sein heroisches Rettungswerk. Jetzt konnte jeder nachlesen, wie es genau gewesen war. Nonius verschwieg nicht einmal, daß er auf dem Weg nach Saldae von Räubern überfallen worden war, daß man ihm Verwundungen zugefügt und ihn ausgeraubt hatte. Doch davon ließ er sich natürlich nicht beeindrucken. »Ich habe«, teilt er auf der Inschrift mit, »die Arbeiten genau zugeteilt, damit jeder wußte, welche Streckenlänge des Vortriebs er zu bearbeiten hatte.« Aber Nonius Datus war sich auch darüber im Klaren, daß es für die Arbeiter kein Vergnügen war, sich in den dunklen Berg hineinzubohren. Also verwandelte er sich in einen Motivationskünstler und veranstaltete einen Wettbewerb. Die Soldaten sollten das Ganze folglich sportlich sehen und versuchen, zwar sauber, aber doch möglichst schnell das Werk zu vollenden. Tatsächlich trafen sich die beiden Gruppen so ziemlich in der Mitte des Berges. »Und so kam man«, wie der Ingenieur auf der Inschrift stolz konstatiert, »zum Durchstich des Berges. Ich also«, fügt er dann hinzu, nun zu dem kommend, was er eigentlich mitteilen wollte, »der ich als erster das Niveau ermittelt, die Richtung gewiesen und die Arbeiten hatte machen lassen nach dem Plan, dem ich dem Prokurator Petronius Celer gegeben hatte, habe den Bau zu Ende gebracht.« Das mußte noch gesagt werden, denn, wie es auf der Inschrift abschließend heißt, hat, »als der Bau vollendet war und das Wasser floß, der Prokurator Varius Clemens die Anlage feierlich eingeweiht«. Die Politiker, sollte das wohl heißen, lassen sich erst blicken, wenn es gilt, die Lorbeeren zu ernten – da mußte doch der Anteil des Ingenieurs ins rechte Licht gerückt werden. Über all dem Streß bei den Arbeiten am Tunnel ist Nonius Datus dann auch noch krank geworden. Ein Gönner, der Prokurator Porcius Vetustinus, lud ihn daraufhin zu sich ein, um ein paar Monate auszuspannen – ein Umstand, den zu verschweigen dem eitlen Ingenieur so schwergefallen ist, daß er den entsprechenden Brief des Vetustinus auch noch gleich auf seiner monumentalen Inschrift mit verewigen ließ.

Römische Straßentunnel

Mehr Meriten haben sich die Römer beim Bau von Straßentunneln erworben. Davon gibt es allerdings vergleichsweise wenige und auch nur in Italien. Das mag damit zusammenhängen, daß die technischen Anforderungen noch größer waren als bei den Wassertunneln. Schließlich wollte der Fahrer eines Ochsenwagens, der sich langsam durch einen Tunnel bewegte, erstens auch etwas sehen, und zweitens wollte er während der Fahrt nicht ersticken. Also standen die Ingenieure vor dem Problem, für ausreichende Beleuchtung und Belüftung zu sorgen. Bei kurzen Tunneln war das noch kein besonders großes Problem. Relativ komfortabel konnten die römischen Reisenden beispielsweise einen Tunnel am Furlo-Paß bei dem heutigen Pesaro auf der antiken *Via Flaminia* passieren. Erbaut wurde er 77 n. Chr. unter dem Kaiser Vespasian, mit einer Länge von gerade einmal 38 Metern bei einer Breite von 5,40 Metern und einer Höhe von knapp 6 Metern. Noch heute wird der Autoverkehr durch diesen Tunnel geführt (dessen antike Provenienz den mit der Qualität italienischer Tunnel vertrauten Autofahrern allerdings kaum auffallen dürfte).

Die Leiden eines Philosophen

Ungemütlicher konnte es jedoch bei längeren Tunneln werden, so wie bei der gegen Ende des 1. Jahrhunderts v. Chr. entstandenen *Crypta Neapolitana*, einem Tunnel von 705 Metern Länge und einer regelmäßigen Breite von 4,60 Metern. Den Eingang des Tunnels kann man heute noch in Neapel bewundern (zwischen den Stadtteilen Piedigrotta und Fuorigrotta), und regelmäßig scharen sich hier Touristen – allerdings um sich ein antikes Grabmal anzuschauen, das sich hier befindet und fälschlicherweise als das Grab des großen römischen Dichters Vergil ausgegeben wird. Wenn man dem Philosophen und Politiker Seneca Glauben schenken will (der sich nebenher Verdienste um die antike Erdbebenforschung erworben hat), war die Fahrt durch diesen Tunnel die reinste Tortur: »Nichts ist länger als dieser Kerker, nichts trüber als diese Fackeln, die uns nicht durch die Dunkelheit, sondern nur eben jene Fackeln selbst sehen lassen. Und selbst wenn dieser Ort Licht hätte, würde es der Staub schlucken ... Zwei lästige Dinge, die einander entgegengesetzt sind, haben wir gleichzeitig ertragen: auf demselben Weg und am selben Tag haben wir uns mit Schlamm und mit Staub herumgequält.«

Die erste Fahrt Senecas durch den Tunnel von Neapel wird vermutlich auch seine letzte gewesen sein. Danach dürfte er, wenn er von Baiae nach Neapel reiste, den Schiffsweg bevorzugt haben, obwohl er dabei regelmäßig seekrank wurde. Aber er wäre auch kein Stoiker gewesen, hätte er nicht dem neapolitanischen Abenteuer etwas Positives abgewonnen: »Die Dunkelheit hat mir etwas gegeben, worüber ich nachdenken mußte: Ich habe einen starken seelischen Eindruck gespürt und ohne Furcht eine Veränderung, die die ungewohnte Lage und ihre Häßlichkeit hervorgerufen hatten.«

Dareios I.

Persischer Großkönig 522–486 v. Chr.;
Pionierleistung: Bau einer Schiffsbrücke über den Bosporus

Neueste Forschungen haben ergeben, daß der Papst kein Brückenbauer sein muß. Offiziell wird der Oberhirte der katholischen Kirche mit dem lateinischen Wort *Pontifex* bezeichnet. Das ist insofern ganz korrekt, weil *Pontifex* nichts anderes bedeutet als »Priester«. Auch im antiken Rom hieß der Priester *Pontifex*. Schon römische Gelehrte machten sich Gedanken über die Etymologie dieses Wortes. Der Antiquar Varro dachte im 1. Jahrhundert v. Chr. an eine Zusammensetzung aus dem Substantiv *pons* »Brücke« und dem Verb *facere* »tun«, herstellen, bauen. Die modernen Sprachforscher sind sich aber inzwischen einig: *pons* bedeutet in diesem Kontext eben nicht »Brücke«, sondern »Weg«. Also ist der *Pontifex* der Weghersteller oder Wegbereiter. Wie in Rom aus einem Wegbereiter ein Priester werden konnte, weiß man allerdings immer noch nicht. Der Papst ist jedenfalls als Brückenbauer aus dem Schneider.

Die Meister des Brückenbaus

Dafür sind die antiken Römer tatsächlich ein Volk der Brückenbauer gewesen. Von ihnen stammen die imposanten, zum Teil heute noch erhaltenen Steinbrücken in allen Regionen des ehemaligen Imperium Romanum. Manche von ihnen werden, wie die Moselbrücke in Trier, sogar immer noch benutzt, und keiner, der eine Römerbrücke mit Bus oder PKW überquert, muß befürchten, daß diese Tat mit einem Einsturz bestraft wird. Auch nach 2000 Jahren sind römische Brücken stabil und zeugen auf diese Weise eindrucksvoll von der Ingenieurleistung der Erbauer.

Brücken im Orient

Die Römer waren die ungekrönten Meister des Brückenbaus, nicht aber dessen Erfinder. Die Suche nach den Anfängen technischer Innovation führt, wie so häufig, in das alte Ägypten und nach Mesopotamien. Auch die Ägypter kannten bereits Brücken aus Stein, verwendeten dieses Material aber vor allem deswegen, weil Holz im Nilland Mangelware war. Die älteste erhaltene Brücke geht auf den Pharao Chephren (Mitte 3. Jahrtausend v. Chr.) zurück, der sich in Ägypten auch durch eine der berühmten Pyramiden von Gizeh verewigt hat. In Mesopotamien fand eine Brücke über den Euphrat Bewunderung, die wahrscheinlich unter Nebukadnezar II. (605–562 v. Chr.) entstand. Sie war 126 Meter lang, bis zu 15 Meter breit und stand auf acht Pfeilern in der Form eines Schiffsrumpfes. Und auch die frühen Griechen können mit einigen beachtlichen Brücken aufwarten. Aus mykenischer Zeit, das heißt also aus der zweiten Hälfte des 2. Jahrtausends v. Chr., sind zahlreiche Brücken bekannt, die überwiegend in der sogenannten Kragsteintechnik konstruiert wurden: Die Steine wurden versetzt angelegt, so daß ein Steinblock jeweils etwas über den direkt darunter befindlichen herausragte. Diese Technik stellte einen gewissen Fortschritt gegenüber der Balkentechnik dar, die man als die historisch früheste Form ansehen kann. Dabei diente ein waagerecht verlegter Balken aus Holz oder Stein als Stützmaterial.

Ein selbstbewußter Herrscher

Einige der spektakulärsten Brücken der Antike wurden allerdings nicht für den dauerhaften Gebrauch gebaut. Sie dienten dem Zweck der einmaligen Überquerung eines Wasserweges. Meist war dies bei militärischen Unternehmungen der Fall, wenn es galt, ein großes Heer überzusetzen. Maßstäbe hat hier der persische Großkönig Dareios I. gesetzt. 522 v. Chr. wurde der Sproß der ruhmreichen Familie der Achämeniden Herrscher über das große Perserreich. Wer heute in den Iran reist, kann sich in der Nähe des antiken Ekbatana, bei dem Berg Bisutun, vom Selbstverständnis dieses Monarchen überzeugen. Dort hat der König in eine 60 Meter hohe Felswand eine monumentale Inschrift samt Reliefs hauen lassen, die ihn als den über seine internen und externen Widersacher siegreichen Herrscher porträtieren. Die Inschrift wiederum dokumentiert in stolzen Worten die Einzigartigkeit des Dareios, seine Gerechtigkeit und seine Fähigkeiten als Krieger.

Dareios und der Bosporus

All diese Qualitäten waren wohl nicht fehl am Platz, als Dareios im Jahre 513 v. Chr. einen Feldzug gegen die Skythen startete, ein Nomadenvolk im südrussischen Raum. Das natürliche Hindernis, das sich ihm und seiner Armee entgegenstellte, war der Bosporus, jene schmale Meerenge zwischen dem Schwarzem Meer und dem Marmarameer. An seiner schmalsten Stelle ist der Bosporus (ein Name, den die Griechen als »Rinderfurt« deuteten) etwa 550 Meter breit. Das ist auf der Höhe der Festung Rumeli Hisar, die die Türken kurz vor der Eroberung von Konstantinopel 1453 errichteten, um die

Schiffbrücke über die Donau (Rom, Trajansäule)

Kontrolle über die Meerenge zu gewinnen. An dieser Stelle wollte Dareios seine Armee auf das europäische Ufer übersetzen. Eine feste Brücke zu bauen, war aus einsichtigen Gründen nicht ratsam. Also entschloß sich der Perser, eine Schiffsbrücke anzulegen. Zu diesem Zweck wurden eine Anzahl von Schiffen nebeneinander verankert und eine Fahrbahn darüber gelegt. Auf diese Weise konnte das Heer des Dareios bequem über die Meerenge spazieren.

Ein genialer Ingenieur

Eine solche Pontonbrücke zu errichten, bedurfte großen technischen Sachverstands. Dareios hatte das Glück, in seinen Diensten den aus Samos stammenden griechischen Ingenieur Mandrokles zu haben. Ihm gebührt der eigentliche Ruhm bei der Konstruktion der legendär gewordenen Schiffsbrücke über den Bosporus. Jedoch trat, wie so häufig in der Geschichte, das Verdienst des Architekten hinter dem des Auftraggebers zurück. Dennoch kam Mandrokles nicht zu kurz. Dareios war, wie der griechische Historiker Herodot berichtet, »mit der Brücke sehr zufrieden« und stattete Mandrokles reich mit Geschenken aus. Und der patente Samier tat ein übriges, um seinen Anteil am Gelingen des Unternehmens der Menschheit vor Augen zu führen. Von dem größten Teil der Gaben des Dareios ließ er ein Gemälde anfertigen, das den Marsch der Perser über die Brücke zeigte, wohlwollend beobachtet von einem am Ufer thronenden Dareios. Das Kunstwerk stiftete Mandrokles dem Heiligtum der Hera in seiner Heimat Samos. Dazu ließ er eine Inschrift anbringen, die in bilderreicher Sprache den Vorgang dokumentierte: »Mandrokles band den fischreichen Bosporus mit einer Brücke, zur Erinnerung an den Bau weihte er der Hera dieses Bild. Für sich selbst gewann er den Kranz, für die Samier Nachruhm, weil ihm das Werk nach dem Sinn des Königs Dareios gelang.«

Die Schiffsbrücke des Xerxes

Vom Heratempel auf Samos ist heute so gut wie nichts mehr erhalten. Demzufolge gibt es auch keine Spur mehr von dem Gemälde des Mandrokles. Einen sehr anschaulichen Eindruck von der technischen Vorgehensweise der Perser beim Bau einer Schiffsbrücke vermittelt aber ein Bericht Herodots über ein vergleichbares Unternehmen, das Dareios' Nachfolger Xerxes im Jahre 480 v. Chr. in Angriff nahm. An der Spitze eines riesigen Invasionsheeres, mit dem er Griechenland in seine Gewalt bringen wollte, erreichte der Perserkönig, von Kleinasien kommend, die Dardanellen, die die Griechen *Hellespont* nannten. Für den Übergang wählte er die schmalste Stelle der Meerenge aus, bei der Stadt Abydos, wo der Hellespont aber immerhin auch noch etwa 1 200 Meter breit ist. Zunächst stand das Unternehmen unter keinem guten Stern. Eine mühsam aufgebaute Schiffsbrücke wurde von einem Sturm zerstört. Xerxes soll dies nach griechischen Berichten als eine persönliche Beleidigung angesehen haben, und er ließ das an dem Desaster eigentlich unschuldige Meer mit 300 Peitschenhieben bestrafen. Da er auch menschliches Versagen nicht ausschließen wollte, wurden, um bei der Fehlersuche ganz sicher zu gehen, die verantwortlichen Ingenieure geköpft.
Im zweiten Anlauf gelang das Unternehmen, wohl auch deswegen, weil die jetzt beauftragten Architekten, das Schicksal ihrer unglücklichen Vorgänger vor Augen, sich besonders anstrengten. Herodot war von dem Meisterwerk so angetan, daß er eine detaillierte Beschreibung geliefert hat. Zusammengestellt wurden demnach Fünfzigruderer und Dreiruderer, zum Schwarzen Meer hin 360 an der Zahl, in die andere Richtung 314. Die ersteren wurden schräg positioniert, die letzteren in Richtung der Strömung des Hellespont, um die Spannung der Tragseile zu gewährleisten. Gewaltige Anker sorgten für die Haltbarkeit der Konstruktion, wobei besondere Rücksicht auf die Windverhältnisse genommen wurde. Um mit den Dimensionen der Schiffsbrücke nicht den gesamten Verkehr im Hellespont lahmzulegen, ließ man zwischen den Fünfzigruderern und den Dreiruderern genügend Platz zum Passieren für kleinere Schiffe. Mit Hilfe hölzerner Winden wurden die Taue nun von Land aus straff gespannt. Schließlich mußte eine Plattform für den Übergang des Heeres über die Schiffe hergestellt werden. Dazu wurden Baumstämme zersägt, über die Seile gelegt und miteinander verbunden. Darüber setzte man Holzbretter. Perfektioniert wurde der Weg über

die Schiffsbrücke durch festgestampfte Erde. Und da man wirklich an alles dachte, legte man noch an beiden Seiten Geländer an – nicht, weil man fürchtete, die Soldaten würden ins Wasser fallen, sondern um zu verhindern, daß das mitgeführte Zugvieh und die Pferde beim Anblick des Meeres scheuen würden.

Brückeneinweihung als Spektakel
Über ein solch technisches Kunstwerk ging man nicht einfach nur hinüber. Ein Herrscher wie Xerxes machte daraus eine Inszenierung. Bei Sonnenaufgang veranstaltete er einige Opferhandlungen und betete schließlich zur Sonne mit dem frommen Wunsch, nichts möge ihn an der Eroberung Europas hindern. Der Hellespont selbst blieb diesmal von Peitschenhieben verschont, statt dessen empfing er als Opfergaben eine goldene Schale, einen goldenen Mischkrug und ein persisches Schwert. Der sich anschließende Marsch über die Brücke vollzog sich streng nach Protokoll: Fußsoldaten und Reiter nahmen den Weg über jenen Teil der Brücke, die dem Schwarzen Meer zugewandt war, Troß und Dienerschaft spazierten über die zur Ägäis ausgerichtete Seite. 7 Tage und 7 Nächte dauerte nach Auskunft Herodots der Übergang des persischen Heeres über die Schiffsbrücke vom Hellespont. Als letzter soll angeblich der König persönlich gegangen sein. Im Rückblick mag Xerxes an dem Sinn dieses ganzen Aufwandes etwas gezweifelt haben: Das persische Invasionsheer erlitt in Griechenland bei Salamis und Plataiai historische Niederlagen. Wenigstens aber den Bau einer grandiosen Schiffsbrücke konnte er auf seinem Erfolgskonto verbuchen.

Das Beispiel macht Schule
Und seine Tat geriet nicht in Vergessenheit. Der römische Kaiser Caligula (37–41 n. Chr.), soll, wie sein Biograph Sueton ausdrücklich bezeugt, Xerxes und den Hellespont im Sinn gehabt haben, als er in Italien aus 3 600 Schiffen eine Brücke zwischen Baiae und Puteoli anlegen ließ. Von überall her mußten Lastschiffe geholt werden, es wurde eine Erdschicht darüber gelegt, die man wie die *Via Appia* befestigte (also mit Pflastersteinen). Die Einweihung des technischen Kunstwerks gestaltete der exzentrische Caligula ganz nach dem Vorbild des Perserkönigs, er selbst überquerte die Brücke mit Lederschild, Schwert und goldenem Mantel auf einem herausgeputzten Pferd. Sueton mag allerdings nicht ganz glauben, daß es dabei nur um die Nachahmung des Xerxes gegangen sei. Sein Großvater habe ihm etwas anderes erzählt: Caligulas Vorgänger Tiberius sei von der Sorge geplagt gewesen, Caligula könne einmal sein Nachfolger wer-

den. Der Hofastrologe habe ihn mit der Versicherung beruhigt, Caligula werde ebensowenig Kaiser werden, wie er die Bucht von Baiae zu Pferd überqueren könne. Auf diese Weise habe Caligula die Prognose des Astrologen gleich zweifach widerlegt.

Caesars Gallischer Krieg

So, wie der Perserkönig Xerxes sein Unternehmen angelegt hatte, handelte es sich nicht allein um eine militärisch notwendige Aktion. Vielmehr ging es auch um das Prestige. 425 Jahre später handelte ein nicht unbekannter römischer Feldherr aus ganz ähnlichen Motiven. Generationen von Lateinschülern haben sich mit dem *Bellum Gallicum* des Gaius Iulius Caesar herumplagen müssen. Das ist ein Werk, in dem Caesar alle intellektuellen und stilistischen Energien aktivierte, um seinen Zeitgenossen klarzumachen, welch unsterbliche Verdienste er sich während des Krieges in Gallien (58 – 51 v. Chr.) um Rom und das Reich erworben habe. Nüchterne Zeitgenossen und moderne Historiker sehen in dem Werk allerdings mehr eine – freilich brillante – Selbstdarstellung des großen Militärs Iulius Caesar. Und so konnte er auch nicht der Versuchung widerstehen, eine allerdings tatsächlich bemerkenswerte Pioniertat ins rechte Licht zu rücken: den Bau einer Brücke über den Rhein im Jahre 55 v. Chr.

Eine Brücke macht Eindruck

So ausführlich, leider aber auch etwas verwirrend hat Caesar seine Brücke beschrieben, daß Generationen von Modellbauern sich herausgefordert fühlten, sie *en miniature* nachzubauen (ein schönes und dem wirklichen Aussehen wohl ziemlich nahekommendes Exemplar befindet sich heute im Rheinischen Landesmuseum in Bonn, ein anderes im Museum von Andernach). Gerne weisen caesarfreundliche Technikhistoriker auch darauf hin, daß die Dienstanweisungen der Pioniere des deutschen Heeres noch nach dem Ersten Weltkrieg die gleiche Bauweise vorschrieben. Schon die antiken Autoren waren gebührend beeindruckt. Der Biograph Sueton schreibt: »Die Germanen, die auf der anderen Rheinseite wohnten, hat Caesar als erster Römer angegriffen, nachdem er eine Brücke hat bauen lassen. Er brachte ihnen sehr schwere Niederlagen bei.« Etwas euphorischer war der Grieche Plutarch – für ihn war Caesars Rheinbrücke ein Werk, »das die kühnsten Erwartungen übertraf«, zumal man für die Fertigstellung nicht mehr als zehn Tage brauchte. Freilich vergißt er nicht hinzuzufügen, daß es die »Sucht nach Ruhm« gewesen sei, die Caesar dazu getrieben habe, »als erster von allen Menschen mit einem Heer den Rhein zu überschreiten«.

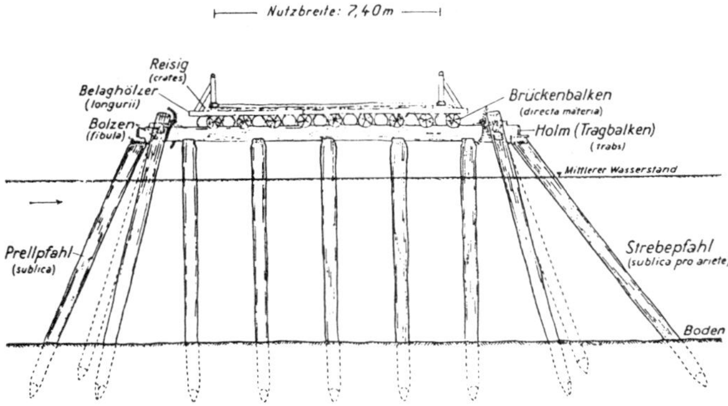

Rekonstruktion der Rheinbrücke

Im *Bellum Gallicum* liest sich das erwartungsgemäß ganz anders. Häufig seien Germanenstämme über den Rhein gekommen, um den Galliern zu helfen, und da sei es an der Zeit gewesen, den Barbaren einmal zu zeigen, worauf man sich einläßt, wenn man Roms Feinden hilft. Natürlich hätte Caesar auch einfach mit Schiffen über den Rhein fahren können, aber solchen kleinlichen Einwänden begegnete der Feldherr mit dem stolzen Hinweis, dies entspreche nicht »seiner und des römischen Volkes Würde«.

Caesars Rheinbrücke

Der Ort des Geschehens war vermutlich Neuwied, nördlich von Koblenz. Ganz sicher ist das nicht, aber jedenfalls zeigt man im Museum von Neuwied Teile von Holzpfosten, die man im Rhein gefunden hat und die man für Relikte von Caesars Brücke hält. Den Modellbauern bereiten Caesars Ausführungen zum Bau der Brücke vor allem deswegen Kopfschmerzen, weil er nicht die gesamte Konstruktion beschrieben hat, sondern nur einige technische Neuerungen, auf die die Ingenieure in seiner Armee gekommen waren. Bei diesem Werk handelte es sich um eine sogenannte Jochbrücke, im technischen Sinn spricht man von einem Pioniersteg. Falls die Lokalisierung bei Neuwied stimmt, mußte die Brücke den Rhein über eine Distanz von 400 Metern überspannen. Nach Caesars eigenen Angaben wurden je zwei Pfähle in einem Abstand von je 0,60 Metern miteinander verbunden. Jedes Pfahlpaar wurde dann ins Flußbett gesetzt und durch Rammen eingetrieben, aber nicht, wie Caesar betont, in der üblichen Weise senkrecht, sondern schräg in der Richtung der Strömung. Weiter stromabwärts wurde diesen Pfählen gegenüber in einer Entfernung von zwölf Metern ein weiteres Pfahlpaar in den Fluß gesenkt. Beide Pfahlpaare wurden durch 0,60 Meter dicke Balken auseinandergehalten. Durch der Länge nach aufgelegte Balken verband man die einzelnen Pfahlpaare miteinander und belegte die Balken mit Stangen und Flechtwerk. Um die Stabilität des Bauwerkes noch zu vergrößern, setzten die Ingenieure schräge Pfähle an dem flußabwärts stehenden Pfahlpaar ein, die einen Gegendruck zur Strömung erzeugen sollten. Und auch für den Fall möglicher Sabotageakte der Barbaren wurden Vorsichtsmaßnahmen ergriffen: Oberhalb der Brücke und in geringer Entfernung zu ihr rammte man weitere Pfähle in den Fluß, die dazu dienten, Baumstämme aufzuhalten, die mißgünstige und brückenfeindliche Germanen in zerstörerischer Absicht stromabwärts treiben lassen könnten.

Traians Donaubrücke

Späteren Modellbauern hätte Caesar die Arbeit erheblich erleichtert, wenn er von seiner Rheinbrücke eine bildliche Darstellung hinterlassen hätte. Doch man darf hier nicht zu viel verlangen, schließlich war Caesar gerade in dieser Zeit sehr beschäftigt (obwohl er, wie wir von Sueton wissen, in der beneidenswerten Lage war, mehrere Dinge gleichzeitig zu tun). Andere Brückenbauer waren entgegenkommender. Auf dem Forum des römischen Kaisers Traian (98–117 n.Chr.) in Rom steht eine 33 Meter hohe Säule. Diese ließ der Kaiser als Siegesmonument für seine erfolgreichen Kriege in Dakien, dem heutigen Rumänien, aufstellen. Auf einem 200 Meter langen Reliefband sind Szenen aus diesen Kriegen abgebildet – eine einzigartige Bildquelle für das römische Militärwesen und für die römische Repräsentationskunst. Man erkennt dort etwa Legionäre, die eine Schiffsbrücke überqueren – eine Darstellung, an der Dareios und Xerxes ihre Freude gehabt hätten. Und man erkennt eine große, stabile Pfeilerbrücke, die als eine der grandiosen technischen Monumente der römischen Kaiserzeit gilt. Bezeichnet wird sie in der Regel als »die Traiansbrücke« – dabei hatte auch Traian seinen Mandrokles, der für die eigentliche Ausführung verantwortlich gewesen ist: Apollodoros, ein berühmter Ingenieur und Architekt aus dem syrischen Damaskus. Bei den Eisernen Toren in den Südkarpaten, in der Nähe der heutigen Stadt Drobeta-Turnu Severin, führte diese Steinbrücke auf 20 Pfeilern über eine Distanz von 1,1 Kilometern über die Donau. Die Bauzeit betrug insgesamt zwei Jahre (von 103 bis 105 n.Chr.).

Brückenzerstörer Hadrian

Für seine Donaubrücke hat Traian schon in der Antike die gebührende Anerkennung erfahren. Der griechische Historiker Cassius Dio geriet gar ins Schwärmen: »Traian baute über die Donau eine Steinbrücke, eine Leistung, für die ich ihn gar nicht genug bewundern kann. Zwar sind auch seine anderen Werke grandios, diese Großtat aber übertrifft sie alle.« Als Cassius Dio dies schrieb (zu Beginn des 3. Jahrhunderts n. Chr.), war dieses technische Meisterwerk aber nur noch ein Torso. Traians Nachfolger Hadrian (117–138 n. Chr.) hatte den ganzen Holzbelag entfernen lassen, und einsam standen seitdem nur noch die Pfeiler im Wasser, als stumme, aber arg amputierte Zeugen römischer Brückenbautechnik. Dabei war Hadrians Motivation gar nicht so unvernünftig gewesen. Er hatte ganz richtig erkannt, daß Brücken keine Einbahnstraßen sind. Zwar konnten die Römer bequem über die Donau marschieren, doch umgekehrt konnten das auch die Barbaren jenseits des Flußes tun. Hadrian war eben ein vorsichtiger Kaiser – im Gegensatz zu Traian, unter dessen Herrschaft das Römische Reich die größte Ausdehnung seiner Geschichte hatte.

Ein eingebildeter Brückenbauer

Hadrian entfernte nun aber nicht nur die Donaubrücke Traians, sondern er beseitigte auch, wenn man den Quellen trauen darf, deren Architekten Apollodoros. Unter Traian hatte der Syrer noch eine große Karriere gemacht, baute in Rom das Maßstäbe setzende Traians-Forum. Seine Erfolge scheinen ihm aber zu Kopf gestiegen zu sein. Noch zu Regierungszeiten Traians diskutierte er mit dem Kaiser ein Bauprojekt. Als Hadrian sich in dieses Fachgespräch einmischte, beschied ihn der Architekt, von solchen Dingen habe er keine Ahnung, er solle sich lieber um seine Kürbisse kümmern – dies war eine Anspielung auf ein Gemälde, das der kunstsinnige Hadrian gerade in Arbeit hatte und auf das er sehr stolz war. Als Kaiser unternahm Hadrian einen weiteren Versuch, sich vor dem großen Apollodoros als Experte für Architektur zu profilieren. Er legte ihm den von ihm selbst entworfenen Plan für den Bau eines Tempels vor und fragte (wahrscheinlich mit gespielter Bescheidenheit) nach, ob er gut gelungen sei. Nicht nur, daß die Expertise des Syrers vernichtend ausfiel – er machte sich am Ende auch noch lustig über den dilettierenden Kaiser. Die Götterfiguren, so teilte er dem konsternierten Kaiser mit, seien für den Innenraum des Tempels zu groß: »Wenn nämlich die Göttinnen aufstehen und herausgehen wollen, werden sie dazu nicht in der Lage sein.« So etwas konnte sich der Kaiser nicht gefallen lassen. Nach Cassius Dio wurde Apollodoros zunächst in die Verbannung geschickt und später hingerichtet. Daß er auch wegen der Apollodoros-Affäre dessen Donaubrücke demolierte, ist allerdings nicht mehr als eine völlig unbewiesene Hypothese – schließlich war Hadrian ein zivilisierter Kaiser.

Brücken erschließen das Reich
Ohnehin zählte es eher zu den Gewohnheiten der Römer, Brücken zu bauen als zu zerstören. Sie waren ein wichtiges Instrument zur infrastrukturellen Erschließung des Imperiums. So, wie die Römer in allen Provinzen Straßen erbauten, so konstruierten sie dort auch zahllose Brücken. Über 1 000 solcher Brücken hat man inzwischen nachweisen können, viele von ihnen sind noch erhalten oder wenigstens in den Fundamenten vorhanden. Über römische Brücken zu fahren, war in der Regel eine komfortable Angelegenheit. In der Mitte waren sie mit einer Fahrbahn ausgestattet. Seitlich gab es jeweils einen Bürgersteig und ein Geländer. Und man verstand es auch, sich mit den Tücken der Strömung zu arrangieren (so, wie es der große Caesar vorgemacht hatte): Die Pfeiler wurden wie der Bug eines Schiffes angelegt, wobei der Bug zur Strömung hin orientiert wurde.

Das Prunkstück
Das prächtigste, heute noch intakte Exemplar einer kaiserzeitlichen Römerbrücke befindet sich im Westen Spaniens bei Alcantara. Eine 45 Meter hohe und 200 Meter lange Steinbrücke überspannt hier den Fluß Tejo, den die Römer *Tagus* nannten. Ihr Bau fand statt in der Regierungszeit Traians – und daß sie heute noch in voller Schönheit zu bewundern ist, sie also auch nicht von Traians Nachfolger Hadrian zerstört wurde, kann als definitiver Beweis dafür gelten, daß Hadrian nun wirklich nichts gegen Brücken als solche hatte.

Xerxes

Persischer Großkönig 486–465 v. Chr.;
Pionierleistung: Bau des Kanals auf der griechischen Halbinsel Athos

Wer heute auf der nordgriechischen Chalkidike die Halbinsel Athos besucht, interessiert sich in erster Linie für die imposanten Klosteranlagen aus byzantinischer Zeit. Doch es lohnt sich hier auch die Spurensuche nach einem ehrgeizigen Projekt aus der Antike: dem Kanal, den der persische Großkönig Xerxes im Jahre 480 v. Chr. durch den schmalen Isthmos legte, der die Halbinsel mit dem Festland verband. Die Arbeit an dem Unternehmen war so aufwendig, daß manche Historiker die antiken Berichte über den Bau dieses Kanals für unwahr gehalten haben. Aber die Forschungen der Archäologen haben längst Klarheit gebracht. Heute ist der Kanal wieder verschüttet. Doch dem aufmerksamen Beobachter werden nicht die künstlichen Erdhügel und die Substruktionen der Mauern entgehen. Und in jedem Frühjahr kündet die Vegetation vom Werk des Xerxes: Dann zeigt sich deutlich ein Streifen grüner Pflanzen, die an dieser Stelle üppiger als in der Umgebung wachsen, weil das Erdreich noch viel lockerer ist.

Eine mißglückte Flottenoperation

492 v. Chr.: Der persische General Mardonios zieht mit einer Flotte durch die nördliche Ägäis. Das Ziel der Expedition ist es, die Autorität der Perser über die abtrünnigen thrakischen Stämme wiederherzustellen. Wegen mangelnder Seetüchtigkeit fahren die Schiffe wie üblich an der Küste entlang. Sie kommen von Osten, von der Insel Thasos, wollen nun die Halbinsel Athos passieren. Da bricht von Norden her ein gewaltiger Sturm herein. Die Flotte des Mardonios wird gegen die Felsenklippen des Athos geworfen. 300 Schiffe gehen verloren, über 20 000 Menschen kommen ums Leben. »Das Meer am Athos«, gibt der griechische Historiker Herodot das zeitgenössische Empfinden wieder, »ist gefüllt mit Ungeheuern, von denen viele Menschen ergriffen und in die Tiefe gezogen wurden. Einige wurden gegen die Felsen geschleudert, andere konnten nicht schwimmen und ertranken, wieder andere erfroren. So übel erging es der Flotte.«

Ein Perserkönig zieht seine Lehren

480 v. Chr.: Der persische Großkönig Xerxes fährt mit einer gigantischen Flotte an der Nordküste der Ägäis entlang. Das militärische

Ziel ist diesmal viel weiter gefaßt als 12 Jahre zuvor: Es geht um die Unterwerfung von ganz Griechenland. Und Xerxes hat Vorsorge getroffen, daß sich die Katastrophe des Mardonios nicht wiederholen wird. Seit drei Jahren arbeiten Bautrupps an einem Kanal durch den Isthmos des Athos. Damit würde man die gefährliche Seeroute um die Halbinsel vermeiden können. Zwei Vertrauensleute des Xerxes, die Perser Bubares und Artacheies, führen die Aufsicht. Mit Peitschenhieben werden, wie es heißt, die zur Arbeit herangezogenen Soldaten zur Eile angetrieben. Man kommt ganz ohne technische Hilfsmittel aus, alles wird von menschlicher Energie geleistet. Bei der Stadt Sane wird eine schnurgerade Linie gezogen. Ein Teil der Arbeiter schachtet den Graben aus. Andere reichen den Schutt nach oben, wo er von Soldaten, die auf Stufen stehen, in Empfang genommen wird. Als Xerxes mit seiner Flotte ankommt, ist der Durchstich vollendet: Die Halbinsel Athos ist jetzt die Insel Athos. Der weitere Zug der Perser nach Griechenland war gesichert.

Der Kanal des Xerxes
Die moderne Archäologie hat die Dimensionen des Xerxes-Kanals rekonstruieren können: Er war etwa 2 200 Meter lang und hatte eine Wassertiefe zwischen 1,5 und 2 Metern. Die maximale Tiefe des Einschnitts bis zum Meeresspiegel betrug 15,7 Meter. Der Kanal war so breit, das zwei große Ruderschiffe problemlos aneinander vorbeifahren konnten. Herodot war allerdings nicht bereit, den Kanal in den Rang einer Meisterleistung zu erheben. »Wenn ich es mir so recht überlege«, führt er aus, »ließ Xerxes diesen Kanal nur aus reiner Geltungssucht bauen, um damit seine Macht zu demonstrieren und sich ein Denkmal zu hinterlassen. Ohne große Mühe und Anstrengung hätte er doch auch die Schiffe über Land ziehen können. Statt dessen aber ließ er einen so breiten Kanal bauen, daß zwei Dreiruderer nebeneinander ihre Ruder benutzen konnten.« Die Kritik der Griechen wird den Perserkönig wenig berührt haben. Er war es gewohnt, mit dem Ruf zu leben, ein hybrider, frevelhafter Herrscher zu sein. Das war die Sicht der Dinge, die sich die Griechen offiziell angewöhnt hatten. Zu Beginn der Griechenland-Expedition hatte bei den Dardanellen ein Sturm die Schiffsbrücke zerstört, mit der das persische Landheer übersetzen sollte. Daraufhin habe, kolportierte die griechische Gerüchteküche, Xerxes zur Strafe das Meer auspeitschen lassen. Der persische König, so urteilte der antike Historiker Iustin resümierend, »tat im Vertrauen auf seine Macht so, als wäre er der Beherrscher der Natur: Er ebnete Berge ein, füllte Täler auf, legte Brücken über das Meer und verband andere

Meeresteile zum Zweck der bequemeren Schiffspassage durch abkürzende Durchstiche.«

Kanalbau in Ägypten

Wie immer man auch die Motive des Xerxes bei der Anlage des Athos-Kanals bewerten will – mit Sicherheit ist er nicht derjenige gewesen, der als erster Mensch der Antike einen schiffbaren Kanal angelegt hat. Hier weist die Spur eindeutig nach Ägypten, in das Reich der alten Pharaonen. Die Ägypter waren gewissermaßen Experten in Sachen Kanalbau. Die alljährlich wiederkehrenden Überschwemmungen des Nil zwangen die Ägypter zur Entwicklung eines ausgeklügelten Systems von Bewässerungskanälen, das die heranströmenden Fluten bändigte und somit ganz erheblich zur Fruchtbarkeit des Landes beitrug. Doch die Ägypter dachten auch in größeren Kategorien. Sie pflegten weitreichende Handelskontakte, insbesondere auch mit der arabischen Welt. Für diese erwies sich eine fehlende Wasserverbindung zum Roten Meer als außerordentlich hinderlich. So kam schon der Pharao Ramses II. (1290 – 1224 v. Chr.) auf die Idee, einen antiken Vorläufer des modernen Suezkanals ausheben zu lassen. Doch anscheinend blieben seine Bemühungen im Stadium der reinen Konzeption stecken. Erst unter Necho II. (610–595 v. Chr.) wurde das Projekt, den Nil mit dem Roten Meer zu verbinden, wieder in Angriff genommen. Mit einem nach den damaligen Möglichkeiten großen technischen Aufwand und dem Einsatz unzähliger Arbeitskräfte ging man ans Werk. Doch vollendet wurde es auch diesmal nicht. Die Gründe dafür sind nicht bekannt. Nach einer nicht unbedingt glaubwürdigen Information Herodots sollen bei den Bauarbeiten 120 000 Ägypter ums Leben gekommen sein. Der griechische Historiker erzählt auch, daß die Arbeiten wegen eines Orakelspruchs eingestellt worden seien: Was er da baue, sei nur eine Vorarbeit für die Barbaren.

Der Kanal des Dareios

Tatsächlich wurde das Projekt von einem »Barbaren« realisiert: von Dareios I., dem Vorgänger des Xerxes auf dem persischen Thron. Inzwischen war Ägypten unter persische Herrschaft gekommen. Sowohl aus wirtschaftlichen Gründen, aber auch um des Prestiges willen, realisierte Dareios 495 v. Chr. den seit den Zeiten Ramses II. vorhandenen Traum von einer direkten Verbindung zwischen Nil und Rotem Meer. Die Details sind wiederum von Herodot zu erfahren. Die Länge des Kanals betrug in der Luftlinie etwa 180 Kilometer, das bedeutete, samt Krümmungen, eine Nettofahrtzeit von 4 Tagen. Die großzügige Breite (45 Meter) erlaubte es, daß zwei Dreiruderer nebeneinander fahren konnten. Die Tiefe betrug durchschnittlich 5 Meter. Der Kanal begann im Nildelta, nördlich der uralten Stadt Bubastis, lief an der arabischen Stadt Patumos vorbei und mündete dann ins Rote Meer. Wie intensiv der Kanal frequentiert wurde, ist nicht bekannt. Immerhin nahmen sowohl die ptolemäischen Könige als auch römische Kaiser wie Traian (98–117 n. Chr.) Ausbesserungsarbeiten vor, was eine kontinuierliche Bedeutung des Kanals nahezulegen scheint. In arabischer Zeit nahm die Nutzung stetig ab, und seit dem 9. Jahrhundert n. Chr. war der Nil-Rotes Meer-Kanal nicht mehr in Gebrauch. Und erst 1000 Jahre später, zwischen 1859 und 1869, baute der Franzose Ferdinand de Lesseps, in der Tradition eines Ramses, Necho und Dareios, mit dem Suezkanal eine neue künstliche Wasserstraße zwischen dem Mittelmeer und dem Roten Meer, freilich auf einer anderen Trasse als der antike Vorläufer.

Kanalbauten bei den Griechen

Wenn die Griechen auch den Athos-Kanal des Xerxes heftig kritisierten, so bedeutet dies nicht, daß sie generell etwas gegen künstliche Wasserwege gehabt hätten. Wo sie für die Schiffahrt und für den Handel Vorteile sahen, haben sie gerne und häufig Kanäle angelegt. Ein frühes, zugleich auch die Schwierigkeiten beim antiken Kanalbau illustrierendes Beispiel stellt ein Kanal dar, der wohl bereits im 7. Jahrhundert v. Chr. an der Halbinsel Leukas (gegenüber der Küste von Akarnanien) gebaut wurde. Ähnlich wie der Athos war auch Leukas durch einen schmalen Isthmos mit dem Festland verbunden. Die Umsegelung der Halbinsel war bei den Seefahrern gefürchtet. Bereits bei Homer fungiert das Kap Leukates (heute: Dukato) an der Südspitze als der Eingang zur Unterwelt. Nicht unbedingt eine Gefährdung der Schiffahrt, aber doch kein Pluspunkt in der antiken Sympathieskala von Leukas war die Praxis, daß man vom 70 Meter hohen Kap Verbrecher ins Meer stürzte (oder daß, wie man es etwa von der Lyrikerin Sappho behauptete, unglücklich Verliebte dies von sich aus taten).

Ein Kanal macht Schwierigkeiten

Der neue Kanal durch den Isthmos von Leukas bedeutete für die Schiffahrt jedenfalls eine erhebliche Erleichterung, weil man nun küstennah die Ostseite passieren konnte. Allerdings gab es immer wieder Probleme, weil sich in dem ausgehobenen Kanal Schlamm und Sand sammelten. Deshalb mußte der Kanal in regelmäßigen Abständen gereinigt werden. Ausgerechnet in der Zeit des Peloponnesischen Krieges (431–404 v. Chr.), als sich die griechischen Großmächte

Athen und Sparta samt den jeweiligen Verbündeten bekriegten, war der strategisch nicht unwichtige Kanal von Leukas nicht passierbar. Wie der Historiker Thukydides berichtet, mußte eine spartanische Flotte 427 v. Chr. ihre Schiffe über die Landenge ziehen. Pragmatischer ging 218 v. Chr. der makedonische König Philipp V. vor: Er ließ seine Soldaten in einer Art antiker Kehrwoche den Kanal erst einmal säubern.

Kanalbau bei den Römern

Seine Blütezeit erlebte der antike Kanalbau unter den Römern. Für diese war die Anlage von künstlichen Wasserstraßen ebenso wie der Bau von Straßen oder Brücken ein Mittel zur Beherrschung eroberter Räume, ein Element der wirtschaftlichen Belebung und nicht zuletzt auch der Beschäftigung von Soldaten, bei denen man befürchten mußte, daß sie in friedlichen Zeiten keine sinnvollen Verwendungsmöglichkeiten für ihre überschüssigen Energien hatten (und dann vielleicht in Aufruhr und Rebellion ihr Heil suchen würden).
Ein früher römischer Kanalbau-Pionier war der als Besieger von Kimbern und Teutonen zu Ruhm und Ehren gelangte Gaius Marius (158 – 86 v. Chr.). In Südfrankreich legte er 104 v. Chr. bei dem heutigen Arles (dem antiken Arelate) einen Kanal an, der die Mündungen der Rhône mit dem Mittelmeer verband. Das war notwendig geworden, weil das Delta der Rhône durch Schlammassen so verstopft war, daß die römischen Proviantschiffe kaum mehr hindurchkamen. »Marius«, so berichtet der griechische Biograph Plutarch, »ließ daher durch seine Armee, die gerade nichts zu tun hatte, einen großen Kanal graben, leitete in diesen einen großen Teil des Flußes und führte ihn bis zu einem günstigen Platz an der Küste herum, wodurch er einen breiten Ausfluß ins Meer bekam, der gegen Wind und Wellen geschützt war und große Schiffe tragen konnte«. Nach seinem verdienstvollen Erbauer wurde der Kanal *fossa Mariana* genannt – römische Politiker und Feldherrn taten gern Gutes, noch lieber aber sahen sie es, wenn ihre Leistungen auch hinreichend gewürdigt wurden. Dankbar waren auf jeden Fall auch die Bewohner von Arelate – ihre Stadt nahm durch den Kanal des Marius einen grandiosen wirtschaftlichen Aufschwung.

Die römische Kaiserzeit

In der frühen Kaiserzeit bauten die Römer eine Reihe von Kanälen vor allem im gallisch-germanischen Raum, dies im Zusammenhang mit der militärischen Erschließung jener Gebiete. 12 v. Chr. errichtete der römische Feldherr Drusus (der Vater des späteren Kaisers

Claudius) ein System von Kanälen, die den Niederrhein mit der Nordsee (wahrscheinlich mit der Zuidersee) verbanden – in den Worten des Biographen Sueton ein »gewaltiges Unternehmen« und nach der von Marius begründeten Praxis als *fossae Drusinae* bezeichnet. 46 n. Chr. baute der Feldherr Corbulo die *fossa Corbulonis* zwischen der Maas und dem Rhein, ein Kanal von etwa 36 Kilometern Länge. Nach den Angaben der antiken Autoren stand hinter diesem Projekt ein ganzes Bündel von Motiven. Einmal gab es den praktischen Grund, daß man auf diese Weise bequem von einem Fluß auf den anderen überwechseln konnte, ohne die gefährliche Route über die rauhe Nordsee in Anspruch nehmen zu müssen. Zweitens wollte Corbulo die durch die Fluten der Nordsee regelmäßig eintretenden Überschwemmungen beider Flüsse eindämmen. Und schließlich ging es wieder einmal darum, die Soldaten zu beschäftigen – wie der Historiker Tacitus es ausdrückt, sollte die Armee beim Kanalbau ihr »faules Leben« aufgeben.

Mißglückte Unternehmen

Der römische Kanalbau war freilich nicht eine einzige Erfolgsgeschichte. Vieles, was man geplant hatte, konnte nicht realisiert werden, und das aus den unterschiedlichsten Gründen. Einmal, in der Mitte des 1. Jahrhunderts v. Chr., wollte ein Provinz-Statthalter einen Kanal zwischen Mosel und Saône bauen. Dieser hätte die Kommunikationsverhältnisse verbessert, eine direkte Verbindung zwischen Nordsee und Mittelmeer hergestellt und zugleich eine Alternative zu den beschwerlichen und kostspieligen Landwegen angeboten. Doch ein Statthalterkollege war eifersüchtig auf den potentiellen Ruhm des Kanalbauers und schaffte es mit allerlei Intrigen, daß das Projekt zu den Akten gelegt werden mußte.

Ein grandioses Projekt in Italien

Kaiser Nero (54 – 68 n. Chr.), für den Geltungssucht kein Fremdwort war, wollte als der größte Kanalbauer aller Zeiten in die Geschichte eingehen. Unglücklicherweise sind beide Projekte, die er in Angriff nahm, gescheitert. So hat Nero zwar den angestrebten Platz im ewigen Buch des Kanalbaus bekommen – doch in einer ganz anderen Weise, als er es sich erhofft hatte.

Das erste Unternehmen war eine Wasserstraße in Italien, als Verbindung zwischen dem Averner See und der Hafenstadt Ostia. Der Averner See in Kampanien, in der Nähe des mondänen Badeortes Baiae gelegen, galt, weil er besonders tief war, den Römern als der Zugang zur Unterwelt. So sollen hier, wie der Mythos wissen wollte, Odysseus und Aeneas ihren Besuch in der Totenwelt angetreten haben. Agrippa, der unentbehrliche Helfer des Kaisers Augustus, hatte hier im Jahre 37 v. Chr. – unbeeindruckt von den furchterregenden Sagen – einen Hafen angelegt. Ostia, an der Mündung des Tiber, war seit Kaiser Claudius (41–54 n. Chr.) der Haupthafen der Stadt Rom. Hier trafen aus Sizilien, Ägypten und der Kyrenaika die für die Versorgung der Stadt lebenswichtigen Getreidelieferungen ein. Freilich war die Küste zwischen Baiae und Ostia ein gefährliches Terrain: Viele Schiffe hatten schon vor dem Unbill der Witterung kapitulieren müssen. Hier wollte Nero nun mit dem Bau eines Kanals Abhilfe schaffen. Das war an sich kein unvernünftiger Plan, nur mußte es bei Nero eben immer sehr extravagant abgehen. Die Länge des Kanals sollte fast 200 Kilometer betragen. Außerdem sollte er so breit sein, daß sogar die größten Schiffe, die Fünfruderer, aneinander vorbeifahren könnten. Auch war das Gelände nicht besonders geeignet für einen Kanal. Dies hat insbesondere der Historiker Tacitus moniert, wahrlich kein Freund des Kaisers, aber eben auch ausgestattet mit einem Sinn für das Machbare. Es ging an einer kargen Küste entlang und quer durch dazwischenliegende Berge. Und wo sollte das Wasser für einen so großen Kanal herkommen? Nur die malariagefährdeten Pomptinischen Sümpfe südlich von Rom boten genügend feuchten Grund für die Bereitstellung von Wasser. »Alles übrige Land«, konstatiert Tacitus, »ist felsig oder sandig, und wenn man den Durchstich überhaupt fertiggebracht hätte, dann nur mit unsäglicher Mühe und ohne rechten Sinn.« Dennoch machte sich Nero ans Werk, zog sogar inhaftierte Verbrecher als Zwangsarbeiter heran, scheiterte aber schließlich an den Gegebenheiten der Landschaft.

Dauerthema Isthmos von Korinth

Davon unbeeindruckt, versuchte sich Nero auch an einer der größten technischen Herausforderungen, die der antike Kanalbau zu bieten hatte: an der Durchstechung des Isthmos von Korinth in Griechenland. Dieser Isthmos trennte in der Antike den Korinthischen Golf im Westen vom Saronischen Golf im Osten. Geographisch trennte der Isthmos die Peloponnes vom griechischen Festland. Vor Nero hatte es schon mehrere Versuche gegeben, hier einen Kanal zu bauen. Für die Schiffahrt wäre dies zweifellos von großem Vorteil gewesen: Es hätte sich eine bedeutende Verkürzung des Weges zwischen dem Ionischen Meer und der Ägäis ergeben, indem den Seeleuten die übliche Route um das sehr stürmische Kap Malea an der Südspitze der Peloponnes erspart geblieben wäre. Die Zeitersparnis hätte immerhin acht bis zehn Tage betragen.

Xerxeskanal und Isthmos

Als erster hatte zu Beginn des 6. Jahrhunderts v. Chr. der Tyrann von Korinth, Periandros, den Durchstich versucht. Da das Unternehmen mißlang, richtete er den sogenannten *Diolkos* ein, eine Art von Ersatzkanal, eine gepflasterte Schleifbahn, auf der die Schiffe mit einer Spannbreite von 1,5 Metern mühsam zu Land über den Isthmos gezogen werden konnten. Einen weiteren Anlauf unternahm um 300 v. Chr. einer der Epigonen Alexanders des Großen, der Makedonenkönig Demetrios, dessen Beiname *Poliorketes* (»Städtebelagerer«) eindrucksvoll anzeigt, wo seine primären Qualitäten angesiedelt waren. Demetrios stellte die Bemühungen aufgrund einer bemerkenswerten wissenschaftlichen Expertise ein: Ingenieure hatten festgestellt, daß der Meeresspiegel im Korinthischen Golf höher sei als der im Saronischen Golf. Bei einem Durchstich des Isthmos sei zu befürchten, daß die Insel Aegina und deren Nachbarinseln von den Wassermassen überschwemmt und zerstört werden würden. Dafür, daß derlei Besorgnisse bei der Anlage von Kanälen eine wichtige Rolle spielten, gibt es aus der Antike im übrigen noch mehr Belege. So schrieb zu Beginn des 2. Jahrhunderts n. Chr. Plinius, der Statthalter der römischen Provinz *Bithynia et Pontus* an der Südküste des Schwarzen Meeres, nach Rom an Kaiser Traian wegen der geplanten Verbindung eines Sees bei Nikomedia (dem heutigen Izmit) mit dem Meer. Plinius bat den Kaiser, ihm einen Nivelleur oder Wassertechniker zu schicken, »der sorgfältig prüft, ob der See höher liegt als das Meer. Wie die hiesigen Experten behaupten, liegt er 40 Ellen höher.« Traian versprach die erbetene Hilfe und mahnte ausdrücklich zu recherchieren, »wie viel Wasser dem See zuströmt und woher, damit er nicht abfließt, wenn er ins Meer abgeleitet wird.«

Die Reihe der potentiellen römischen Isthmos-Bezwinger wird von Iulius Caesar angeführt. Er kam freilich nicht über das Stadium des bloßen Projektierens hinaus, obwohl ein Ingenieur bereits mit den Vorarbeiten beauftragt worden war: An den Iden des März des Jahres 44 v. Chr. wurde der Diktator ermordet, und mit ihm starb auch erst einmal der Plan eines Kanalbaus am Isthmos von Korinth. Aufgegriffen wurde es dann wieder von dem Kaiser Caligula (37–41 n. Chr.), der aber auch nicht viel erfolgreicher war: Wie Caesar hatten bereits Vermessungsarbeiten begonnen, als auch Caligula einem Attentat zum Opfer fiel.

Das Unternehmen Kaiser Neros

Nero schreckte das alles nicht ab. Und tatsächlich ist er mit dem Bau weiter vorangekommen als alle seine glücklosen Vorgänger. Mit dem ihm eigenen Sinn für öffentlichkeitswirksame Inszenierungen machte Nero aus dem Beginn der Arbeiten ein Spektakel. Beim ersten Spatenstich im Jahre 67 n. Chr. war er persönlich anwesend. Wie Sueton berichtet, hielt der Kaiser eine Rede, in der er seiner Hoffnung auf ein gutes Gelingen Ausdruck verlieh. Dann ließ er ein Trompetensignal geben, vollzog den ersten Spatenstich und trug die ausgegrabene Erde in einem Korb auf seinen Schultern davon. Mehr körperliche Belastung hat sich der Kaiser bei dem Kanalprojekt jedoch nicht auferlegt. Statt dessen gingen, neben den wie üblich eingesetzten Soldaten, auch Zwangsarbeiter ans Werk, unter ihnen, nach Auskunft des jüdischen Historikers Flavius Josephus, auch 6000 jüdische Kriegsgefangene, die man nach dem jüdischen Aufstand von 66 n. Chr. von Judäa nach Korinth deportiert hatte.

In der Folgezeit leisteten die Arbeiter Bemerkenswertes: Von beiden Seiten des Isthmos aus wurde ein 40 bis 50 Meter breiter Graben eingeschnitten. Dabei gelangte man von Westen her zwei, von Osten einen Kilometer weit. Bewegt wurde eine halbe Million Kubikmeter Erde. Letztlich aber war auch diese Mühe umsonst. Abrupt wurden die Arbeiten abgebrochen. Die Quellen nennen dafür zwei Gründe: Erstens kam plötzlich ein Gutachten zutage, das auch schon Demetrios Poliorketes zur Aufgabe bewogen hatte: Diesmal waren es ägyptische Wissenschaftler, die auf die unterschiedlichen Meereshöhen zwischen den beiden Golfen hinwiesen. Und zweitens soll ein Aufstand in Aquitanien Nero zur Rückkehr nach Italien veranlaßt haben.

Religiöse Bedenken

Vielleicht aber spielte auch hier etwas eine Rolle, womit bereits Xerxes beim Bau des Athos-Kanals konfrontiert worden war: der nicht zuletzt religiös bedingte Unwille gegenüber frevelhaften Eingriffen in die von den Göttern vorgegebene natürliche Ordnung der Welt. Im 2. Jahrhundert n. Chr. notiert der griechische Reiseschriftsteller Pausanias: »Wer es unternommen hat, die Peloponnes zu einer Insel zu machen, der hat das Durchgraben des Isthmos vorher aufgegeben. Und es ist noch sichtbar, wo sie angefangen haben zu graben, bis zum felsigen Teil sind sie aber gar nicht erst gekommen, und so ist das Land jetzt noch Festland, wie es von der Natur geschaffen worden ist ... So schwer ist es für den Menschen, Götterwerk gewaltsam zu verändern.« Der griechische Historiker weiß im Zusammenhang mit Neros Arbeiten in Korinth sogar wahre Schauergeschichten zu erzählen: »Er begann tatsächlich mit dem Projekt, obwohl man dagegen Bedenken hatte. Als nämlich die ersten Arbeiter die Erde berührten, quoll daraus Blut hervor, und man hörte auch Wehgeschrei und Gebrüll, und es zeigten sich viele Gespenster.«

Der moderne Kanal von Korinth

Ob man mit solchen Erzählungen vom Protest der als göttlich verstandenen Erde nun Nero persönlich treffen wollte oder ob es sich hier um tatsächliche, religiös motivierte Vorbehalte gehandelt hat, mag dahingestellt sein. Die Antike mußte jedenfalls ohne einen Kanal am Isthmos von Korinth auskommen. Der heutige moderne Isthmos-Kanal wurde zwischen 1881 und 1893 zunächst von einer französischen und dann, nach deren Bankrott, von einer griechischen Gesellschaft gebaut, 23 Meter breit, 8 Meter tief, befahrbar für Schiffe bis zu 10 000 Tonnen. Und als eine späte Reverenz an römische Ingenieurkunst mag gewertet werden, daß als Ideallinie für den modernen Isthmos-Kanal genau jene angesehen wurde, die Nero hatte anlegen lassen.

Das Ende eines Pioniers

Dem Kanalbau-Pionier Xerxes hat sein Werk auch nicht viel Glück gebracht. Die Expedition nach Griechenland endete mit einem militärischen Desaster. Bei Salamis im vom Isthmos von Korinth geschützten Saronischen Golf wurde seine Flotte von den Griechen 480 v. Chr. vernichtend geschlagen, obwohl sich der Perserkönig auf einer Anhöhe einen exklusiven Logenplatz zur Besichtigung des Geschehens gesichert hatte. Eine persische Invasion in Griechenland war damit zu den Akten gelegt worden. Xerxes selbst kam bei einer Adelsverschwörung 465 v. Chr. ums Leben.

Hippodamos

Griechischer Architekt und Stadtplaner, 5. Jahrhundert v. Chr.; Pionierleistung: Entwicklung der regelmäßigen Stadtanlage

In seinem *Satyricon*, dem ersten bekannten römischen Roman, beschreibt der Dichter Petronius, ein enger Freund des Kaisers Nero (54 bis 68 n. Chr.), die verzweifelten Versuche einer leicht angeheiterten Gruppe, nach einem Trinkgelage den Weg durch das nächtliche Rom zurück zur Herberge zu finden: »Wir hatten keine einzige Fackel zum Geleit, die uns beim Herumirren die Richtung hätte weisen können, und die Stille der bereits erreichten Mitternacht ließ nicht erwarten, daß uns Leute mit Licht begegnen würden. Dazu kam der Rausch und unsere fehlende Ortskenntnis, die uns schon bei Tage Probleme bereitet hätte. Fast eine ganze Stunde lang stolperten wir mit blutigen Füßen über alle möglichen spitzen Steine und herumliegenden Tonscherben. Dann wurden wir endlich durch Gitons Erfindungsreichtum erlöst. Der Schlaumeier hatte nämlich bei Tag aus der Furcht heraus, sich sogar bei Tageslicht zu verirren, an alle Pfeiler und Säulen mit Kreide Striche gemalt, die über die finstere Nacht siegten und uns leuchtend beim Herumirren den Weg wiesen.« Und so kam die Gruppe doch noch glücklich in der Herberge an.

Eine Stadt aus Marmor?
Das aber soll das glorreiche Rom, der Nabel der Welt, die Stadt der großen Feldherrn und Politiker gewesen sein, jene Metropole, die der Kaiser Augustus nach eigener Auskunft von einer Stadt aus Ziegeln in eine Stadt aus Marmor umgewandelt haben will? Ein Gewirr aus engen, winkligen, schlecht gepflegten Gassen, bei Nacht unbeleuchtet und auch bei Tage kaum geeignet, sich zurechtzufinden? Die aufkeimende Hoffnung, Petronius mag aus dramaturgischen Gründen maßlos übertrieben haben, erfüllt sich leider nicht. Es gibt eine Vielzahl von anderen zeitgenössischen Berichten, die die gleiche Klage anstimmen. Hinter der Fassade aus Marmor, hinter den Palästen der Reichen eröffnete sich das Bild einer wahrlich wenig majestätischen urbanen Gestaltung. Selbst ein Patriot wie der römische Geschichtsschreiber Livius, ein Zeitgenosse des Augustus, monierte, der Grundriß der Stadt gleiche eher einer Okkupation als einer planmäßigen Aufteilung. Sich in Rom zurechtzufinden, kam einer Heldentat gleich: Keine Straßenschilder, keine Hausnummern, keine

Wegweiser. Hilflos umherirrende, permanent sich nach dem Weg erkundigende Fremde gehörten demnach ebenso zum täglichen Erscheinungsbild der Weltstadt Rom wie Einheimische, die sich fragten, ob es denn normal sei, daß man sich nicht einmal in seiner eigenen Stadt auskenne.

Wo die Kaiser geboren wurden

Eine kleine Hilfe bei der Orientierung boten wenigstens einige markante Punkte in der Stadt. Dieses Mittels hat sich beispielsweise der Kaiserbiograph Sueton (2. Jahrhundert n. Chr.) bedient, der seinem Lesepublikum gern mitteilen wollte, wo denn das Geburtshaus der von ihm porträtierten Herrscher stand. Augustus, so erfährt man, wurde »in der Gegend des Palatins ›Bei den Stierköpfen‹ geboren.« Um das zu präzisieren, erklärt der Biograph: »Dort steht heute eine kleine Kapelle, die aber erst einige Zeit nach dem Tod des Augustus gebaut worden ist.« Titus, der von 79 bis 81 n. Chr. regierte, »wurde in einem armseligen Haus nahe dem Septizonium geboren, in einem wirklich sehr kleinen und finsteren Zimmer.« Und wieder folgt die Erläuterung: »Dieses Haus gibt es heute noch, und man kann es besichtigen.« Und Domitian, der Bruder des Titus, der ihm in der Herrschaft nachfolgte, erblickte das Licht der Welt »in der sechsten Region der Stadt in einem Haus in der Granatapfelstraße. Später wurde daraus der Tempel der flavischen Familie.« Also stammte immerhin Domitian aus einer der wenigen Straßen, die mit einem Namen versehen waren.

Eine gewachsene Stadt

Die Ursache all dieser mißlichen Verhältnisse lag darin, daß Rom nicht von dem berühmten Stadtplaner Hippodamos gebaut worden ist (und im übrigen auch nicht, wie es der Mythos will, von Romulus). Rom war eine typische gewachsene Stadt, entstanden aus einem kleinen Dorf am Tiber, in seiner Ausdehnung geradezu explodiert in dem Maße, wie es zum Anziehungspunkt für unzählige Menschen wurde – ohne daß freilich die städtebauliche Entwicklung mit dem enormen Anstieg der Bevölkerungszahl Schritt gehalten hätte.
Hippodamos konnte den Römern mit seinem Fachwissen auch gar nicht mehr helfen, weil es die Stadt zu seiner Zeit bereits gab, wenn auch in weit bescheideneren Ausmaßen. Seine Spezialität war die Neugründung von Städten, sozusagen auf dem Reißbrett entworfen. Und diese Städte versah er mit Straßen, die so angelegt waren, daß man sich in ihnen eigentlich nicht verlaufen konnte. In den Städten des Hippodamos hätte sogar die angeschlagene Gruppe des Petronius

mühelos nach Hause gefunden. Die Leistungen des Hippodamos auf dem urbanen Sektor werden allgemein so hoch eingeschätzt, daß man sich angewöhnt hat, vom »hippodamischen System« zu sprechen.

Eine schillernde Persönlichkeit

Gerne würde man etwas mehr über seine Persönlichkeit wissen. Doch die Quellen fließen hier äußerst spärlich. So weiß man gerade einmal, daß er im 5. Jahrhundert v. Chr., der »klassischen« Phase der griechischen Geschichte, lebte und daß er aus Milet stammte, jener Stadt an der kleinasiatischen Westküste, die in der Antike so viele namhafte Forscher und Gelehrte hervorgebracht hat. Sein bevorzugter Aufenthaltsort war allerdings Athen, zu dieser Zeit der politische, kulturelle und wissenschaftliche Mittelpunkt der griechischen Welt. Ein kurzes, nicht sehr schmeichelhaftes Persönlichkeitsprofil findet sich bei Aristoteles, der normalerweise über den Verdacht erhaben ist, sich an Gerede und Klatsch zu beteiligen. Demnach war Hippodamos ein sehr ambitionierter, extravaganter Mensch, dem es immer darauf angekommen sei, aufzufallen. Vor allem sein Äußeres soll Anlaß zur Kritik gegeben haben »mit der Masse der Haare und dem kostbarem Schmuck, außerdem mit einem einfachen, aber warmen Kleid, das er nicht nur im Winter, sondern auch in der heißen Jahreszeit trug.«

Wiederaufbau von Milet

Erstes städtebauliches Projekt dieses unkonventionellen Architekten soll der Wiederaufbau der Heimatstadt Milet gewesen sein. Milet war 494 v. Chr. von den Persern komplett zerstört worden, weil von dieser Stadt sechs Jahre zuvor das Signal zum Aufstand gegen die persische Herrschaft ausgegangen war. Unter der Federführung des Hippodamos entstand nun ein neues, vielleicht nicht schöneres, auf jeden Fall aber ein anderes Milet. Das System des Stadtplaners beruhte auf einer streng geometrischen Form der Anlage. Die Straßen wurden so konstruiert, daß sie sich in einem rechten Winkel schnitten, was der Stadt, jedenfalls aus der Vogelperspektive, das Aussehen eines Schachbretts gab. Zwischen diese Straßen wurden, Inseln gleich, die Wohnhäuser gebaut. In einer klaren funktionalen Trennung lagen die öffentlichen Gebäude (wie Ratsgebäude, Markt, Theater) separat und bildeten ebenso wie die sakralen Bauten, also die Tempel, jeweils einen einheitlichen, zusammengehörigen Komplex.

1 Nördliche Agora, 2 Delphinion, 3 Gymnasion, 4 Buleuterion, 5 Nymphäum, 6 Südliche Agora, 7 Areal des Sarapis-Tempels, 8 Stadion, 9 Gymnasion, 10 Westliche Agora, 11 Areal des Athena-Tempels, 12 Löwentor, 13 Tor der Heiligen Straße, 14 Spätere Quermauer, 15 Kalabaktepe, 16 Theaterbucht, 17 Theater, 18 Löwenbucht

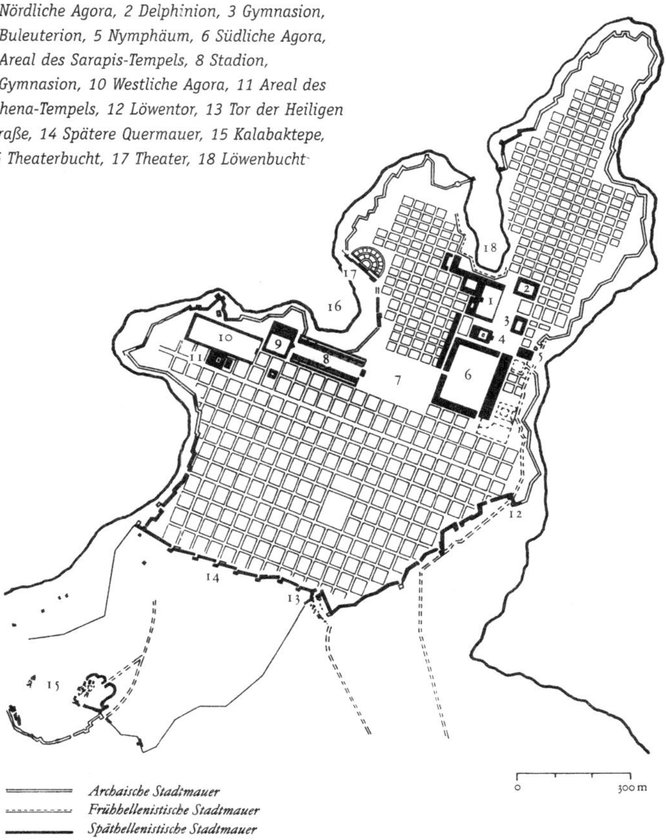

Plan von Milet

Städtebau und Idealstaat

Wie aber kam Hippodamos auf die Idee, eine solche ebenso schematische wie klar strukturierte Stadtanlage zu entwerfen? Man wird kaum annehmen wollen, daß es ihm allein darauf ankam, überschaubare urbane Verhältnisse zu schaffen und Nachtschwärmern den Nachhauseweg zu erleichtern. Laut Aristoteles, der sich nicht nur mit dem Äußeren des Architekten befaßt hat, handelte es sich hierbei um die Umsetzung einer politischen Konzeption. Hippodamos soll sich einen idealen Staat von 10 000 Männern vorgestellt haben (von den Frauen ist in diesem Konzept nicht die Rede). Dieser soll-

te aus drei Komponenten bestehen: den Handwerkern, den Bauern und den Kriegern. Auch das Territorium wollte er auf drei Sektoren verteilt haben, auf einen sakralen, einen öffentlichen und einen privaten Bereich. Die Krieger, so sah der Plan des Hippodamos weiterhin vor, sollten von den Produkten des öffentlichen Landes ernährt werden, die Handwerker und Bauern von den Erträgen der agrarisch genutzten Flächen.
Der Idealstaat des Hippodamos ist jedoch allem Anschein nach weder in Milet noch anderswo realisiert worden. Vielleicht haben seine politischen Visionen auch gar nichts mit seiner praktischen Arbeit als Stadtplaner zu tun gehabt. Und im übrigen ist Hippodamos auch nicht der Erfinder des »hippodamischen Systems«. Schon gut 200 Jahre vor Hippodamos bauten die Griechen Städte wie Hippodamos – im Schachbrettmuster mit den sich rechtwinklig schneidenden Straßen.

Vorläufer in den griechischen Kolonien
Dabei handelt es sich um jene Städte, welche die Griechen im Zeitalter der sogenannten Großen Kolonisation gegründet hatten. Von den Küsten Kleinasiens über Süditalien und Sizilien bis hin zur Iberischen Halbinsel erstreckte sich seit dem 7. Jahrhundert v. Chr. eine Kette von griechischen Städten, besiedelt von Menschen, denen die Heimat zu klein geworden war und die nach neuen Herausforderungen suchten. Auf der städtebaulichen Agenda standen für die Kolonisten zwei Punkte ganz oben: Erstens mußte die neue Siedlung sicher gegen Übergriffe von außen sein, und zweitens sollte der Grund und Boden unter den einzelnen Siedlern möglichst gerecht verteilt werden. Der Sicherheit dienten eine komprimierte urbane Gesamtanlage sowie eine starke Stadtmauer. Und bei der Verteilung der Grundstücke wurde so verfahren, daß am Ende ganz automatisch das »hippodamische System« entstand: Jeder Siedler erhielt auf dem Territorium der Stadt ein Stück Land zugewiesen. Um die neue Stadt nicht schon in ihrer Anfangsphase mit sozialer und wirtschaftlicher Ungleichheit zu belasten, entschied man sich in den meisten Siedlungen dafür, das Areal in gleichmäßige Blöcke zu parzellieren und diese durch ein regelmäßiges Straßennetz voneinander abzugrenzen. Auch die politische Ordnung der Stadt konnte eine Rolle spielen: Wollte man ein demokratisches Gemeinwesen errichten, dann war die Verteilung des Landes noch etwas gleicher als in Städten, die von einer Adelselite regiert wurden. Für die Menschen der Planstädte war es ein anderes Leben und Wohnen als für die Bürger von gewachsenen Städten wie etwa Athen oder Korinth: Alles war geordneter, kla-

rer, transparenter, allerdings auch einförmiger, monotoner, wenn nicht gar langweiliger. Doch das waren für die frühen Vorläufer des Hippodamos keine wirklich relevanten Aspekte: Nicht die psychische Befindlichkeit der Einwohner hatte Priorität, entscheidend waren Sicherheit und Gleichheit.

Die Leistung des Hippodamos

Wenn also Hippodamos, da es »sein« System schon lange vor ihm gab, als Pionier der Urbanistik im engeren Sinne ausfällt, so heißt das noch lange nicht, daß er nicht seine großen Verdienste gehabt hätte. Seine originäre Leistung besteht darin, die Verfahrensweise in den griechischen Kolonien zu einem städtebaulichen *Prinzip* erhoben und nebenbei auch noch perfektioniert zu haben. Dementsprechend waren nach dem vielversprechenden Auftakt beim Neuaufbau von Milet die Auftragsbücher des Hippodamos gut gefüllt. Rat und Tat des Hippodamos in allen städtebaulichen Angelegenheiten waren gefragt. Das ging so weit, daß man ihn zum Architekten von Städten erklärte, an deren Gestaltung er in Wirklichkeit gar nicht beteiligt gewesen ist. Von Hippodamos gebaut worden zu sein, war im 5. Jahrhundert v. Chr. eben ein urbanes Gütesiegel.

Piräus

Historisch absolut gesichert ist die Beteiligung des Hippodamos an der Anlage von Piräus, der Hafenstadt von Athen. Hier entstand, im Zusammenhang mit der nach den Kriegen gegen die Perser notwendig gewordenen Befestigung des athenischen Kriegs- und Handelshafens, in den Jahren nach 470 v. Chr. eine Stadtanlage, die ganz die Handschrift des Hippodamos trägt. Archäologische Forschungen ermöglichen dabei einen genauen Einblick in seine Arbeitsweise. Deutlich kann man die für sein planerisches Vorgehen typische Abgrenzung der einzelnen Stadtviertel erkennen. Um die zentrale *agorá* herum sind die öffentlichen und sakralen Gebäude errichtet. Diese wiederum werden von den Wohnvierteln eingerahmt. Die Archäologen entdeckten auch die absolut gerade verlaufende Hauptstraße mit einer Breite von 15 Metern. Die Bewohner von Piräus wußten sich dem Konstrukteur ihrer Stadt verpflichtet und nannten einen der Plätze den »Markt des Hippodamos«.

Thurioi und Rhodos

444 v. Chr. finden wir den umtriebigen Stadtplaner in Unteritalien wieder. Hier beteiligte er sich an der Gründung der Stadt Thurioi (heute: Sibari), einer Initiative des athenischen Politikers Perikles, mit

dem Hippodamos offenbar gut befreundet war. Auch hier kam, was nicht überrascht, das orthogonale »hippodamische System« zur Anwendung. Wie groß das antike Vertrauen in die Fähigkeiten des Hippodamos war, beweist der Umstand, daß man ihn auch mit der Gründung der Inselhauptstadt von Rhodos in Verbindung gebracht hat. Sie wurde an der Nordspitze der Insel gebaut, dort, wo sich auch heute noch das moderne Rhodos-Stadt befindet. Wegen moderner Überbauung ist von der antiken Siedlung nicht mehr viel zu sehen. Doch was die antiken Autoren über sie erzählen, würde zu Hippodamos passen. Schwierigkeiten macht die Chronologie: Die Stadt Rhodos wurde im Jahr 408 v. Chr. gegründet. Das sind immerhin 71 Jahre nach der Premierenarbeit des Hippodamos in Milet. Es ist nicht bekannt, wie alt Hippodamos geworden ist. Doch müßte er seinen Beruf schon extrem lange ausgeübt haben, wäre er auch in Rhodos noch aktiv gewesen.

Vorbild Hippodamos

Hier wie andernorts dürfte vielmehr sein Beispiel Schule gemacht haben. Das orthogonale Stadtschema wurde bei praktisch allen Neugründungen der Antike angewandt – bis hin zu den Römern, die es bei den Stadtgründungen in Italien und in den Provinzen besser machten als in ihrer eigenen Hauptstadt: Noch heute kann man sich in Städten, die auf eine römische Gründung zurückgehen, bestens an den beiden sich rechtwinklig schneidenden Hauptstraßen, dem *decumanus* (Ost-West-Achse) und dem *cardo* (Nord-Süd-Achse), orientieren.

Die Gründung von Alexandria

Natürlich beherrschte keiner das »hippodamische System« besser als der Meister persönlich. Der zweite Platz gebührt aber ohne Frage dem Architekten Deinokrates aus Rhodos. Er baute 332/331 v. Chr. für Alexander den Großen in Ägypten die Stadt Alexandria, die sich bald zu einer alle bis dahin bekannten Dimensionen sprengenden Großstadt entwickeln sollte. Später zählte ein Chronist einmal genau nach und kam auf eine Häuserzahl von 47 790. Unter den ptolemäischen Königen und in der römischen Kaiserzeit dürfte die Einwohnerzahl die Millionengrenze erreicht haben. Im Einklang mit den Wünschen Alexanders wurde das »hippodamische System« hier ins Monumentale gesteigert. Die Prachtstraßen erreichten – vielleicht noch nicht unter Alexander, aber sicher unter den Ptolemäerkönigen – eine Breite von 30 Metern. Als die in Alexandria residierende Königin Kleopatra 46 v. Chr. nach Rom kam, um in der Nähe Caesars zu sein, wird dieser vermutlich alles daran gesetzt haben, vor der an gehobenen urbanen Standard gewöhnten Königin die engen und winkligen Gassen Roms zu verbergen. Deinokrates, dem legitimen Nachfolger des Hippodamos, ist der Ruhm, »*die* Stadt der Welt« (wie die Alexandriner in aller Unbescheidenheit sagten) entworfen zu haben, offenbar zu Kopf gestiegen. Er soll, wie es heißt, als Herakles verkleidet Alexander vorgeschlagen haben, den Berg Athos in Nordgriechenland, wo der Perserkönig Xerxes sich Verdienste um den antiken Kanalbau erworben hatte, in eine monumentale Statue Alexanders umzubauen. Zum Glück ging der König, dem man ohnehin vorwarf, angesichts seiner Erfolge die Bodenhaftung verloren zu haben, auf diesen Vorschlag nicht ein.

Gesundes Wohnen

Dank Deinokrates hatten die Bewohner von Alexandria weniger unter der Hitze zu leiden, als es in anderen Städten der mediterranen Welt der Fall gewesen ist. Hier scheint er seinen Lehrmeister Hippodamos sogar noch übertroffen zu haben, denn von einer Rücksichtnahme auf die klimatischen Verhältnisse ist bei ihm nicht die Rede. Deinokrates aber legte die Straßen so an, daß die von Norden kommenden Etesien für Kühlung sorgten, während die heißen Südwinde von einem Höhenzug abgehalten wurden. Seitdem gehörte die Forderung nach einer gesundheitsbewußten Stadtanlage zum üblichen Repertoire der antiken Stadtplaner. Besonders viele Gedanken hat sich in dieser Hinsicht Aristoteles gemacht, der in der beneidenswerten Lage war, zu fast jedem Sachverhalt substantielle Gedanken beizusteuern. Gutes Wasser und gute Luft waren seiner Meinung nach wesentliche Voraussetzungen für ein angenehmes Leben in der Stadt. Gute Luft bekam die Stadt nach den Empfehlungen des Aristoteles, wenn die Straßen nach Norden oder Osten hin ausgerichtet waren. Was passierte, wenn man sich an solche wohlmeinenden Ratschläge nicht hielt, hat der römische Architektur-Historiker Vitruv (1. Jahrhundert v. Chr.) am Beispiel der Stadt Mytilene auf der Insel Lesbos vorgeführt: »Die Stadt ist prächtig und geschmackvoll gebaut, aber sie ist nicht klug angelegt. Wenn in dieser Stadt der Wind von Süden kommt, dann werden die Menschen krank. Weht er aus Nordwesten, dann husten sie. Weht der Nordwind, werden sie wieder gesund, können dann aber in den Neben- und Hauptstraßen wegen der strengen Kälte nicht stehenbleiben.« Für die Bewohner von Mytilene kann man nachträglich nur hoffen, daß der Wind sich nicht ständig drehte, damit sie nicht einem permanenten Wechselbad der physischen Befindlichkeit ausgesetzt waren.

Trost bei Cicero

Wie aber gingen die Bewohner von Rom mit dem Makel um, in einer Stadt zu leben, die sämtlichen Regeln griechischer Stadtbaukunst widersprach? An dem Dilemma änderte sich ja auch nichts Grundsätzliches, als Kaiser Nero nach dem Brand von Rom 64 n. Chr. die Chance nutzte, die freigewordenen Flächen nun mit großzügigen Straßenanlagen im Stile eines Hippodamos oder Deinokrates zu versehen. Als Trost blieb Cicero. In seiner Schrift *Über den Staat* konnte man, so oft man wollte, nachlesen, daß Rom wenigstens die beste Lage aller Städte auf der ganzen Welt habe. Die Griechen, so räsonnierte der Römer, bauen ihre Städte meistens direkt am Meer. Vom Meer her aber drohen Gefahren durch all die fremden Sitten und Gebräuche, die die Seefahrer in die Häfen tragen. Romulus aber habe mit göttlichem Scharfblick die Stadt Rom weit genug entfernt vom Meer angelegt, um den Römern ihre einzigartige moralische Integrität zu bewahren. Zugleich aber liegt Rom nahe genug am Meer, um von seinen Segnungen zu profitieren, indem man bequem über den Tiber die Lebensmittel in die Stadt schafft. Und so konnte sich der antike Cicero-Leser doch noch beruhigt zurücklehnen: Er lebte zwar in der, unter städtebaulichem Aspekt gesehen, schlimmsten Stadt der Welt, aber dafür stimmte die Moral.

Demokrit

Griechischer Wissenschaftler aus Abdera, um 460 – 370 v. Chr.; Pionierleistung: Erforschung des Wesens der Materie

Zu seiner Tätigkeit als Wissenschaftler hatte Demokrit offenbar die richtige Einstellung. Er wolle, so soll er gesagt haben, lieber die Erklärung für einen einzigen Vorgang in der Natur finden als Perserkönig sein. Der Wunsch ist nur teilweise in Erfüllung gegangen: Perserkönig ist er wirklich nicht geworden, dafür fand er aber gleich mehrere Erklärungen für die Vorgänge in der Natur. Und so mochten sich die vielen Perserkönige, die Demokrit als Zeitgenossen hatte, ihrer Macht und ihres Reichtums erfreuen – der vom Forschergeist beseelte Demokrit wurde zu einer festen Größe in der Welt der Wissenschaft, und sein Ruhm strahlt bis in unsere Tage.

Fabeln und Legenden

Noch viel mehr Kluges und Denkwürdiges soll Demokrit gesagt haben, und manches von dem, was überliefert wird, mag auch historisch sein. Schließlich erreichte der Gelehrte nach den glaubwürdigsten Angaben ein biblisches Alter von etwa 90 Jahren, und so hatte er genügend Zeit, um sich in jedem Zitatenschatz einen Platz zu sichern. Vieles muß allerdings auch in das Reich der Fabel verwiesen werden. Demokrit teilt das Schicksal antiker Pioniere, daß man über sie gerne Geschichten erfunden hat – zum einen, weil sie mit ihrer innovativen Arbeit häufig nicht den vorherrschenden Vorstellungen einer aristokratisch-bürgerlichen Existenz entsprachen, zum anderen, weil man gerne einen Zusammenhang zwischen wissenschaftlicher Tätigkeit und Lebensführung herstellte. Aus ersterem Interesse resultierte etwa die Fama von dem in der Einsamkeit lebenden, dabei vorrangig Tiere sezierenden und gleichzeitig eine Studie über den Wahnsinn verfassenden Demokrit, dem es obendrein noch gelungen sein soll, den berühmten Arzt Hippokrates von der Sinnhaftigkeit eines solchen Lebens zu überzeugen. Aus dem zweiten Beweggrund heraus entstand das an sich sympathische Bild von dem fröhlichen, dem lachenden Demokrit – gedeutet freilich als das überhebliche Lachen desjenigen, der meint, alles besser zu wissen als die anderen Menschen. Das war allerdings eine arge Reduktion der ethischen Lehrsätze, in denen Demokrit eine innere Ausgeglichenheit, eine heiter-gelassene Gemütsverfassung empfahl.

Ein weitgereister Gelehrter?

Und aus der gleichen Richtung stammt wohl auch die Nachricht von dem weitgereisten, weltläufigen Demokrit, die nun wieder ganz und gar in Widerspruch zu dem angeblich isoliert lebenden Gelehrten steht: Ägypten soll er besucht haben, auch den Orient, es heißt, er sei so viel in der Welt herumgekommen wie kein anderer und habe sich überall mit den herausragendsten Gelehrten getroffen. Selbstverständlich sei er auch im Kulturmekka Athen gewesen, habe dort allerdings eine etwas ernüchternde Lektion in Sachen eigener Prominenz erhalten: »Ich kam nach Athen – und keiner kannte mich.«

Nun kann man es nicht ausschließen, daß Demokrit wirklich viel unterwegs gewesen ist. Doch wahrscheinlich haben jene modernen Forscher nicht ganz Unrecht, die der Meinung sind, daß die antike Tradition Demokrit erst nachträglich auf – damit fiktive – große Reisen geschickt hat, einmal, weil nach allgemeiner Auffassung ein so kluger Mann einfach weit gereist sein *mußte*, zum anderen, um den weitgespannten Horizont seiner wissenschaftlichen Interessen zu erklären. Und tatsächlich fällt es nicht leicht, für Demokrit eine geeignete Berufsbezeichnung zu finden. In der Antike galt er einfach als *Philosoph* – doch war das eine Sammelbezeichnung für sehr unterschiedliche intellektuelle Tätigkeiten. Physiker war *eine* (und, auf lange Sicht betrachtet, die nachhaltigste) Facette der Aktivitäten Demokrits. Doch beschäftigte er sich auch mit Ethik, Biologie, Medizin, Mathematik, Grammatik, Malerei und Musik.

Bürger von Abdera

Wenn in bezug auf die Biographie dieses Pioniers viele Unklarheiten bestehen, so kann man doch wenigstens Einiges als gesichert festhalten. Daß er etwa 90 Jahre alt geworden ist, wird ausdrücklich überliefert. Die genauen Lebensdaten sind allerdings nur annähernd zu erschließen – die meisten Forscher setzen sie auf 460 bis 370 v. Chr. an. Erlebt hat Demokrit in seiner Jugend die vor allem von Athen ausgehende Blütezeit der griechischen Kultur. Die mittlere Phase seines Lebens war geprägt von der Erfahrung des Krieges – im Peloponnesischen Krieg (431–404 v. Chr.) kämpften die Großmächte Athen und Sparta um die Vorherrschaft in Griechenland und bezogen fast die gesamte griechische Staatenwelt in diese Auseinandersetzung mit ein. Und seine letzten 30 Jahre verbrachte Demokrit in einem durch den Krieg politisch und wirtschaftlich geschwächten Griechenland, das bald nach seinem Tod zum Gegenstand der imperialen Begierden der Könige von Makedonien werden sollte.

Ein gesichertes biographisches Detail ist auch die Heimatstadt Demokrits. Er stammte aus dem thrakischen Abdera, gegenüber der Insel Thasos an der Nordküste der Ägäis. Zu Lebzeiten Demokrits konnte man es noch wagen, sich in der Öffentlichkeit zu seiner Herkunft aus Abdera zu bekennen. Im weiteren Verlauf der Antike geriet die Stadt aus heute nicht mehr zuverlässig nachvollziehbaren Gründen in einen sehr schlechten Ruf. Bewohner von Abdera zu sein, hieß: geistig beschränkt zu sein. So übernahm Abdera, ganz gegen seinen Willen, die antike Rolle des späteren Schilda. Vergeblich wiesen die Abderiten auf die historische Bedeutung ihrer Stadt hin – Gründung in der Mitte des 7. Jahrhunderts v. Chr. durch Siedler aus der Stadt Klazomenai, nach Zerstörung durch thrakische Stämme um 550 v. Chr. Neugründung durch Kolonisten aus der Stadt Teos, seitdem dank fruchtbarer Böden und weitreichender Handelsbeziehungen eine der wichtigsten griechischen Städte in der nördlichen Ägäis. Umsonst wies man darauf hin, welch große Geister aus Abdera stammten – ja nicht nur Demokrit, sondern auch Protagoras, der berühmte Sophist und Redner, in die Geistesgeschichte eingegangen mit dem Satz »Der Mensch ist das Maß aller Dinge«; Anaxarchos, ein Schüler Demokrits, der Alexander den Großen auf seinem Orientfeldzug begleitete (angeblich bis nach Indien – dies ist vielleicht der reale Hintergrund der Information, daß auch Demokrit in Indien gewesen sein soll); oder Hekataios, der bekannte Verfasser eines utopischen Romans über das sagenhafte Volk der Hyperboreer. Sein Negativ-Renommee als Hort provinzieller Unbedarftheit wurde aber Abdera nicht mehr los, und das bis in die Neuzeit hinein: Noch 1774 schrieb Christoph Martin Wieland einen Roman als Parabel für das Spießbürgertum seiner Zeit und nannte dieses Werk *Die Abderiten*.

Lehrer und Schüler

Sicher ist, daß Demokrit keine Schuld an dem negativen Image seiner Heimatstadt hat. Er hat sich unsterbliche Verdienste um die antike *Atomistik* erworben. Gelegentlich wird als Pionier dieser Disziplin die etwas obskure Gestalt des Leukippos genannt, nach bis heute vorherrschender Auffassung der Lehrer Demokrits. Allerdings gibt es manche antike Autoritäten, die behaupten, es habe Leukippos gar nicht gegeben. Verdächtig ist weiterhin der Umstand, daß keiner so recht weiß, woher dieser Leukippos eigentlich gestammt haben soll – das antike Angebot an möglichen Geburtsorten reicht von Milet in Kleinasien über Elea in Unteritalien bis hin zu Abdera. Doch letztlich vertraut man heute dem Votum des großen Universalgelehrten Aristoteles: Derjenige, der den *Anstoß* zur antiken Atomtheorie ge-

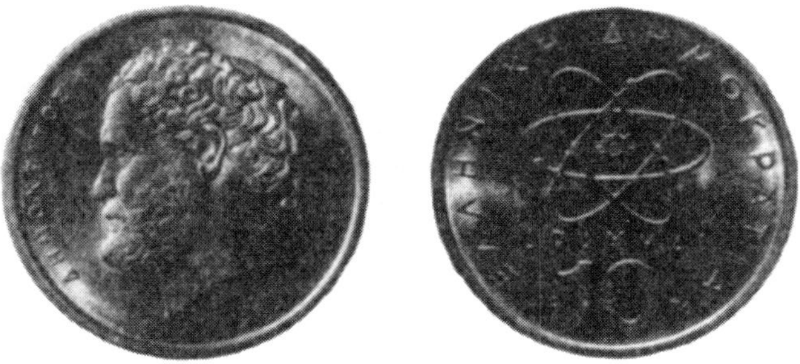

Demokrit und Atommodell (griechische 10-Drachmen-Münze)

geben hat, war Leukippos, ihr eigentlicher *Begründer* und *Impulsgeber* aber war Demokrit.

Auf der Suche nach einer Erklärung für die Welt

Mit seiner Theorie beabsichtigte Demokrit nicht mehr und nicht weniger, als die Welt zu erklären, ihre Beschaffenheit und ihr Funktionieren zu begreifen. Die Frage an sich war nicht neu. Schon vor Demokrit hatte es griechische Denker gegeben, für die die herkömmliche Erklärung, daß alles das Werk der Götter sei und daß alles Seiende göttlich sei, nicht zufriedenstellend war. Als erste hatten im 6. Jahrhundert v. Chr. die ionischen Naturphilosophen in Milet nach einem Grundstoff, nach einer Ursubstanz geforscht, aus der sich alles Existierende ableiten lasse. Der Altmeister Thales aus Milet fand diese Substanz im Wasser, sein Schüler Anaximander im *ápeiron*, dem Unbestimmten, dessen Kollege Anaximenes wiederum in der Luft.
So unterschiedlich diese Antworten auch ausfielen – revolutionär war der Weg, den Dingen eine rationale, weitgehend götterfreie Deutung zu geben. Es war dies die Geburt des naturwissenschaftlich-physikalischen Materialismus (in dem Sinne, daß man in der Materie den Grundstoff aller Naturprozesse sah). Nachdem Thales und seine Kollegen die Richtung gewiesen hatten, war die Diskussion nicht mehr aufzuhalten. Die klügsten Köpfe der griechischen Welt steuerten nun ihre Ideen zur Entstehung und Beschaffenheit der Materie bei.

Sein oder Nichtsein …

Ein prominenter Vertreter war Parmenides, der Leiter der produktiven Gelehrtenschule in der heute völlig verlassenen unteritalischen Stadt Elea, etwa 80 Jahre vor Demokrit geboren. Das Ergebnis seines intensiven Nachdenkens lautete: Die Welt, in der wir zu leben glauben, ist nur ein Schein. Die wahre Welt, das wirkliche *Sein* erschließt sich nur dem forschenden Verstand, nicht der sinnlichen Wahrnehmung. Dieses Sein bezeichnete er als nicht geworden, nicht teilbar, als zeitlos und ewig. Damit stellte er sich in Gegensatz zu seinem ebenfalls sehr berühmten Kollegen Heraklit, der alles im Werden und in Bewegung hatte sehen wollen (»Alles fließt«). Mit der ihm eigenen Logik bestritt Parmenides auch das Vorhandensein eines *Nichts*: Aus Nichts kann nur Nichts werden, daher muß das *Sein* schon immer gewesen sein.

Die vier Elemente

Auch wenn Parmenides behauptete, seine Weisheit bei einer Fahrt durch den Himmel von einer Göttin höchstpersönlich erworben zu haben, blieb Widerspruch nicht aus. Wie vertrug sich, mag sich mancher Zeitgenosse gefragt haben, die Ansicht des klugen Eleaten mit dem scheinbar oder anscheinend unbestreitbaren Umstand, daß Natur und Leben doch ganz offenkundig einem steten Wandel und einer steten Veränderung unterworfen waren? Gibt es nicht den Wechsel der Jahreszeiten, des Wetters, der Geschicke des Lebens? Gut 50 Jahre nach Parmenides entwarf der aus dem sizilischen Agrigent stammende Empedokles ein neues Modell. Auch das Leben dieses Wissenschaftlers ist von einer Aura des Geheimnisvollen, ja sogar des Mystischen umgeben – gleichermaßen soll er als Dichter, Arzt, Politiker und Wundertäter von sich reden gemacht haben. Seinen Anhängern zufolge soll er nach seinem Tod gen Himmel gefahren sein, seine Kritiker ließen ihn lieber den Tod im Krater des Aetna finden.
Ganz rational aber hat sich Empedokles in den Streit um das Wesen von Welt, Kosmos und Materie eingemischt. Er begründete die Lehre von den vier Elementen: Wo die ionischen Naturphilosophen jeweils *eine* Substanz wirken gesehen hatten, gab es für Empedokles gleich *vier* Grundstoffe, nämlich Erde, Wasser, Feuer und Luft. Und er stellte sich zwar gegen die statische Weltsicht des Parmenides, nahm aber gleichwohl eine vermittelnde Position ein: Diese vier Elemente befinden sich in einem ständigen Prozeß des sich Anziehens und des sich Abstoßens, sind also – anders als bei Parmenides – immer in Bewegung. Gleichzeitig sind sie aber auch – nun wieder ganz im Sinne des Parmenides – unvergänglich und nicht aus etwas anderem entstanden.

Das Modell des Demokrit

Mit diesem Kompromiß-Angebot fand Empedokles bei seinen kritischen Zeitgenossen freilich nicht den Beifall, den er wohl verdient gehabt hätte. Davon, daß seine Elementenlehre später im Mittelalter und in der frühen Neuzeit von großem Einfluß werden sollte, hatte er persönlich nicht mehr viel. In der Antike jedenfalls war die von Demokrit und seinem Lehrer Leukippos entwickelte Atomistik erfolgreicher. Sie überzeugte vor allem deswegen, weil sie ein in sich geschlossenes, kompaktes System bildete – ein mechanisches bzw. kausales Weltbild, orientiert an dem Gesetz von Ursache und Wirkung. »Nichts«, so lautet ein Originalzitat des Demokrit, »entsteht planlos, sondern alles mit Grund und Notwendigkeit«.

Die Welt besteht für den Gelehrten aus Abdera aus zwei Komponenten: dem Nichts (oder der Leere) und den *Atomen.* Die Atome sind die Bausteine der Welt und des Lebens. Ihre spezielle Eigenschaft ist die Unteilbarkeit (das Wort *Atom* leitet sich vom Griechischen *átomos* »unteilbar« ab). Sie sind außerdem (wieder eine Konzession an den berühmten Parmenides) unvergänglich. Atome, so lehrt Demokrit weiter, sind die kleinsten Elemente, in Form und Größe variabel. Sie bewegen sich, sie stoßen aneinander und formieren sich zu den für die Menschen sinnlich wahrnehmbaren Objekten. Was der Mensch als seine Welt ansieht, sind also in Wirklichkeit nur die äußeren Erscheinungsformen der Atome. Das von Parmenides logisch negierte Nichts hingegen ist bei Demokrit notwendiger Bestandteil seines Weltmodells: Die Atome *brauchen* einen Raum, in den sie sich hineinbewegen können – eben das Nichts oder die Leere.

Kosmos und Mensch

Seine Atomistik hat Demokrit auch auf den Kosmos übertragen. Unsere Welt entstand durch den Aufeinanderprall von Atomen. Diese bildeten Wirbel, aus denen das Sonnensystem hervorging, mit der Erde als Scheibe in der Mitte, umgeben von den Gestirnen. Gleichzeitig sorgten die Atomwirbel für die Ausbildung weiterer Welten, die sich allerdings der Wahrnehmung durch den Menschen entziehen. Und schließlich besteht auch der Mensch selbst aus Atomen und Leere, in ihm vollziehen sich dieselben Prozesse wie überhaupt in der Materie.

Demokrit und die Atomphysik

War Demokrit der erste Atomphysiker? Zu Recht wird allgemein vor allzu großem Optimismus gewarnt. Zwar ist dem antiken Wissenschaftler die Ehre widerfahren, von einem der renommiertesten

Physiker der Gegenwart, Stephen Hawking, in dessen Buch *Eine kurze Geschichte der Zeit* in dem Kapitel *Elementarteilchen und Naturkräfte* als antiker Protagonist einer aktuellen naturwissenschaftlichen Problematik aufzutauchen. Doch zur modernen Atomwissenschaft besteht ein wesentlicher Unterschied: Demokrit und seine Kollegen gingen rein spekulativ vor, alle ihre Erkenntnisse waren das Ergebnis theoretischer Überlegungen und nicht etwa experimenteller Forschung. So war Demokrit wohl der erste Atomist, nicht aber der erste Atom*physiker*.

Nachwirken

Gleichwohl darf man seine Wirkung auch nicht unterschätzen. In enger Anlehnung an Demokrit führte im 17. Jahrhundert, über 2000 Jahre nach dessen Tod, der französische Naturforscher Pierre Gassendi (1592–1655) die Atomistik des alten Griechen in die neuzeitliche Naturwissenschaft ein. Ein gewisser Karl Marx schrieb seine Doktorarbeit über Demokrit – und über dessen Epigonen Epikur, mit dem Titel *Differenz der demokritischen und epikureischen Naturphilosophie*. Und tatsächlich wurde Epikur (341–271 v. Chr.) zum bekanntesten und wichtigsten Fortführer von Demokrits Werk. Allerdings hat er in für die Antike nicht ganz untypischer Weise die Substanz der Lehren Demokrits zum Anlaß genommen, um darauf ein eigenes philosophisches Gedankengebäude aufzubauen. Epikurs Mission bestand darin, die Menschen glücklicher zu machen. Und wie kann man das erreichen? Indem man die Quellen von Angst und Sorge beseitigt. Nach Epikurs Ansicht waren das die Götter und der Tod. Als Therapie bedient sich Epikur bei Demokrit: In einer von Atomen regierten Welt spielen die Götter bloß eine unbedeutende Nebenrolle. Und daß man den Tod nicht zu fürchten habe, demonstrierte Epikur in eigener Person: Gelassen und heiter, fast wie der »lachende Philosoph« Demokrit, nahm der Sterbende ein lauwarmes Bad, trank einen Schluck ungemischten Wein, ermahnte die Freunde, den Tag zu genießen und trat dann den Weg ins Nichts an.

Hippokrates

Griechischer Arzt, um 460 – 370 v. Chr.;
Pionierleistung: Begründer der medizinischen Wissenschaft

An welcher Krankheit Publius Aelius Theon aus Rhodos gelitten hat, ist nicht bekannt. Aber was immer es auch gewesen sein mag – er wurde geheilt. So dankbar war er für die Genesung, daß er auf einer Inschrift die Therapie festhielt, die ihn wieder gesund gemacht hatte. 120 Tage lang habe er morgens nichts getrunken, dafür 15 weiße Pfefferkörner und eine halbe Zwiebel gegessen. Welcher Arzt hatte ihm diese Diät verschrieben? Auch darüber gibt die Inschrift Auskunft: Es war Asklepios, »der die Menschen liebende Gott.«

Eine neue Botschaft

Gefunden hat man die Inschrift im Asklepios-Heiligtum von Pergamon, im westlichen Kleinasien also. Aufgestellt wurde sie in der römischen Kaiserzeit. Das war mehrere Jahrhunderte, nachdem Hippokrates die Geschichte der Medizin revolutioniert hatte. Der Arzt von der griechischen Mittelmeerinsel Kos war im 5. Jahrhundert v. Chr. mit der Botschaft an die Öffentlichkeit getreten: Krankheiten haben eine natürliche, eine organische Ursache, und Krankheiten können auch von Menschen geheilt werden. Hippokrates hatte eine Anatomie des menschlichen Körpers vorgelegt, und er hatte einen Zusammenhang hergestellt zwischen dem Klima, in dem ein Mensch lebt, und seiner körperlichen und geistigen Grundkonstitution.

Lieber Götter als Ärzte

Und doch vertrauten viele Menschen, wenn sie an Beschwerden litten, weiterhin lieber den Göttern. Vor allem der Heilgott Asklepios, der Sohn des Apollon, blieb der dauerhafte und hartnäckige Rivale von Hippokrates und seinen Nachfolgern. Das Erkennungszeichen dieses Gottes, den die Römer Aesculap nannten, war der von einer Schlange umringelte Stab – auch in späteren Zeiten, bis in die Gegenwart hinein, Symbol für die Heilkunst. In Scharen pilgerten die Kranken und Gebrechlichen zu den Heiligtümern des Gottes. Sie gingen nach Epidauros auf der Peloponnes, nach Pergamon, wie Theon, und natürlich gingen sie auch nach Kos, der Heimat des Hippokrates, wo das Asklepios-Heiligtum heute zu den bekanntesten antiken Sehenswürdigkeiten gehört und dessen multifunktionale Anlage beweist, daß der Kurbetrieb nicht erst eine Erfindung der Neuzeit ist.

Heilung im Schlaf

Besondere Hoffnungen setzten die Asklepios-Jünger auf die Inkubation. Heute bezeichnet man in der Medizin mit diesem Begriff die Phase zwischen Infektion und dem Ausbruch einer Krankheit. Die ursprüngliche (lateinische) Bedeutung von Inkubation jedoch ist »sich zum Schlaf niederlegen«. Bei Asklepios unterzogen sich die Kranken dem sogenannten Tempelschlaf: Man verbrachte eine Nacht in einem speziellen Raum des Heiligtums. Der Gott leistete dabei entweder Soforthilfe, indem er die schlafenden Leidenden noch in derselben Nacht von ihrer Krankheit befreite, oder er erschien ihnen im Traum und gab ihnen einige gute Ratschläge, die man am folgenden Morgen dann mit der Priesterschaft des Heiligtums diskutierte. Besser war natürlich die erste Lösung – über Nacht geheilt zu werden, ist ja die Wunschvorstellung eines jeden Kranken –, aber man war auch mit den Anleitungen für eine erfolgreiche Therapie zufrieden.

Ein silbernes Schwein für Asklepios

Publius Aelius Theon aus Rhodos war nicht der einzige, der seine Dankbarkeit für die rettende Hilfe des Gottes auf einer Inschrift festgehalten hat. Etwa um 300 v. Chr. suchte ein Mann namens Heraieus das Asklepios-Heiligtum von Epidauros auf. Sein zwar nicht lebensbedrohendes, aber doch ärgerliches Handikap bestand in einer ungünstigen Proportionierung des Haarwuchses: »Er hatte«, heißt es in dem Text, »auf dem Kopf keine Haare, am Kinn aber sehr viele. Er schämte sich, da er von den anderen ausgelacht wurde, und schlief im Tempel. Der Gott salbte ihm mit einem Heilmittel den Kopf und bewirkte, daß er Haare hatte.« Leider gehörte es nicht zu den Gewohnheiten des Asklepios, über die Rezepturen, die er bei seinen Therapien anwandte, Auskunft zu geben. So muß auch das hochwirksame Haarwuchsmittel, das dem Heraieus wieder zu einem für ihn erträglichen Äußeren verhalf, für immer ein Geheimnis bleiben.
Gleiches gilt für den denkwürdigen Fall einer Frau namens Kleo, die fünf Jahre lang schwanger gewesen sein soll, ohne daß es zu einer Geburt gekommen war. »Da wandte sie sich um Hilfe an den Gott und schlief im inneren Heiligtum. Sobald sie dort herauskam und das Heiligtum verließ, gebar sie einen Sohn, der, kaum daß er geboren war, sich in einer Quelle wusch und mit der Mutter herumlief.« So brachte Asklepios also das kaum wiederholbare Wunder zustande,

daß ein Kind bei seiner Geburt gleich fünf Jahre alt war. Gelegentlich gab es Menschen, die an den therapeutischen Fähigkeiten des Gottes zweifelten. Diesen erteilte er eine Lektion, um ihnen am Ende doch zu helfen. Erfahren durfte dies beispielsweise eine Frau aus Athen namens Ambrosia, die auf einem Auge blind war. »Sie kam,« so heißt es in einer Inschrift, »zum Gott und suchte Hilfe. Als sie im heiligen Bezirk umherging, machte sie sich über einige der Heilungen lustig, denn es kam ihr unmöglich vor, daß die Lahmen und die Blinden einfach im Traum geheilt würden. Dann schlief sie im Tempel und hatte einen Traum: Der Gott stand ganz nahe bei ihr und versprach ihr, sie zu heilen. Dafür sollte sie ihm aber im Heiligtum ein silbernes Schwein aufstellen, als Denkmal ihrer Dummheit. Während er das sagte, schnitt er ihr blindes Auge auf und träufelte eine Medizin hinein. Als der Tag anbrach, ging sie fort und war geheilt.«

Wunderheilungen?

Was soll man von den Berichten über Wunderheilungen in den Heiligtümern des Asklepios halten? Notorische Skeptiker neigen dazu, sie als bloße Erfindungen abzutun. Andere, die nicht an das Gute im Menschen glauben wollen, halten sie für wohlkalkulierte Propaganda der Priester in den Tempeln des Asklepios. Denn natürlich war das Ganze auch ein gutes Geschäft: Wer bei Asklepios Heilung suchte, mußte dafür erst einmal bezahlen. Je besser der Ruf einer Heilstätte war, desto größer waren die Einnahmen. Da konnte es nichts schaden, wenn möglichst viele Geschichten über erfolgreiche Kuren kursierten. Vielleicht aber war es auch einfach so, daß der Glaube der Patienten Berge versetzte. Nicht umsonst mißt ja auch die moderne Medizin die Heilungschancen ganz entscheidend an dem Willen der Kranken, wieder gesund zu werden. Und in den Heiligtümern des Asklepios wurde alles dafür getan, um ein Ambiente zu schaffen, daß den Patienten das Gefühl vermittelte, hier gut aufgehoben zu sein. Die Nähe zum Gott gehörte dazu ebenso wie bestimmte Rituale, wie sie beispielsweise aus Pergamon bekannt sind und die dem Kranken das Bewußtsein gaben, mit seinem Leiden ernstgenommen zu werden. Erst mußte man opfern, dann bezahlen, dann noch einmal opfern (einen Kuchen), dann einen Ölkranz anlegen und sich im Inkubationssaal auf ein bescheidenes Lager aus Zweigen (und nicht etwa auf ein bequemes Bett) legen. Außerdem hatte man sich dem sexuellen Verkehr und (was nicht weiter schwerfiel) dem Verzehr von Ziegenfleisch und Ziegenkäse zu enthalten.

Antike Fitness-Programme

Das karge Mahl des Publius Aelius Theon aus Rhodos, das ihm der Asklepios von Pergamon empfohlen hatte und das dann zum gewünschten Heilungserfolg führte, zeigt an, daß selbst ein Gott nicht die Fortschritte der antiken Medizin ignorieren konnte. Etwa in der Zeit des Hippokrates hatte sich in Griechenland die medizinische Disziplin der Diätetik herausgebildet. Das war eine sehr modern anmutende Lehre: Ihre Protagonisten predigten sowohl zur vorbeugenden Gesundheitspflege als auch zur Behandlung von Krankheiten ein Fitness-Programm, das aus einer ausgewogenen Mischung von Essen, Trinken, Bewegung und Baden bestand. Wenn man sich anschaut, welche Nahrung die Diätetiker empfahlen, dann hat Theon aus Rhodos mit seiner Zwiebel-Pfefferkorn-Therapie ausgesprochenes Pech gehabt. Normalerweise standen auf dem Speisezettel eiweißreiche Produkte wie Fisch, Käse, Hülsenfrüchte, dazu auch Vollkornbrot und frisches Obst. Eher unkonventionelle Wege beschritt im 2. Jahrhundert v. Chr. ein diätetisch inspirierter Arzt mit dem verpflichtenden Namen Asklepiades. Er stammte aus dem kleinasiatischen Prusa und wurde in Rom zu einer Berühmtheit. Seine Patienten schätzten besonders die durch ärztliche Autorität sanktionierte Auffassung, daß reichlicher Weingenuß eine gesundheitsfördernde Wirkung habe. Auch sonst bot Asklepiades einen attraktiven Service: Wer sich bei ihm in Behandlung begab, wurde in äußerst patientenfreundlicher Weise nach der Devise »schnell, sicher und angenehm« untersucht. Und als überaus innovativ erwies sich Asklepiades mit der Entwicklung einer Musiktherapie bei Geisteskrankheiten. Mit all diesen Aktivitäten machte er sich in Rom nachhaltig um die Reputation des Ärztestandes verdient. Das war allerdings auch nötig in einer Gesellschaft, die Medizinern gegenüber im allgemeinen so skeptisch eingestellt war, daß sie für diese die schöne Bezeichnung *carnifex* (also »Fleischmacher, Schlachter«) gefunden hatte und in der ein Cato, der Pionier der römischen Agrarwirtschaft, seinen Sohn lieber sterben lassen wollte, als ihn bei einem griechischen Arzt in Behandlung zu geben.

Rekordverdächtiger Eifer

Mit der Diätetik hatte sich bereits der große Hippokrates, die Lichtgestalt unter den Ärzten der Antike, befaßt. So findet sich im *Corpus Hippocraticum*, in dem man bereits in der Antike die zahlreichen Schriften des Mediziners aus Kos zusammengefaßt hat, eine Abhandlung mit dem Titel *Über die Diät*. Doch war dies allenfalls ein kleiner Teilaspekt des Wirkens des Hippokrates. Die Spannbreite sei-

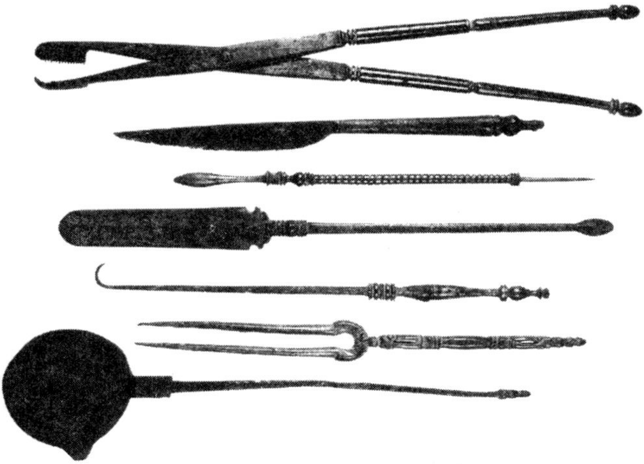

Chirurgische Instrumente (4. Jh. v. Chr.)

ner medizinischen Interessen dokumentieren so unterschiedliche Studien wie *Über die Einrichtung der Gelenke*, *Über das Zahnen*, *Über die kritischen Tage*, *Über die Hämorrhoiden*, *Über das Achtmonatskind*, *Über die Verletzungen am Kopf*, *Über die Krankheiten der Jungfrauen*. Allerdings bestehen berechtigte Zweifel an der Urheberschaft des Hippokrates für alle 130 Titel, die im *Corpus* angeführt werden. Viele Schriften stammen, so ist man sich heute einig, aus der Feder von Schülern und Kollegen, und manches wurde einfach unter seinem Namen veröffentlicht, weil ein wirklicher oder vermeintlicher Text des Hippokrates immer für allgemeine Aufmerksamkeit sorgte.

Legenden und Wirklichkeit

Wer war eigentlich dieser Hippokrates? Die Frage ist leicht gestellt, aber schwer beantwortet. Wie bei allen Pionieren der antiken Wissenschaft ranken sich auch um ihn so viele Legenden und Anekdoten, daß es ein aussichtsloses Unterfangen wäre, wollte man über ihn eine erschöpfende und seriöse Biographie schreiben. Manche dieser Erzählungen sind nicht gerade schmeichelhaft und wollen nicht so recht zu dem großen Wohltäter der Menschheit passen. Soll man wirklich glauben, daß er die Bibliothek von Kos in Brand gesetzt hat? Oder daß er sich weigerte, den Persern Hilfe zu leisten, als deren Reich von einer Seuche heimgesucht wurde? Eher möchte man hier an Gerüchte glauben, die von neidischen, weniger erfolgreichen Kollegen in die Welt gesetzt wurden.

Platon, Aristoteles und Hippokrates

Immerhin darf man wohl von dem gesicherten biographischen Minimalfaktum ausgehen, daß es ihn als reale Person tatsächlich gegeben hat, obwohl ihn manche für ein Phantom oder für einen Mythos halten. Aber seine Existenz wird eindeutig bezeugt von so bedeutenden Instanzen wie Platon und Aristoteles, dem wir die wichtige Information verdanken, daß Hippokrates zwar ein großer Arzt, aber nur ein kleinwüchsiger Mensch gewesen sei. Eine Schönheit war er auch nicht (und mußte dies als Arzt auch nicht sein): Antike Porträts bilden ihn als bärtig und kahlköpfig ab. Platon war im übrigen von dem Treiben der Ärzte und damit auch von dem des Hippokrates ganz und gar nicht angetan. Therapien waren, so seine Meinung, nur dazu da, Krankheiten zu verlängern und den Tod hinauszuzögern. Kein Mensch habe wirklich Zeit, sein Leben lang krank und in ärztlicher Behandlung zu sein.

Tod in Larissa

Zum Glück hat Hippokrates früh genug gelebt, um sich diese Polemik noch nicht anhören zu müssen. Seine Geburt fällt in die große Zeit des Griechentums, in die Mitte des 5. Jahrhunderts v. Chr., eine Phase, die man im allgemeinen als die klassische Epoche bezeichnet, weil die Griechen hier in den Bereichen der Politik, der Kunst und der Wissenschaft so bedeutende Leistungen vollbracht haben. Gestorben ist Hippokrates, wie es heißt, in der Stadt Larissa in Thessalien, wohin ihn eine Reise geführt hatte. Da soll er schon 90 Jahre alt gewesen sein – auch für einen Arzt ein ziemlich hohes Alter, und wieder mag man argwöhnen, daß diese Angabe auf eine Tradition zurückgeht, die der Auffassung war, daß man könne einen so berühmten Mediziner nicht zu früh sterben lassen.

Wie man ein berühmter Arzt wird

Wenn die authentischen Nachrichten aber schon so spärlich fließen, will man doch wenigstens wissen, wie es dazu gekommen ist, daß ausgerechnet ein Arzt aus Kos zum Protagonisten einer damals absolut ungewöhnlichen, fortschrittlichen medizinischen Lehre geworden ist. In Betracht zu ziehen ist dabei auf jeden Fall die familiäre Vorbelastung – auch sein Vater war bereits Arzt und leitete sich genealogisch, in durchaus sympathischer Unbescheidenheit, ausgerechnet von jenem Heilgott Asklepios ab, mit dem sein Sohn später um die Kundschaft zu konkurrieren hatte. Impulse für seine medizinische Revolution wird Hippokrates auf seinen vielen Reisen erhalten haben. Diese trat er nicht zum puren Vergnügen an, denn Arzt zu sein, bedeutete in dieser Zeit, mobil zu sein. Ein griechischer Arzt saß nicht in einer Praxis und wartete auf Patienten, sondern er war ein Wanderarzt und kam persönlich zu den Leuten. Und natürlich war der Arzt auch unterwegs, um sich seinen eigenen Lebensunterhalt zu verdienen. Wenn er seine Sache gut machte, bestand Aussicht auf ein üppiges Honorar. Im Gegensatz zu heute war das Honorar jedoch nicht die eigentliche Bezahlung für ärztliche Leistungen. Für antike Ärzte hatte das Honorar noch seine ursprüngliche Wortbedeutung als eine »Ehrengabe«: Zufriedene Patienten fügten dem vereinbarten Behandlungspreis eine Sondergratifikation hinzu, als Anerkennung für die erfolgreichen Bemühungen des Arztes. Mit Verweis auf diese historische Gewohnheit könnte man also heute mal versuchen, dem Arzt sein Honorar zu verweigern, weil man mit der Behandlung nicht zufrieden war.

Vorbild Ägypten

Vielleicht war Hippokrates auch in Ägypten gewesen. Hier hätte er jedenfalls eine Menge lernen können. Ägyptische Ärzte waren, wenigstens vor Hippokrates, ihren Kollegen in Griechenland weit voraus. Als in Griechenland noch magische Beschwörungsformeln zum Standardrepertoire bei der Behandlung von Patienten gehörten, stellte man in Ägypten (wie auch in Mesopotamien) bereits Medikamente her und entwarf therapeutische Anweisungen. Brach sich ein Grieche das Bein, war er erst einmal außer Gefecht gesetzt (es sei denn, er ließ sich von Freunden und Bekannten zur Inkubation in den Asklepios-Tempel tragen). Der Ägypter war in dieser Hinsicht besser dran: Skelettfunde in ägyptischen Gräbern beweisen, daß die dortigen Ärzte sich nicht davor scheuten, Knochenoperationen durchzuführen. Und zur Beruhigung und Schonung der Patienten arbeiteten sie dabei auch bereits mit Betäubung per Alkohol.

Ein aufklärerisches Zeitalter

Am nachhaltigsten aber dürfte auf die medizinischen Lehren des Hippokrates der aufklärerische Geist seines Zeitalters gewirkt haben. In der Wissenschaft wehte ein anderer Wind, seitdem die ionischen Naturphilosophen um Thales von Milet sich daran gemacht hatten, die Welt nicht mehr nur religiös, sondern auch rational zu begreifen. Kos, die Heimat des Hippokrates, lag nahe genug an der Küste

Kleinasiens, um diese neuen, revolutionären Ideen direkt spüren zu können. Und so trat denn Hippokrates als eine Art Thales der Medizin die Mission an, zum Wohle der von Krankheiten geplagten Menschheit zu wirken.

Die Aufgabe des Arztes

Krankheit und Gesundheit, fand der rationale Hippokrates heraus, haben nichts mit den Göttern zu tun. Den Weg zum Tempel konnte man sich also sparen, besser war es, sich einem Arzt anzuvertrauen. Der Arzt war dann gefordert, den individuellen Krankheitsfall genau zu beobachten, um zu einer Diagnose und zu einer Prognose zu gelangen. Und dann kam alles darauf an, die richtige Medizin und die richtige Therapie zu verordnen. Der Körper, so Hippokrates, will von sich aus wieder gesund werden, also ist der Arzt gefordert, dieses Bestreben zu unterstützen.

Krankheit als »schlechte Mischung«

Aber was ist denn nun eine Krankheit? Wie kann sie entstehen? Der Mensch wird krank, wenn in seinem Körper eine *dyskrasie*, eine »schlechte Mischung«, eintritt. Das ist die Lehre von der Humoralpathologie. Diesem etwas monströsen Begriff liegt die eigentliche Bedeutung des Wortes *humor*, nämlich »Flüssigkeit, Feuchtigkeit« zugrunde. Vier Säfte sind es nach Hippokrates, die den menschlichen Körper regulieren: Blut, Schleim sowie die gelbe und die schwarze Galle. Dem Menschen geht es gut, wenn sich diese Komponenten im Zustand der *eukrasie*, der »guten Mischung«, befinden. Durch äußere Einflüsse, aber auch altersbedingt, kann diese positive Ordnung der Dinge in ihr Gegenteil umschlagen, und der Mensch wird krank. Die Humoralpathologie hat das medizinische Denken bis weit in die Neuzeit hinein geprägt. Im Mittelalter wurde die Säftelehre zur Doktrin von den vier Temperamenten weiterentwickelt, die zu der Unterscheidung geführt hat zwischen dem Sanguiniker (von *sanguis*, dem lateinischen Wort für Blut), dem Phlegmatiker (von *phlegma*, dem griechischen Wort für Schleim), dem Choleriker (von *chole*, dem griechischen Wort für Galle) und dem Melancholiker (von *melaina chole*, der griechischen Bezeichnung für die schwarze Galle).

Krankheit und Jahreszeit

Hippokrates hat sich aber nicht damit begnügt, das Funktionieren des menschlichen Körpers genau zu studieren. Er kam bei seiner ganzheitlichen Sicht der Dinge auch zu dem – wiederum revolutionären – Ergebnis, daß das Wohlbefinden der Menschen weiterhin von der Umgebung abhängt, in der er lebt, und dabei ganz besonders von den klimatischen Verhältnissen. Das ist einer Schrift zu entnehmen, die im voluminösen *Corpus Hippocraticum* unter dem Titel *Über Luft, Wasser und Orte* überliefert ist. In Gelehrtenkreisen streitet man sich bis heute darüber, ob der Text wirklich von Hippokrates selbst stammt. Aber diese Diskussion ist weitgehend akademisch, weil die darin entwickelten Ideen sehr präzise die Anschauungen des großen Mediziners wiedergeben. Schon im Zusammenhang mit seiner Säfte-Lehre hatte der Arzt aus Kos darauf hingewiesen, daß das Auftreten von Krankheiten auch jahreszeitlich bedingt ist. So stellte er die Behauptung auf, daß alle Krankheiten, die im Winter einsetzen, im Sommer wieder verschwinden. Frühlingskrankheiten hingegen dauern bis zum Herbst, Herbstkrankheiten wiederum enden im Frühling. Antike Kranke, die an Hippokrates glaubten, verfügten damit über ein Höchstmaß an Planungssicherheit. Problematisch konnte es nur werden, wenn sich der Körper nicht an diese Prognose hielt. »Dann,« so belehrte Hippokrates seine Mitmenschen mit erhobenem Zeigefinger, »wird die Krankheit – man merke sich das genau – ein ganzes Jahr lang dauern«.

Der Einfluß des Klimas

In der Klima-Schrift hat sich Hippokrates speziell die physische und psychische Verfassung der Asiaten vorgenommen. Bei ihnen, so meinte der also auch meteorologisch vorgebildete Mediziner, sei das Klima immer gleichförmig, es gebe keinen signifikanten Wechsel zwischen den Jahreszeiten. Daher seien die Asiaten unkriegerischer und sanfter und insgesamt schlaffer und lebloser als die Europäer. Hätte Hippokrates allerdings geahnt, was er mit dieser Feststellung anrichten würde, hätte er vermutlich darauf verzichtet, sie der Öffentlichkeit vorzustellen. Denn nun bemächtigten sich die westlichen Politiker dieser Theorie und verwendeten sie als Propaganda-Material in der politischen und militärischen Auseinandersetzung mit den Staaten des Orients. Die Griechen taten das in ihrem Dauerstreit mit den Persern ebenso wie später die Römer bei ihren Konflikten mit Ägypten und den iranischen Parthern. Gewissermaßen in Stein gemeißelt und mit einigen Zusätzen versehen hat die Klima- und Milieutheorie des Hippokrates im 4. Jahrhundert v. Chr. der große Universalgelehrte Aristoteles, der es, als Kenner der Wetterkunde, eigentlich etwas besser hätte wissen müssen. »Die Völker der kalten Regionen und in Europa«, sagt Aristoteles in der *Politik*, »sind tapfer, aber weniger intelligent und kunstfertig. Die Völker Asiens hingegen sind intelligent und künstlerisch begabt, aber kraftlos, und daher leben sie als Untertanen und Sklaven.« Und dann kommt die Pointe, der sich ein Hippokrates wahrscheinlich nicht angeschlossen hätte: Am besten sind die Griechen dran, sie leben geographisch und klimatisch in der Mitte und haben daher das Glück, an beiden Charakteren Anteil zu haben – aber selbstverständlich nur an den jeweils positiven Eigenschaften: »Das griechische Volk«, so das Resümee, »ist energisch und intelligent.« Das wollten nun die Römer nicht auf sich sitzen lassen, und so haben sie später die Hippokrates-Aristoteles-Theorie gerne übernommen, nur mit dem kleinen Unterschied, daß sie sich selbst als das so begünstigte Volk der Mitte bezeichneten und ihrerseits die Griechen in die Nähe der schlappen und wenig intelligenten Asiaten rückten.

Die Sache mit dem Eid

Wenn heute von Hippokrates die Rede ist, denkt man nicht mehr so sehr daran, daß er der, wenn auch unfreiwillige, Urheber eines lange wirksamen Vorurteils des Westens gegenüber dem Osten gewesen ist. Vielmehr pflegt man mit Hippokrates den nach ihm benannten Eid zu verbinden. Der »Eid des Hippokrates« zementierte in acht Punkten die ethische Verantwortung des Arztes, sozusagen als die »Zehn Gebote« oder das Grundgesetz des Ärztestandes. Der Arzt, so Punkt 1, soll seinen Lehrer ehren. Punkt 2: Alles, was der Arzt tut, soll zum Nutzen der Patienten geschehen. Punkt 3: Der Arzt darf keine Sterbehilfe leisten, und bei Frauen darf er keine Abtreibungen vornehmen. Punkt 4: Rein und fromm wird der Arzt sein Leben führen und seine Kunst bewahren. Punkt 5: Der Arzt nimmt keine chirurgischen Eingriffe vor. Punkt 6: Der Arzt verzichtet darauf, in den Häusern, in die er gerufen wird, sexuellen Mißbrauch an Frauen und Männern, an Freien und Sklaven, vorzunehmen. Punkt 7: Der Arzt hat sich an das Schweigegebot zu halten. Und schließlich Punkt 8: Erfüllt der Arzt diesen Eid, soll er für immer angesehen sein; bricht er ihn, soll das Gegenteil geschehen.

Was aus dem Eid des Hippokrates wurde

Die weitere Geschichte des Eides ist zugleich auch die Geschichte der Bedeutung des Hippokrates für die nachfolgenden Mediziner-Generationen bis in die Gegenwart hinein. Mal gab es Zeiten, in denen der Eid des Hippokrates komplett als verbindlich angesehen wurde. In Montpellier beispielsweise mußte im 19. Jahrhundert jeder Absolvent der medizinischen Fakultät bei der akademischen Abschlußfeier den Eid aufsagen, und das vor einer von der französischen

Regierung gestifteten Büste des Hippokrates. Dann wieder strich man einige Passagen und ersetzte sie durch andere. Der preußische Ärzteeid von 1810 etwa wandelte den Eid des Hippokrates in eine Ergebenheitsadresse für die preußische Regierung um. Nach dem Zweiten Weltkrieg, im Jahre 1948, wurde der Eid des Arztes aus Kos durch das Genfer Gelöbnis ersetzt, das insbesondere die Paragraphen zum Schwangerschaftsabbruch und zum Verbot chirurgischer Eingriffe modifizierte. Doch bis heute hat der hohe ethische Gehalt der Formeln des Hippokrates diese nicht aus der Diskussion verschwinden lassen. Manche, wie das Verbot der Sterbehilfe, bekommen immer wieder eine große Aktualität. Und noch 1996 hat in Großbritannien die angesehene British Medical Association eine Neuauflage des Hippokratischen Eides vorgelegt, sozusagen als eine für das 21. Jahrhundert geeignete Gebrauchsanweisung des größten Mediziners der Antike.

Epaminondas

Griechischer Feldherr und Politiker, gestorben 362 v. Chr.;
Pionierleistung: Erfindung der »Schiefen Schlachtordnung«

Wer war der größte Feldherr der Antike? Die Liste der Kandidaten ist lang. Gelegenheit, sich militärisch auszuzeichnen, gab es in der Antike genug, denn der Krieg gehörte fast zum Alltag. Aber es sind doch vor allem die großen Eroberer, die im Gedächtnis bleiben.

Alexander der Große
Einen nahezu unumstrittenen Spitzenplatz nimmt Alexander der Große ein. Der König der Makedonen, 336 v. Chr. als 20jähriger an die Herrschaft gekommen, begann schon ein Jahr später einen Feldzug, der alles bisher Dagewesene in den Schatten stellte. In nicht ganz elf Jahren eroberte er den gesamten Orient von Kleinasien bis nach Indien, unterwarf das persische Großreich der Achämeniden, das den Griechen so lange Zeit immer wieder zugesetzt hatte. Schlachtorte wie der Granikos in Kleinasien (334 v. Chr.), Issos an der Grenze zu Syrien (mit dem sich so angenehm zu merkenden Datum drei-drei-drei) und Gaugamela am Tigris (331 v. Chr.) markieren die militärische Erfolgsgeschichte des jungen Makedonenkönigs. 324 v. Chr. konnte sich Alexander als der Beherrscher der Welt fühlen (wenn man großzügig darüber hinwegsah, daß es im Westen des Mittelmeerraumes noch einige Völker gab, die nicht zu Alexanders Reich gehörten). Und so recht zur Legende wurde der Makedone, als er bereits 323 v. Chr. in Babylon starb – gerade einmal 33 Jahre alt.

Iulius Caesar
Ganz oben auf der Liste steht auch der römische Feldherr Julius Caesar. Dieser Ansicht war bereits der griechische Schriftsteller Plutarch, der in seinen Parallelbiographien jeweils einen großen Griechen und einen großen Römer miteinander verglich und in der Rubrik »Eroberer« Alexander dem Großen eben jenen Iulius Caesar an die Seite stellte. Caesar selbst sah Alexander als sein Vorbild an und geriet in eine seiner zahlreichen Sinnkrisen, als ihm eines Tages zu Bewußtein kam, daß er in dem Alter, in dem Alexander bereits gestorben war, noch überhaupt keine militärischen Meriten aufzuweisen hatte. Das holte er dann allerdings ausgiebig nach, indem er un-

ter ziemlich fadenscheinigen Vorwänden einen Krieg in Gallien anzettelte und in den Jahren zwischen 58 und 51 v. Chr. das Römische Reich bis zum Rhein und bis an die Nordsee ausdehnte. Als genialer Militärstratege erwies er sich auch in den sich bald anschließenden römischen Bürgerkriegen, in denen er seinen lästigen Rivalen Pompeius (ebenfalls mit einem Abonnement auf einen gesicherten Platz in der Liste prominenter antiker Feldherrn) ausschaltete und in Rom eine Diktatur installierte.

Hannibal

Ein ernsthafter Konkurrent Alexanders und Caesars im Ringen um die antike Feldherrnkrone ist zweifellos der Karthager Hannibal. Ihm haftet zwar letztendlich der Makel des Verlierers an, und so richtig erobert hat er eigentlich auch nichts. Doch hat er im Zweiten Punischen Krieg (218 – 201 v. Chr.) den Römern so arg zugesetzt, daß bei diesen ernste Zweifel an der Berechtigung der Selbsteinschätzung als erste Militärmacht der Welt auftraten. Im apulischen Cannae bereitete Hannibal 216 v. Chr. den acht Legionen der Konsuln Lucius Aemilius Paulus und Gaius Terentius Varro dank einer genialen Militärtaktik eine verheerende Niederlage, die bei den Römern zu einem ähnlichen Trauma wurde wie später die Schlacht im Teutoburger Wald (9 n. Chr.). Jahrelang zog Hannibal danach durch Italien, verzichtete aber auf die von den Römern befürchtete Einnahme der Hauptstadt Rom und versuchte statt dessen, die italischen Bundesgenossen der Römer auf seine Seite zu bringen. Da ihm dies nicht gelang, mußte er schließlich, wenn auch unbesiegt, nach Afrika zurückkehren. In Erinnerung blieb Hannibal darüber hinaus wegen eines besonders kühnen Unternehmens: Eröffnet hatte er den Krieg 218 v. Chr. mit einem strapaziösen Zug über die spätherbstlichen Alpen – eine Meisterleistung der militärischen Erkundung und der Logistik. Immerhin mußten 38 000 Fußsoldaten, 8 000 Reiter und 40 Kriegselefanten über das Gebirge gebracht werden. Das riskante Abenteuer gelang, wenn auch unter hohen Verlusten – von den Elefanten überlebte nur ein einziger den Übergang. Mit diesem allein, erkannte Hannibal, war in Italien als Kriegswaffe nicht viel Staat zu machen, und so sorgte er bald für weiteren Nachschub an Elefanten, die, aus Syrien importiert, von Afrika aus nach Italien übergesetzt wurden.

Pyrrhos

Kriegselefanten hatten die Römer erstmals einige Jahrzehnte zuvor kennengelernt, als der aus Epirus stammende Söldnerführer Pyrrhos, einem Hilferuf der Stadt Tarent folgend, 280 v. Chr. nach Italien einmarschiert war. In ihm begegneten die Römer einem mit den damals modernsten Techniken hellenistischen Militärwesens vertrauten Feldherrn und Söldnerführer. Den Elefanten kam dabei mehr eine psychologische als eine taktische Funktion zu. Sie bereiteten den Römern Furcht und Schrecken, und so konnte Pyrrhos, wie der antike Autor Iustin berichtet, eine schon verlorene Schlacht noch einmal umbiegen: »Gerade waren die Römer dabei zu siegen, da zwang die von ihnen bis dahin noch nie gesehene Gestalt von Elefanten sie zuerst, starr vor Entsetzen, einzuhalten, dann, sich aus der Schlacht zurückzuziehen, und so wurden sie, die doch bereits Sieger waren, von diesen neuartigen Ungetümen der Makedonen besiegt.« Später ist den Römern dieser Anflug von menschlichen Empfindungen sehr peinlich gewesen, und so strickten sie fleißig an Legenden, wonach sie der Anblick der Elefanten selbstverständlich völlig unberührt gelassen habe. Nicht nur wegen der Elefanten gehört auch Pyrrhos in den engeren Kreis der Favoriten bei der Wahl des besten Feldherrn der Antike. Gleich mehrfach gelang es ihm, die Römer zu besiegen, doch es waren die später sprichwörtlich gewordenen »Pyrrhos-Siege«: Der Feldherr aus Makedonien verlor in diesen Gefechten so sehr an Substanz, daß am Ende doch die Römer die Oberhand behielten.

Der Mann im Schatten

Hinter all diesen großen Namen tritt eine Persönlichkeit etwas zurück, die tatsächlich weniger spektakulär, aber dafür um so wirksamer und nachhaltiger das antike Militärwesen geradezu revolutioniert hat: der Politiker und Feldherr Epaminondas aus dem griechischen Theben, in der Landschaft Böotien, der Erfinder der bis in die Neuzeit hinein als das *Nonplusultra* der Kampfestaktik gefeierten »Schiefen Schlachtordnung«, erstmals praktiziert in der Schlacht von Leuktra im Jahre 371 v. Chr. Warum aber steht Epaminondas dann im Schatten eines Alexander, eines Pyrrhos, eines Hannibal, eines Caesar? Warum hat er keine Chance, zum besten Feldherrn der Antike gekrönt zu werden?

Eine bemerkenswerte Persönlichkeit

An Charisma und Ausstrahlung (wohl auch wichtige Voraussetzungen für einen gefeierten Feldherrn) hat es ihm (wie auch Alexander und Caesar) jedenfalls nicht gefehlt. Er war außerdem gebildet (genauso wie Alexander und Caesar), resistent gegen Bestechungsversuche (anders als Caesar), niemals verheiratet (anders als Caesar und ganz anders als Alexander) und hatte (im Gegensatz zu Hannibal, aber wiederum wie Pyrrhos) ausgezeichnete Umgangsformen. Seine militärischen Qualitäten waren ebenfalls bemerkenswert. Er hat ja nicht nur die »Schiefe Schlachtordnung« erfunden, sondern wußte auch sonst die vielfältigen Aufgaben eines Feldherrn mit Bravour zu bewältigen.

Die Kriegslisten des Epaminondas

Nachlesen kann man dies in wünschenswerter Deutlichkeit in einem bemerkenswerten Werk, das gegen Ende des 1. Jahrhunderts, in der römischen Kaiserzeit, der Römer Frontinus verfaßt hat (jener Frontinus, der ansonsten Experte auf dem Gebiet des Wasserbaus gewesen ist). Das Buch enthält eine Sammlung antiker Kriegslisten – ein Genre, das in Rom immer eine dankbare Leserschaft fand. Und hier wurde Epaminondas mit einer Reihe von Einträgen gewürdigt – zwar nicht so viele wie Caesar und Hannibal, aber dafür fast so viele wie Alexander und sogar etwas mehr als Pyrrhos. Die von ihm präsentierten Kriegslisten hat Frontinus in verschiedene Rubriken eingeteilt. Unter der Überschrift »Wie das Heer zum Kampf angestachelt werden soll« findet sich in bezug auf Epaminondas der Eintrag: »Als Epaminondas, der Feldherr der Thebaner, sich anschickte, gegen die Spartaner zu kämpfen, und wünschte, daß seine Soldaten nicht nur mit allen physischen, sondern auch psychischen Kräften kämpften, sagte er in der Heeresversammlung, die Spartaner seien, wenn sie gewinnen würden, fest entschlossen, alle Männer zu töten, die Frauen und die Kinder zu versklaven und Theben zu zerstören. Durch diese Erklärung wurden die Soldaten so angefeuert, daß sie die Spartaner schon im ersten Ansturm überwältigten.« Unter der gleichen Überschrift findet sich die Nachricht: »Weil der Thebaner Epaminondas im Krieg gegen die Spartaner glaubte, der Mut seiner Leute müsse durch einen Appell an ihre religiösen Überzeugungen unterstützt werden, ließ er die Waffen, die an den Ornamenten der Tempel aufgehängt waren, nachts herunterreißen und brachte die Soldaten so zu der Ansicht, die Götter begleiteten seinen Feldzug, um ihnen im Kampf beizustehen.« Epaminondas wußte auch, »wie man die Furcht vertreibt, die die Soldaten wegen schlimmer Vorzeichen erfaßt hat«: Als vor einer Schlacht mit den Spartanern der Stuhl des Epaminondas, auf dem er sich gerade niedergelassen hatte, zusammenbrach und dies von den erschreckten Soldaten als ein schlechtes Vorzeichen gedeutet wurde, sagte er: »Im Gegenteil, wir sollen nicht sitzen«.

Auch in der Rubrik »Wie man den Ort des Kampfes wählt« taucht Epaminondas bei Frontinus auf: »Als Epaminondas, der Feldherr der

Thebaner, im Begriff war, den Spartanern eine Schlacht zu liefern, ließ er seine Reiterei vor ihrer Front vorbeireiten und ihnen eine gewaltige Staubwolke in die Augen treiben. Als er so die unzutreffende Erwartung eines Reitergefechts hervorgerufen hatte, machte er mit der Infanterie einen Umweg und überfiel die nichtsahnenden Spartaner von hinten, wo ein Abhang den Sturm in ihren Rücken gestattete, und tötete sie.« Für die Rubrik »Wie man Belagerte täuscht« lieferte der listige Epaminondas einen originellen Beitrag, der entfernt an das Trojanische Pferd des Odysseus, des Urvaters des militärischen Listenreichtums, erinnert: »Epaminondas ließ in Arkadien eine große Zahl seiner Soldaten Frauenkleider anziehen und sich unter die Frauen der Feinde mischen, die an einem Festtag außerhalb der Mauern umhergingen. Wegen dieser Verkleidung wurden sie in der Nacht durch die Tore hereingelassen, so daß sie die Stadt nehmen und ihren eigenen Leuten öffnen konnten.« Und dann erfährt man bei Frontinus auch noch, daß Epaminondas ein sympathisch bescheidener Mensch gewesen ist, der nicht viel zum Leben brauchte: »Er zeichnete sich durch eine solche Einschränkung aus, daß in seinem Haus nichts als eine Matte und ein einziger Bratspieß zu finden war.« Mit dieser Zurückhaltung stand er nun allerdings unter seinen großen Feldherrnkollegen einzigartig da.

Triste Zeiten

Wenn Epaminondas in den Verzeichnissen herausragender Strategen der Antike trotz alledem nicht an vorderster Front auftaucht, dann hat dies einen einfachen Grund: Er lebte zur falschen Zeit und am falschen Ort. Hineingeboren wurde er in eine Epoche, die man nicht zu den Glanzzeiten der griechischen Geschichte zählt, und seine Heimat Theben war alles andere als der Nabel der Welt – beides Faktoren, die nicht geeignet waren, einem noch so verdienstvollen Militär auf lange Sicht Ruhm und Ehre zu verschaffen.

Die griechische Welt des Epaminondas befand sich in einer tiefen Krise, sowohl politisch als auch wirtschaftlich und moralisch. Der langwierige Krieg zwischen den griechischen Großmächten Athen und Sparta, der sogenannte Peloponnesische Krieg (431–404 v. Chr.), hatte zu einer allgemeinen Lähmung geführt. Mit persischem Geld hatte Sparta den Krieg gewonnen, und dank persischer Unterstützung konnten sich die Spartaner als die neuen Herren Griechenlands gerieren. Ihr Regiment war deswegen äußerst unpopulär. Daß sich bald Widerstand regte, war alles andere als überraschend. Eine Führungsrolle innerhalb der antispartanischen Bewegung übernahm Theben, die Heimat des Epaminondas. Bis dahin war die Stadt eigentlich nie über die Qualität einer Regionalmacht in Böotien hinausgekommen, obwohl sie auf eine traditionsreiche Vergangenheit zurückblicken konnte. Durch Epaminondas erlebte Theben nun aber eine ebenso bemerkenswerte wie kurze Zwischenblüte. Als einer der sieben gewählten Spitzenbeamten des sogenannten Böotischen Bundes organisierte er die militärischen Aktionen gegen die ungeliebten Spartaner. Bei dem Ort Leuktra in Böotien fand 371 v. Chr. die entscheidende Auseinandersetzung statt.

Die Meister der Kriegsführung

Nach Lage der Dinge konnten eigentlich nur die erfolgsverwöhnten Spartaner gewinnen. Nicht allein dank der persischen Hilfe waren sie die führende Militärmacht in Griechenland. Berühmt-berüchtigt war auch die Art und Weise, wie in Sparta die jungen Leute militärisch gedrillt wurden. Schon früh, im Alter von sieben Jahren, wurden sie ihren Eltern weggenommen und in strengster Disziplin auf den Krieg vorbereitet. Sich in der Gemeinschaft zu bewähren und dabei Genügsamkeit und Härte zu lernen, lautete die Devise. So waren die jungen Spartaner unentwegt mit Marschieren und sportlichen Übungen beschäftigt. Das karge Essen kochte man sich selbst, die Nacht verbrachte man auf einem einfachen Lager aus Schilf, den man sich selbstverständlich selbst zusammensuchen mußte. Eine Spezialität in der spartanischen Militärausbildung war der Diebstahl-Test: Um ihre Geschicklichkeit und ihre Unabhängigkeit zu beweisen, wurden die Rekruten dazu angehalten, Lebensmittel zu stehlen. Wer dabei ertappt wurde, erhielt die Prügelstrafe – aber nicht wegen des kriminellen Deliktes an sich, sondern wegen erwiesener Unfähigkeit, dies erfolgreich durchzuführen. Antike Autoren bezeugen auch eine besonders rohe Sitte: die Jagd auf die Heloten, die von den Spartanern unterdrückten Urbewohner Lakoniens. »Von Zeit zu Zeit«, so heißt es etwa bei dem griechischen Biographen Plutarch, »schickten die Oberen die geschicktesten jungen Leute überall aufs Land hinaus, versehen mit nichts außer Schwertern und den notwendigen Lebensmitteln. Bei Tag verstreuten sie sich, versteckten sich an unzugänglichen Orten und ruhten sich aus, nachts gingen sie auf die Straßen und töten jeden Heloten, der ihnen über den Weg lief. Häufig gingen sie über die Felder und erschlugen die kräftigsten und tüchtigsten von ihnen.«

Die Phalanx der Hopliten

Doch nicht nur mit hartem Training wurden die Spartaner zur führenden Militärmacht in Griechenland. Entscheidend war vielmehr auch, daß sie eine in der damaligen griechischen Welt übliche Kampftechnik perfektioniert hatten. Seit dem 7. Jahrhundert v. Chr. kämpfte man nicht mehr, wie noch die Helden Homers, einzeln Mann gegen Mann. Jetzt wurde die geschlossene Schlachtreihe, die *Phalanx*, zur normalen Kampfformation der griechischen Heere. Sie bestand aus schwerbewaffneten Fußsoldaten, den *Hopliten*. Ausgerüstet waren sie mit Schild, Brustpanzer, Beinschienen, einer Stoßlanze und, für den Nahkampf, einem kurzen Schwert. In einer breiten Reihe und einer Tiefe von acht Mann stellte sich die Phalanx frontal dem Gegner. Dabei kam alles auf ein gut koordiniertes Vorgehen an. Die ansonsten eher unmusikalischen Spartaner pflegten durch Flötenspiel den Rhythmus vorzugeben, »damit,« wie der griechische Historiker Thukydides erläutert, »sie gleichmäßig im Takt marschierend an den Feind kamen und ihre Linie nicht auseinanderreißt, wie es großen Heeren beim Angriff so leicht ergeht.« Das größte Problem beim Vorwärtsrücken bestand in einem Abdriften der Phalanx nach rechts. Jeder Hoplit in der Reihe deckte mit seinem Schild, den er in der linken Hand trug, die ungeschützte Körperseite seines Nachbarn. Den daraus resultierenden Effekt beschreibt wiederum Thukydides: »Ängstlich schiebt jeder seine ungedeckte Seite unter den Schild des rechten Nebenmannes, weil er sich im dichtesten Zusammenschluß am sichersten abgeschirmt fühlt. Der vorderste Flügelmann rechts gibt dazu den Anstoß, immer darauf aus, mit der eigenen Blöße über den Gegner hinauszukommen, und ihm folgen in der gleichen Furcht auch die anderen.« Dieser Mechanismus führte dazu, daß bei Schlachten im antiken Griechenland der rechte Flügel die Offensive ergriff – nicht aber aus taktischem Kalkül heraus, sondern eben weil sich die Phalanx geradezu natürlicherweise nach rechts hin orientierte. Folglich war der linke Flügel des Gegners jener, auf den sich die Angriffe der Phalanx konzentrierten. Und weil dies alles so war, stellten die griechischen Militärstrategen auch ihre besten Kräfte, die Elitesoldaten, auf die rechte Seite. Diese versuchten dann, die Reihen des Gegners von dessen linker Flanke her zu überrollen.

Die Schlacht von Leuktra

Die Spartaner wußten bis zur Schlacht von Leuktra ihre Phalanx meisterhaft einzusetzen. Und sie waren bei Leuktra ihrem thebanischen Gegner auch zahlenmäßig weit überlegen (die Relation dürfte 10 000 zu 7 000 Hopliten betragen haben). Doch bereitete ihnen Epaminondas eine Überraschung, die in die Militärgeschichte eingehen sollte. Bei Leuktra erprobte er erstmals die (allem Anschein nach von ihm selbst erfundene) »Schiefe Schlachtordnung«, die danach

Schlachtreihe (Vase, 7. Jh. v. Chr., Nachzeichnung)

zum Erfolgsrezept aller antiken Heere wurde, die einem numerisch größeren Heer gegenüberstanden. Wie viele große Ideen war das Konzept des Epaminondas so einfach, daß man sich fragt, warum nicht schon früher jemand darauf gekommen war. Wenn, so sagte sich der Thebaner, der Gegner davon ausgeht, daß sein rechter Flügel die Schlacht entscheiden wird, gleichzeitig aber damit rechnet, daß er seinerseits auf seiner linken Seite angegriffen wird – dann könnte man doch einen ganz neuen Effekt erzielen, indem man diese gewohnten Konstellationen umkehrt. Epaminondas beschloß also, den im Kampf der Hopliten bis dahin arg vernachlässigten *linken* Flügel der Phalanx stark zu machen und damit gegen den vermeintlich stärkeren *rechten* Flügel des Gegners anzugehen. Standen auf der linken Seite der Schlachtaufstellung normalerweise acht Reihen von Hopliten, so stellte Epaminondas bei Leuktra dort gleich 50 Reihen auf und besetzte sie mit der thebanischen Elitetruppe, die sich selbst die »Heilige Schar« nannte. Diese »linke« Truppe sollte den Stoß gegen die »rechten« Spartaner durchführen. Schön, darüber war sich Epaminondas wohl im klaren, würde das nicht aussehen, eher etwas schief und linkslastig, doch auf Ästhetik kam es im Krieg doch wohl weniger an.

Aber würde dieser revolutionäre Plan auch in der Realität funktionieren? Ein relativ genauer Bericht Plutarchs dokumentiert, was sich dann, zum Entsetzen der Spartaner und ihres bedauernswerten Feldherrn Kleombrotos, in der Schlacht von Leuktra abspielte: »Epaminondas zog seine Phalanx schräg nach links, damit der rechte Flügel der Spartaner sich von den anderen Griechen möglichst weit entfernte und er Kleombrotos mit einem massiven, gewaltigen Stoß in der Flanke treffen könne. Die Gegner bemerkten das Manöver, machten Anstalten, sich neu zu formieren und zogen ihren rechten Flügel in die Länge, um Epaminondas mit Überzahl zu umklammern und einzuschließen.« Doch die Rechnung der Spartaner ging nicht auf. Pelopidas, der Kollege des Epaminondas, startete den Angriff der Thebaner, 300 Elitesoldaten stürmen links nach vorne, bevor sich die Spartaner wieder formieren konnten. Nun herrschte bei den Spartanern heillose Konfusion, für die Griechen eine ganz neue Erfahrung, wie Plutarch notiert: »Die Spartaner, die größten und bewährtesten Meister in allen Angelegenheiten des Krieges, pflegten sich doch für nichts so sehr auszubilden und zu trainieren wie dafür, daß sie eben nicht in Unordnung und Verwirrung gerieten, wenn die Schlachtreihe sich auflöste, sondern daß jeder jeden als Hintermann oder als Nebenmann nahm, wo immer und mit wem die Gefahr ihn überraschte, sich ihm anschloß und dann weiterkämpfte.« Diesmal aber, so fährt der antike Schriftsteller fort, war alles anders: Die Phalanx des Epaminondas brachte die Kampfmoral der Spartaner so sehr ins Wanken, daß sie ihr Heil in der Flucht suchten oder aber von den Thebanern getötet wurden. Und alles war so schnell gegangen, daß der linke Flügel der Spartaner gar nicht die Gelegenheit erhielt, in den Kampf einzugreifen.

Nur eine kurze Blüte

Für Sparta bedeutete Leuktra das Ende seiner Vorherrschaft in Griechenland. Niemals mehr hat es sich von diesem Schlag erholt. Für kurze Zeit trat Theben an seine Stelle und konnte sich, unter der Führung des Epaminondas, vorübergehend von dem Komplex befreien, in Griechenland nur eine Stadt unter vielen zu sein. Doch die thebanische Blüte währte nicht lange. Epaminondas gelang es nicht, ein stabiles Gleichgewicht der Kräfte herzustellen. 362 v. Chr. kam auch schon das Ende – sowohl das Ende der thebanischen Hegemonie in Griechenland als auch das Ende des Revolutionärs der antiken Kampfestaktik. Bei Mantineia in Arkadien gab es eine Auseinandersetzung zwischen den Thebanern und einer Reihe anderer griechischer Städte. In der Schlacht brachte Epaminondas mit seiner neuen Taktik die gegnerischen Reihen noch einmal in große Schwierigkeiten, indem er sie mit seinem starken linken Flügel (einem Kriegsschiff gleich, wie ein antiker Autor bewundernd feststellte) einfach durchbrach. Zwar endete der Kampf mit einem Sieg der Thebaner. Bei dem verwegenen Vorstoß kam der Feldherr Epaminondas jedoch ums Leben.

Philipp II. von Makedonien

Epaminondas militärtaktische Innovation aber machte weiter Furore. Wer in der Antike künftig Schlachten gewinnen wollte, mußte die »Schiefe Schlachtordnung« beherrschen – und zwar besser als andere, weil ja nun alle das Erfolgsrezept des Epaminondas kopierten. Zum gelehrigsten Schüler des Thebaners wurde der makedonische König Philipp II., der Vater Alexanders des Großen. Er schuf die berühmte makedonische Phalanx, mit der er in nur wenigen Jahren ganz Griechenland unterwarf. Einige taktische Neuerungen machten seine Armee unbesiegbar: Die schwerbewaffneten Hopliten standen in einer Reihe von 16 Mann, ausgerüstet mit der *sarisa*, einer Lanze von über fünf Metern Länge. Dabei stellte Philipp seine Leute so auf, daß sogar noch die Lanzen der fünften Reihe über die erste Schlachtreihe hinausragten. Dazu setzte Philipp auf die bis dahin weitgehend vernachlässigte Waffe der Reiterei. So eilte Philipp von Sieg zu Sieg, ebenso wie später sein Sohn Alexander, der seinen Ruhm also auch zu einem guten Teil Epaminondas verdankt. Erst die römischen Legionen mit ihrem taktisch flexibleren System zeigten die Grenzen der Phalanx auf. Diese bedurfte zur Entfaltung ihrer Wirksamkeit eines ebenen, offenen Geländes ohne natürliche Hindernisse. Außerdem durfte der Kampf nicht zu lange dauern, weil die Ordnung der Phalanx, je länger sich das Gefecht hinzog, nicht aufrecht zu erhalten war.

Der preußische Epaminondas

War Epaminondas nun der größte Feldherr der Antike? Jedenfalls ist er derjenige gewesen, der der antiken Militärgeschichte in taktischer Hinsicht die größten Impulse gegeben hat. Und er hat weit über die Antike hinaus gewirkt, mehr noch als seine Konkurrenten Alexander, Pyrrhos, Hannibal und Caesar. Selbst ein Napoleon hat sich bei seinen Schlachten von dem Thebaner inspirieren lassen. Und am 5. Dezember 1757 konnten Experten der Militärgeschichte der Meinung sein, eine Neuauflage der damals immerhin über 2100 Jahre zurückliegenden Schlacht von Leuktra zu erleben. Als taktische Reinkarnation des Epaminondas besiegte an diesem Tag der preußische König Friedrich der Große mit Hilfe der »Schiefen Schlachtordnung« beim Dorf Leuthen in Niederschlesien die zahlenmäßig weit überlegenen Österreicher. Deren Feldherr Karl von Lothringen hatte offenbar versäumt, sich in den Geschichtsbüchern kundig zu machen.

Aristoteles

Griechischer Wissenschaftler, 384–322 v. Chr.;
Pionierleistung: erste systematische Erfassung der Wettererscheinungen

Wie war das Wetter in Rom, als am 15. März des Jahres 44 v. Chr. Iulius Caesar ermordet wurde? Für diese Frage hat sich anscheinend kaum ein Römer interessiert. Und sicher gab es an jenem denkwürdigen Tag Wichtigeres als das Wetter. Es wird sich aber auch am Tag davor niemand um das voraussichtliche Wetter des 15. März gekümmert haben – außer vielleicht die 60 Verschwörer, die gehofft haben mögen, daß nicht etwa ein Wolkenbruch oder ein Sturm den Diktator davon abhalten würde, den Weg in den Senat anzutreten, wo die Tat stattfinden sollte. Erst später glaubten sich manche zu erinnern, daß sich nach dem Attentat die Sonne verdunkelt habe – »sie hüllte ihr strahlendes Haupt in stählernes Grauen«, wie der Dichter Vergil sagt. Also hat man am Tag von Caesars Ermordung doch auf das Wetter geachtet? War es am 15. März 44 v. Chr. erst sonnig und dann bewölkt gewesen? Doch wenn man bei Vergil weiterliest, verfliegt schnell der Optimismus, hier authentische Daten für eine historische Wetterstatistik zu gewinnen. Denn gleichzeitig will man beobachtet haben, wie auf Sizilien der Ätna ausbrach, in den Alpen Erdbeben wüteten, der Po über die Ufer trat und Bäume entwurzelte, Gespenster herumliefen und Tiere zu reden begannen. Dann wird schnell klar, daß hier keine realistische Naturbeobachtung vorliegt, sondern ein imaginäres Schreckensszenario gezeichnet wird, das die auf Caesars Tod folgenden römischen Bürgerkriege ankündigen soll.

Die Auguren und das Wetter

Das ist allerdings ein nicht untypischer Umgang der Römer mit Naturphänomenen. Für sie waren das Willensbekundungen der Götter, die auf diese Weise artikulierten, was sie von dem irdischen Treiben hielten. Um die Stimmung der Götter auszuloten, hatten die Römer ein spezielles Gremium, die Auguren, eingesetzt, deren Aufgabe es war, die Signale der Götter richtig zu deuten. Das ging schließlich so weit, daß vor jeder wichtigen Staatsaktion, etwa der Entscheidung über einen Kriegszug, nach solchen Zeichen Ausschau gehalten wurde. Was offiziell als Zeichen gelten durfte, war streng festgelegt, wie beispielsweise die Flugrichtung und das Krächzen der Vögel oder das Verhalten der eigens für solche Fälle gehaltenen heiligen Hühner. Am eindrucksvollsten aber war das Zeichen *ex caelo*, »vom Himmel«: Reagierten die Götter auf die Anfrage der Auguren mit Blitz und Donner, so galt das als ein übles Omen, und jede weitere politische Aktivität wurde eingestellt. Der naheliegenden Versuchung, das Wetter politisch zu instrumentalisieren, erlagen die Römer erst in den turbulenten Zeiten Caesars, als innere Krisen und Auseinandersetzungen an der Tagesordnung waren. Da konnte es schon vorkommen, daß ein von einem Politiker manipulierter Augur als einziger Römer weit und breit, bei strahlendblauem Himmel, einen Donner gehört zu haben vorgab, woraufhin dann eine Abstimmung, bei der der Politiker eine Niederlage zu erwarten hatte, sofort abgebrochen werden mußte.

Antike Bauernregeln

Das waren die Verhältnisse in der Stadt Rom – auf dem Lande ging es in meteorologischer Hinsicht seriöser zu. Unter den Bauern Italiens gab es viele unbekannte Wetterexperten, denn ihr Lebensalltag war von dem Rhythmus der Jahreszeiten und den jeweiligen Witterungsverhältnissen bestimmt. Wie man weiß, sind alte Bauernregeln auch heute noch mitunter zuverlässiger als Wetterprognosen, die auf modernstem technologischen Standard entwickelt werden. Gelegentlich haben die meteorologischen Weisheiten der einfachen Bauern Eingang in die große Literatur gefunden. Einige Jahre nach Caesars Ermordung schrieb der bereits zitierte Vergil ein Werk mit dem Titel *Georgica*, was so viel wie »Landleben« heißt. Das war eine Schrift ganz im Sinne des Kaisers Augustus, der die Rückbesinnung auf die alten Werte des Römertums auf seine Fahnen geschrieben und deshalb vehement die Wiederbelebung des urtümlichen italischen Bauerntums propagiert hatte. »Daß wir«, sagt Vergil, »genau den Wandel des Wetters erkennen können, Hitze, Regen und eisige Winde, dafür hat Juppiter selbst gesorgt.« Und er zählt auf, was Generationen von Bauern beobachtet und an die jeweiligen Nachkommen weitergegeben haben: daß Sturm droht, wenn die Sterne jäh vom Himmel stürzen; daß es Regen geben wird, wenn die Kraniche tief fliegen und die Frösche im Teich quaken; daß schönes Wetter naht, wenn die Raben lärmen. Hilfreich ist auch ein Blick auf die Phasen des Mondes und den Lauf der Sonne. Verschwimmt die Sichel des Mondes in dunstigem Dunkel, deutet dies auf ergiebige Regenfälle hin. Ein rötlicher Mond hingegen läßt heftigen Wind erwarten. Die Zeichen der Sonne sind folgendermaßen zu interpretieren: Geht sie von Wolken umgeben auf, kommt Regen. Geht sie mit bläulichen Farben unter, gibt es ebenfalls Regen, dominiert die Farbe Rot, dreht der Wind auf Ost.

Der Lehrer Alexanders des Großen

Die Werke des Aristoteles haben die Bauern Italiens höchstwahrscheinlich nicht gelesen und demzufolge auch nicht seine wissenschaftliche Abhandlung über die Meteorologie. Dazu konnten sie erstens zu wenig Griechisch, und zweitens hatten sie dazu gar keine Zeit. Selbst die Angehörigen der gebildeten Oberschicht in Rom, bei denen es, seitdem man mit den Griechen engere Kontakte hatte, zum guten Ton gehörte, sich ausgiebig mit deren kulturellen Erzeugnissen zu beschäftigen, mußten sehr viel Zeit investieren, wollten sie all das lesen, was der umtriebige Universalgelehrte an Schriften hinterlassen hatte. Kaum mag man glauben, daß Aristoteles noch zu etwas anderem kam als zum Forschen, Studieren und Schreiben. Doch für Aristoteles war das alles nur eine Frage der Organisation. So konnte er es sich leisten, ein ehrenvolles Angebot des makedonischen Königs Philipp II. anzunehmen. Dieser berief ihn im Jahre 342 v. Chr. an den Hof nach Pella, um seinen Sohn Alexander als Privatlehrer zu unterrichten. So ganz glücklich dürfte Aristoteles mit seinem prominenten Schüler nicht geworden sein. Zwar eroberte dieser später auf einem beispiellosen Feldzug innerhalb von knapp zehn Jahren den gesamten Orient bis nach Indien und erwarb sich dadurch den Beinamen »der Große«. Doch verstand der Gelehrte unter »Größe« etwas anderes als militärische Meriten. Bei ihm gehörten Erkenntnis und Moral untrennbar zusammen, wie er in der nach seinem Vater benannten *Nikomachischen Ethik*, einem seiner unzähligen Werke, ausgeführt hat. Darin hat er auch kein Hehl daraus gemacht, daß für ihn ein friedliches Leben in einem überschaubaren Gemeinwesen weitaus sympathischer war als das Streben nach der Weltherrschaft.

Konkurrenz zu Platon

Aristoteles war seinerseits ein Schüler des großen Platon gewesen. In Athen hatte er an dessen berühmter Akademie studiert. Doch auch dieses Verhältnis hatte sich alles andere als spannungsfrei gestaltet, was zu einem guten Teil daran lag, daß Platon nicht der selbstlosen Auffassung war, es sei für einen Lehrer die größte Auszeichnung, wenn ihn sein eigener Schüler an Leistungsfähigkeit übertrifft. Als er statt des genialen Aristoteles seinen ebenfalls begabten, aber keineswegs brillanten Neffen Speusippos zu seinem Nachfolger als Leiter der Akademie designierte, ging der beleidigte Aristoteles seine eigenen Wege. Bald nach dem Engagement in Pella gründete er in Athen ein Konkurrenz-Unternehmen zur platonischen Akademie, den *Peripatos*, benannt nach einer Säulenhalle in dieser Schule, in der der

Meister mit seinen zahlreichen Adlaten, in kluge Gespräche vertieft, umherzuwandeln pflegte.

Eine imposante literarische Produktion

Wie ist Aristoteles nun dazu gekommen, sich mit Fragen der Meteorologie zu beschäftigen? Die Antwort ist einfach: Weil es praktisch nichts gegeben hat, womit er sich nicht befaßt hat. Sein Gesamtwerk beläuft sich auf nahezu 400 Werke, von denen allerdings nur noch 47 Schriften mehr oder weniger vollständig erhalten sind. Eine halbe Million Zeilen hat Aristoteles, wie jemand einmal in einer Mußestunde ausrechnete, geschrieben und war damit einer der Hauptabnehmer der antiken Papyrusproduzenten. Am bekanntesten sind wohl seine Darlegungen zu Staat und Verfassung geworden. Im Gegensatz zu seinem eher theoretisierenden, nach dem Idealstaat suchenden Lehrer Platon stand Aristoteles mehr auf dem Boden der Wirklichkeit und bemühte sich um die Konstruktion nicht des besten, sondern des bestmöglichen Staates. Klassisch wurde seine Einsicht, daß der Mensch ein *zoon politikon*, ein von Natur aus nach Gemeinschaft strebendes Lebewesen sei.

Die Methode des Aristoteles

Analytisch, methodisch, logisch, empirisch – mit diesen strengen Vorgaben ging Aristoteles an alle Gegenstände heran, die in das Visier seines wissenschaftlichen Erkenntnisstrebens gerieten. Und mit diesem intellektuellen Instrumentarium widmete er sich auch den Na-

Aristoteles (Büste, Rom, Museo Nazionale)

turwissenschaften. Für die meisten seiner Kollegen hieß forschen, sich an den Schreibtisch zu setzen und von dort aus über Gott und die Welt nachzudenken. Aristoteles hingegen baute ganz auf die praktische Wahrnehmung und Beobachtung der Dinge. In einem zweiten Schritt versuchte er dann die allgemeinen Prinzipien herauszubekommen, die den beobachteten Phänomenen zugrunde lagen. Nicht viel anders geht auch heute noch seriöses wissenschaftliches Arbeiten vor sich, und allein daran wird schon deutlich, warum Aristoteles wie kaum ein anderer Forscher der Antike das Denken nicht nur des Mittelalters, sondern auch das der Neuzeit beeinflußt hat.

Man muß delegieren können

Nun wird man aber nicht befürchten müssen, daß Aristoteles sich bei den Vorbereitungen für seine Schrift über die Meteorologie Tag und Nacht im Freien aufhielt und das Wetter beobachtete. Dafür hatte man ja seine Leute – daß er zu delegieren verstand, hatte Aristoteles schon bei der Arbeit an seiner *Politik* bewiesen, als er seine Schüler scharenweise in die griechischen Städte ausschwärmen ließ und diese ihm Expertisen von 158 verschiedenen Verfassungen auf den Tisch legten, die der Meister dann akribisch auswertete. Aber Aristoteles war in bezug auf die Meteorologie nicht nur auf die Zuliefererdienste seiner Schüler angewiesen. Über das Wetter hatten sich schon vor ihm viele Griechen Gedanken gemacht, und dies sowohl aus beruflichem als auch aus wissenschaftlichem Interesse.

Odysseus und die Winde

Zu der ersten Gruppe gehörten naturgemäß die Seefahrer und die Bauern. Auch wenn die griechischen Schiffe vorsichtshalber immer der Küstennähe navigierten, war es für die Kapitäne auf jeden Fall von Vorteil, zumindest über Grundkenntnisse der Wetterkunde und auch der Astronomie zu verfügen. Sonst konnte es leicht passieren, daß man in einen gefährlichen Sturm geriet. In besonders unangenehmer Weise bekam das bereits Odysseus zu spüren, der griechische Troja-Held, von dem Dichter Homer dazu ausersehen, sämtliche damals bekannten Tücken der mediterranen Seefahrt erleben zu müssen. Auf einer seiner Irrfahrten kam er zu der im äußersten Westen gelegenen Insel des Aiolos, dem der oberste Gott Zeus den verantwortungsvollen Posten des Verwalters der Winde übertragen hatte. Weil ihm Odysseus gefiel, gab ihm der Herr der Winde ein nützliches Geschenk mit auf den Weg: Er überreichte ihm in einem ledernen Sack alle Winde, die eine gesicherte Heimkehr nach Ithaka stören konnten. Da diese Geschichte im 10. Buch der *Odyssee* steht, das ganze Epos aber 24 Bücher umfaßt, ahnt man schon, das diese Wohltat noch nicht das glückliche Ende der Leiden des Odysseus bedeutete. Und tatsächlich öffneten die Gefährten des Helden, als dieser schlief, den Sack, in dem sie kostbare Geschenke vermuteten, und die dadurch entfesselte, geballte Kraft der Winde schleuderte das Schiff in einem schrecklichen Unwetter wieder auf das Meer hinaus.

Die Weisheiten der griechischen Bauern

Für den kritischen Aristoteles wird dies aber nichts als Seemannsgarn gewesen sein. Interessiert haben dürfte ihn allenfalls, daß bereits Homer die ägäischen Winde nach ihrer Richtung und nach ihrer Stärke klassifiziert hat. Als mächtigster Wind galt dabei der Nordwind Boreas, der von Thrakien in Richtung Süden wehte. Nicht zu verachten war aber auch dessen Gegenpart, der Notos, der von Süden nach Norden blies, und dies manchmal auch in beachtlicher Intensität. Doch hat Aristoteles insgesamt wohl mehr den Beobachtungen der Bauern vertraut. Die griechischen Landwirte waren in dieser Hinsicht nicht weniger aufmerksam als ihre späteren römischen Kollegen. Und wie die Römer einen Vergil hatten, der sich zu ihrem meteorologischen Sprachrohr machte, so verfügten die Griechen über einen Hesiod. Er schrieb nur kurze Zeit später als Homer, doch war seine Welt nicht die des Adels und der Heroen, sondern die des einfachen Bauern, der sich auf kärgliche Weise seinen Lebensunterhalt zu verdienen hatte. Die Bauern Hesiods, die er in seiner Schrift *Werke und Tage* porträtiert hat, leben ganz nach dem Rhythmus der Natur und den Gegebenheiten des Wetters. »Sobald du das Trompeten des Kranichs hörst,« heißt es dort etwa, »der hoch von den Wolken jährlich sein Rufen herabschickt, mußt du aufpassen: Er gibt dir das Signal zum Pflügen und zum Säen und kündigt dir den Regen des Winters an.« Und zum kalten Boreas führt er aus: »Doch nimm dich vor dem bösen Monat Lenaion in Acht, und dem Glatteis, das einem auf der Erde beim Blasen des Nordwindes heimtückisch Schmerzen bereitet. Quer stürmt der Boreas durch das pferdenährende Thrakien, peitscht dann fallend die Weite des Meeres, die Erde und die Wälder brüllen auf.«

Ein Wetterkalender zum Selberstecken

Eine erste Systematisierung erfuhren diese Erfahrungen der Landmänner im 5. Jahrhundert v. Chr., sicher zum Wohlgefallen des Pragmatikers Aristoteles, durch die Entwicklung des sogenannten Parapegmas. Dabei handelte es sich um einfache Kalender aus Stein, die zunächst die naheliegende Funktion hatten, durch das Umstecken von Nägeln den jeweiligen Tag zu bezeichnen. Bald ging man aber dazu über, diesen Kalender auch für astronomische und meteorologische Beobachtungen zu nutzen. Gewissenhaft notierte man Tag für Tag die Stellung der Sonne, die Phasen der Fixsterne und eben auch signifikante Veränderungen des Wetters. Somit steht das Parapegma am Anfang der Geschichte der Wetterstatistik, denn nun konnte man, auf (ganz im aristotelischem Sinne) empirischer Basis auch längerfristige Entwicklungen der Wetterverhältnisse feststellen (und entsprechend auch, in begrenztem Umfang, Wetterprognosen abgeben). Als einer der Pioniere dieses Verfahrens gilt der athenische Astronom Meton (5. Jahrhundert v. Chr.), der im übrigen auch eine zwar aufwendige, aber doch originelle Idee hatte, um sich dem Militärdienst zu entziehen. Während des Peloponnesischen Krieges (431 – 404 v. Chr.) planten die Athener eine Flotten-Expedition nach Sizilien. Obwohl Offizier, hatte Meton wenig Lust, sich an diesem riskanten Unternehmen zu beteiligen. Also stellte er sich, wie der Biograph Plutarch berichtet, wahnsinnig und zündete, um dieser mutmaßlichen Debilität Nachdruck zu verleihen, sein Haus an.

Schlechte Presse für Meteorologen

Als nun der große Aristoteles sich daran machte, die Annalen der Wetterforschung um ein bedeutendes Kapitel zu bereichern, mußte er erst einmal dafür sorgen, daß das Berufsbild des Meteorologen die ihm gebührende Anerkennung fand. Mit dieser stand es nämlich in der öffentlichen Meinung nicht zum Besten. »Meteorologen« waren für die meisten Menschen (und man wird hinzufügen müssen: für die Menschen in den Städten und nicht etwa auf dem Lande) etwas absonderliche Zeitgenossen, die ihr Leben damit verbrachten, sich mit den, wie man es nannte, »oberen Erscheinungen«, also den Naturphänomenen oberhalb der Erdoberfläche, zu beschäftigen. Sie schwebten daher, wie man ihnen vorwarf, in anderen Dimensionen und standen nicht mit beiden Beinen auf dem Boden der Wirklichkeit. Als Zielscheibe des Spotts mußte ausgerechnet Sokrates herhalten, dem Cicero später attestierte, die Philosophie vom Himmel auf die Erde geholt zu haben. Und tatsächlich hatte Sokrates, der Lehrer Platons, mit den Naturwissenschaften wenig im Sinn; ihm kam es gerade darauf an, eine an den Problemen der Menschen orientierte Philosophie anzubieten und diese zu der nur vordergründig deprimierenden Erkenntnis zu leiten: »Ich weiß, daß ich nichts weiß.« Aber wenn man erst einmal seine Gegner hat, wird man die nicht wieder so leicht los. Aristophanes porträtierte Sokrates, der alles andere, aber nur kein Meteorologe gewesen ist, in seiner Komödie *Die Wolken* als weltfremden Sonderling in der Hängematte, der aus dieser Position den »oberen Erscheinungen« näher sein wollte.

Aristoteles rettet die Meteorologen

Die Ehre eines ganzen Berufsstandes hatte Aristoteles also zu retten, und er bewältigte diese verantwortungsvolle Aufgabe auf zweierlei Weise. Zum einen bedurfte auch die Meteorologie einer klaren Methodik. Vor allem aber ging es seiner Meinung nach nicht an, daß alle »oberen Erscheinungen« undifferenziert als Gegenstand ein und derselben Disziplin betrachtet wurden. In der Tat hatte die ältere griechische Naturforschung atmosphärische (Wind, Regen, Gewitter), astronomische (Fixsterne, Kometen) und terrestrische (Erdbeben, Vulkanismus, Meeresströmungen) Phänomene auf die jeweils gleichen Ursachen zurückgeführt. So waren die ältesten Meteorologen auch immer gleichzeitig Astronomen, Seismologen, Hydrologen und dergleichen mehr. Der Thales-Schüler Anaximander beispielsweise entwickelte im 6. Jahrhundert v. Chr. ein sehr komplexes Modell. Er ging davon aus, daß die Erdoberfläche ursprünglich in ihrer Gesamtheit feucht gewesen sei. Ein Teil davon wurde durch die Sonne verdunstet, der Rest bildete das Meer. Aus dem verdunsteten Teil entstanden dann alle – im engeren, atmosphärischen Sinn – meteorologischen Phänomene. Die Winde bilden sich aus, indem sich Verdünstungen zusammenballen und von der Sonne in Bewegung gesetzt werden. Gewitter werden durch das *pneuma*, zusammengepreßte Luft, verursacht: Wird das *pneuma* von Wolken umgeben, versucht es sich zu befreien und zerreißt dabei die Wolke, was mit einem Krachen und Leuchten einhergeht. Ins Astronomische wendet Anaximander seine Lehre, wenn er weiterhin annimmt, daß die Verdunstungen auch den Himmelskörpern als Nahrungen dienen und sie daher für die Bewegung von Sonne und Mond sorgen.

Die Meteorologie des Aristoteles

Aristoteles hat das Wetter nicht völlig neu erfunden. Doch mit seiner Meteorologie schaffte er mehr Klarheit: Ihr Gegenstand können nicht alle kosmischen Vorgänge sein. Was sich jenseits des Mondes abspielt, muß den Meteorologen nicht interessieren, denn das ist eine Sphäre unveränderlicher, ewiger Ordnung. Nicht ganz ohne Arroganz spricht er in diesem Zusammenhang von »Denkern mit kleinem Gesichtskreis«, die nicht erkennen wollen, daß »der Himmel keine Entwicklung habe«. Gleichwohl findet sich auch bei Aristoteles noch keine deutliche Trennung von Astronomie und Meteorologie: Milchstraße, Kometen, Sternschnuppen etwa sind für ihn nicht

hinter dem Mond, sind also veränderlich und insofern meteorologisch von Bedeutung, wie im übrigen auch die Erdbeben.
Ausgangspunkt seiner eigenen Sicht der Dinge waren die bereits von Anaximander thematisierten Ausdünstungen. Dessen Auffassung, daß sich die Himmelskörper von diesen ernährten, lehnt er strikt ab. Die Feuchtigkeit steigt zum Himmel und setzt damit einen Kreislauf in Gang: Sie wird als Wasser wieder zur Erde zurückgeführt, ohne daß sie die Himmelskörper irgendwie tangiert. Gleichwohl waren die Ausdünstungen auch für Aristoteles der Schlüssel zu aller meteorologischen Erkenntnis. Alles läßt sich praktisch zurückführen auf das Zusammenspiel von feuchten und trockenen Ausdünstungen: die ersteren artikulieren sich in Form von Regen, Schnee und Hagel, die letzteren als Blitz und Donner.
Neben diesen übergreifenden Zusammenhängen bietet der Meteorologe Aristoteles aber auch eine Fülle von Einzelerkenntnissen, die zwar nicht geeignet waren, das Wetter für den 15. März 44 v. Chr. vorherzusagen, die aber doch wichtige Anhaltspunkte für die Entwicklung des Wetters liefern. »Der Tau«, so erfährt man an einer Stelle, wo in für Aristoteles typischer Weise Empirie mit Analyse verbunden wird, »entsteht überall bei Südwinden, nicht bei Nordwinden. Nur am Schwarzen Meer ist es umgekehrt, da bildet er sich bei Nordwinden und nicht bei Südwinden. Der Grund ist, daß er sich nur bei klarem Wetter bildet, nicht bei Sturm, und der Südwind klares Wetter bringt, der Nordwind mit seiner Kälte dagegen Sturm, so daß er mit diesen Stürmen die Wärme der Verdunstung auslöscht. Am Schwarzen Meer dagegen bringt der Südwind nicht ein so klares Wetter, daß sich Dampf bildet, der Nordwind mit seiner Kälte jedoch versperrt der Wärme den Weg und sammelt sie, so daß es stärker dampft.« Und eine andere Erkenntnis: »Nach Regenfällen entsteht in den Gebieten, in denen der Regen niedergegangen ist, meistens Wind, und der Wind legt sich, wenn Regen kommt.« Oder: »Der Nordwind ist, weil er aus feuchten Gegenden kommt, voller Dampf und daher kalt. Nur weil er diesen Dampf abstößt, ist er in unseren Regionen heiter, während er in den Gegenländern Regen bringt. Ähnlich ist für die Einwohner Afrikas der Südwind mit heiterem Wetter verbunden.«

Alexander der Große und der Monsunregen

Vielleicht war es ein Fehler Alexanders des Großen gewesen, seinem Lehrer Aristoteles nicht immer gut zugehört zu haben. Zumindest wird er dessen Rat als Wetterexperte nicht in Anspruch genommen haben. Wie hätte er sonst während seines Orientfeldzuges bis nach

Indien vordringen können, ohne zu bedenken, daß es dort den Monsunregen gab? Siebzig Tage Regen haben die Moral von Alexanders Soldaten so sehr untergraben, daß sie sich weigerten, noch weiter nach Osten zu marschieren. Alexander mußte notgedrungen umkehren und auf sein Traumziel verzichten, das Ende der Welt zu erreichen. 323 v. Chr. starb Alexander in Babylon, gerade einmal 32jährig. Aristoteles überlebte ihn nur um ein Jahr. Als in Athen die Nachricht vom Tod Alexanders eintraf, glaubte man für einen Augenblick, das Joch der makedonischen Herrschaft abschütteln zu können. Erbarmungslos ging man auf die Jagd nach tatsächlichen oder angeblichen Anhängern der Makedonen. Auch Aristoteles geriet ins Visier der Verfolger – er, der sich doch schon längst von seinem Schüler distanziert hatte. Doch das spielte keine Rolle. Man drohte Aristoteles einen Prozeß an. Er verließ seine Schule und die Stadt und ging nach Chalkis auf der Halbinsel Euboia. Hier starb er im Alter von 62 Jahren. Wie das Wetter an seinem Todestag gewesen ist, hat kein antiker Autor überliefert.

Appius Claudius Caecus

Römischer Politiker, um 300 v. Chr.;
Pionierleistung: Bau der Via Appia von Rom nach Capua

Schon die Römer nannten sie die »Königin der Straßen«, und noch heute ist sie der wohl berühmteste Verkehrsweg der Antike: die *Via Appia* von Rom nach Brindisi. Erbaut wurde sie vor über 2 300 Jahren, 312 v. Chr., damals zunächst von Rom nach Capua, über eine Strecke von 218 km. Im 3. Jahrhundert v. Chr. wurde sie bis zur Hafenstadt Brindisi verlängert und verband nun über eine Distanz von 363 römischen Meilen (das sind etwa 550 km) die Hauptstadt Italiens mit der Südostküste der Apenninhalbinsel. In Rom nannte man die Straßen häufig nach ihren Erbauern. Die *Via Appia* war das Werk des Appius Claudius, einer der bemerkenswertesten Persönlichkeiten der römischen Republik, der im Alter sein Augenlicht verlor und daher den Beinamen *Caecus* (»der Blinde«) erhielt.

Appius Claudius, der Censor
Daß mit dem Bau der Straße 312 v. Chr. begonnen wurde, belegt eine kurze Nachricht des römischen Historikers Livius (59 v. Chr. – 17 n. Chr.): »In dieses Jahr fiel auch die berühmte Censur des Appius Claudius und des Gaius Plautius. Doch bei der Nachwelt blieb der Name des Appius besser in Erinnerung, weil er eine Straße mit fester Decke angelegt und eine Wasserleitung in die Stadt geführt und

Appius Claudius Caecus (Büste, Rom vatikan. Museen)

diese Arbeiten allein vollendet hat.« Als *Censor* hatte sich Appius Claudius eigentlich um die Vermögensverhältnisse der römischen Bürger und – nicht weniger heikel – um die Einhaltung der »guten Sitten« zu kümmern. Offensichtlich lag ihm aber auch die Entwicklung der Infrastruktur am Herzen. Zwar war Rom zu diesem Zeitpunkt noch längst nicht die Metropole eines Weltreiches. Aber man war inzwischen dabei, sich als Führungsmacht in Italien zu etablieren. Einer der Widersacher war die reiche Stadt Capua in Kampanien. Zwei Jahre vor der Censur des Appius Claudius war es zu ernsthaften Schwierigkeiten gekommen. Das römische Militär sah sich nach einer Revolte zum Eingreifen gezwungen. So mag bei der Premiere der Anlage einer »mit fester Decke« versehenen (also gepflasterten) Straße der Wunsch leitend gewesen sein, die Legionen schneller und bequemer in ein Krisengebiet zu transportieren. Doch da streiten sich die gelehrten Straßenforscher noch. Denn, so wird argumentiert, die *Via Appia* war ja keine Einbahnstraße. Von einer Direktverbindung nach Rom konnte auch Capua militärisch profitieren. Vielleicht war die Straße des Appius Claudius also gar nicht das Ergebnis militärischer Planungen, sondern ein Mittel, um im Gegenteil die Beziehungen und die Kommunikation zwischen den beiden Städten zu verbessern.

Ein gigantisches Straßenbau-Programm

Der Bau der *Via Appia* war auf jeden Fall der Startschuß zu einem Straßenbau-Programm, wie es die Antike bis dahin nicht gesehen hatte. In den Jahrzehnten und Jahrhunderten nach Appius Claudius eroberte Rom die Welt, und Rom versorgte die eroberte Welt mit Straßen. In Italien folgten auf die *Via Appia* die *Via Flaminia* von Rom nach Rimini, die *Via Aemilia* nach Piacenza, die *Via Cassia* nach Florenz, die *Via Aurelia* nach Pisa, die *Via Postumia* nach Aquileia. Die erste Römerstraße außerhalb Italiens war die 148 v. Chr. in Angriff genommene *Via Egnatia*. Sie war sozusagen die transmarine Fortsetzung der *Via Appia*, die zu dieser Zeit bereits bis Brindisi führte. Auf der anderen Seite der Adria begann sie bei Durazzo und ging dann quer durch Makedonien nach Saloniki. Später reichte sie bis nach Byzanz, dem heutigen Istanbul, wo sie den Anschluß an die alten, bereits von den Persern angelegten Verkehrswege fand.

Bollwerk Alpen

Voraussetzung für die infrastrukturelle Anbindung der westlichen Provinzen des Imperium Romanum war die verkehrsmäßige Erschließung der Alpen. Diese vollzog sich im wesentlichen im Rahmen der Expansionspolitik des Kaisers Augustus am Ende des 1. Jahrhunderts v. Chr. Zahlreiche Pässe führten seitdem über die Alpen, so über den Großen und Kleinen St. Bernhard. Kaiser Claudius baute 46/47 n. Chr. die *Via Claudia Augusta*, die die Poebene über die Alpen mit der Donau verband. Mental dürfte den Römern die Anlage der Alpenstraßen im übrigen gar nicht so leicht gefallen sein. In den guten alten Tagen der Republik war man für die Existenz dieses Gebirges recht dankbar gewesen. Man fühlte sich hinter diesem Bollwerk, wie man es nannte, sicher vor feindlichen Angriffen aus dem Norden. So fiel es auch keinem Römer ein, die potentiellen Gegner durch den Bau von Paßstraßen auch noch regelrecht zu einem Besuch in Italien einzuladen. Die Überquerung der Alpen durch keltische Stämme zu Beginn des 4. Jahrhunderts v. Chr. (von denen einige sogar bis nach Rom vordrangen und nur dank der legendär aufmerksamen Gänse auf dem Kapitol zurückgedrängt wurden) konnte man noch unter der Rubrik »Betriebsunfall« einordnen. Fataler war da schon der Alpenübergang des Karthagers Hannibal im Jahre 218 v. Chr. Und auch für die germanischen Kimbern und Teutonen stellte gegen Ende des 2. Jahrhunderts v. Chr. das vermeintliche Bollwerk Alpen kein nennenswertes Hindernis mehr dar. Diese Erfahrungen sowie ein zunehmendes imperiales Selbstbewußtsein waren dann dafür verantwortlich, daß die Römer seit Augustus selbst dafür sorgten, die Alpen durch die Anlage von Straßen in die Infrastruktur ihres Reiches zu integrieren.

Alle Wege führen nach Rom

Als Resultat all dieser verkehrspolitischen Bemühungen stand im 2. Jahrhundert n. Chr., der Glanzzeit Roms, ein Straßennetz von nahezu 100 000 km Länge. Nun führten tatsächlich alle Wege nach Rom oder – anders betrachtet – von Rom aus in alle Welt. Die Zeitgenossen waren entsprechend beeindruckt. So schwärmte der griechische Redner Aelius Aristeides von den römischen Straßen und vergaß dabei auch nicht, andere segensreiche zivilisatorische Leistungen der Römer gebührend zu würdigen: »Ihr habt den ganzen Erdkreis vermessen, Flüsse mit Brücken verschiedener Art überspannt, Berge durchstochen, um Straßen anzulegen, ihr habt in menschenleeren Gegenden Poststationen eingerichtet und überall eine kultivierte und geordnete Lebensweise eingeführt.« An einer anderen Stelle hebt er hervor, dank der Leistungsfähigkeit des römischen Straßennetzes könne der Kaiser nun von Rom aus mit Briefen regieren. Diese Aussage bezog sich auf ein perfekt funktionierendes Postsystem, den *cursus publicus*, mit zahlreichen Stationen zum Wechseln der Pferde und der Boten, so daß Tagesleistungen von 60 km keine Seltenheit waren. An der Ehrlichkeit der Bewunderung des Aelius Aristeides mag man vielleicht Zweifel haben, schließlich wurde er für seine Reden von den Römern gut bezahlt. Doch stimmten auch unverdächtige Zeugen wie der christliche Autor Tertullian (2./3. Jahrhundert n. Chr.) in den Chor der Jubelnden ein. Und auch heute noch gibt es kein Buch über römische Geschichte und Kultur, das nicht den Bau von Straßen als eine der wichtigsten zivilisatorischen Errungenschaften der Römer preist. Gerne wird in diesem Zusammenhang darauf hingewiesen, daß es bis zum 18. Jahrhundert in Europa kein besseres System an Fernstraßen gegeben habe und daß die Engländer auch erst im 18. Jahrhundert wieder mit einer gepflasterten Straßendecke von einstiger römischer Qualität hätten aufwarten können.

Vorgänger und Vorbilder

Erfunden haben die Römer den Straßenbau allerdings nicht. Wie so oft führt bei der Suche nach den Ursprüngen die Spur in den Alten Orient. Ausnahmsweise waren hier aber einmal nicht die Ägypter und Mesopotamier federführend. Das Land der Pharaonen bestand zu einem großen Teil aus Wüste, was die Anlage von befestigten Straßen naturgemäß erschwerte. Verkehr war bei den alten Ägyptern in erster Linie Wasserverkehr: Mobilität spielte sich fast ausschließlich auf dem Nil ab. Ähnlich war die Situation im Land zwischen Euphrat und Tigris. Auch hier frequentierte man die Wasserwege, oder man bediente sich der zahlreichen Karawanenstraßen.

Die erste Krone des antiken Straßenbaus verdienten sich hingegen mit Fug und Recht die Perser. Unter der ruhmreichen Dynastie der Achämeniden wurden diese im Verlauf des 6. Jahrhunderts v. Chr. zur Vormacht in großen Teilen Asiens. Die im fernen Susa residierenden Großkönige erkannten bald, daß ein solches Riesenreich nur beherrschbar bliebe, wenn man leistungsfähige Kommunikationsnetze schaffen würde. Ihr Prunkstück war die sogenannte Königsstraße, die von Susa nach Sardes in Kleinasien lief, über eine Strecke von 2 600 km. Der griechische Historiker Herodot hat diese Straße im 5. Jahrhundert v. Chr. beschrieben und war geradezu begeistert: »Überall auf dem Weg gibt es königliche Raststätten und ausgezeichnete Unterkünfte. Die Straße führt überall durch bewohntes, sicheres Land.« Nur 111 Tagesreisen, rechnet der Historiker vor, brauche man für den Weg von der persischen Königsresidenz bis ins westliche Kleinasien. Wahrscheinlich ist es dieses System gewesen, das sich später die Römer zum Vorbild für ihren *cursus publicus* genommen haben.

Griechische Straßen
Herodots Sympathie für das persische Straßennetz ist verständlich, hatten die Griechen doch zu dieser Zeit nichts Vergleichbares aufzuweisen. Das lag zum einen an der gebirgigen Struktur des Landes, die eine systematische Erschließung mit Verkehrswegen sehr behinderte. Zum anderen war es die politische Zersplitterung der griechischen Poliswelt, die den planmäßigen Bau gerade von überregionalen Straßen erschwerte. Das besserte sich erst in der Zeit der Römerherrschaft. Im 3. Jahrhundert v. Chr. hatte der reisende Geograph Herakleides noch klagen müssen, wie steil und beschwerlich die Wege seien – Trost fand er nur in den zahlreichen Gaststätten und Ruheplätzen, die eine Tour durch Griechenland wenigstens in kulinarischer Hinsicht zu einem Erfolgserlebnis machten. Im 2. Jahrhundert n. Chr., in der römischen Kaiserzeit, reiste der griechische Schriftsteller Pausanias auf denselben Wegen und Strecken und profitierte dabei von den Segnungen der römischen Straßenbautechnik. In der Landschaft Megaris kam er an dem berüchtigten skironischen Felsen vorbei, benannt nach dem Wegelagerer Skiros, dessen Hauptbeschäftigung der Sage nach darin bestand, die Passanten mehr als nur zu belästigen: Erst zwang er sie, ihm die Füße zu waschen, dann beförderte er sie mit einem Tritt eben jener Füße ins Meer hinunter, wo sie von einer Riesenschildkröte in Empfang genommen und aufgefressen wurden. Pausanias indes mußte keine Angst mehr haben, der unfreundliche Skiros war längst von dem athenischen Heros Theseus ausgeschaltet worden. Und so kann er statt dessen darauf verweisen, daß Skiros derjenige gewesen sei, der die Küstenstraße als erster für Fußgänger begehbar gemacht habe. Kaiser Hadrian (117 – 138 n. Chr.) gebühre aber das Verdienst, die Straße so hergerichtet zu haben, »daß sie, auch wenn sich Wagen begegnen, noch breit genug ist«.

Die Technik des römischen Straßenbaus
Diese Stelle zeigt: Die Römer wollten nicht nur viele, sie wollten auch gute Straßen bauen. So gut haben sie ihre Straßen gebaut, daß manche moderne Route der römischen Trassenführung folgt. Ohne es zu wissen, fahren also noch heute viele Menschen auf – in technischer Hinsicht allerdings etwas verbesserten – römischen Straßen. Dabei wies die römische Straßenbautechnik selbst bereits ein hohes Niveau auf. Archäologische Forschungen, Angaben in antiken Quellen und bildliche Darstellungen wie auf der Traians-Säule in Rom geben genügend Auskunft, wie Appius Claudius Caecus und seine Erben gearbeitet haben. Die Ausführung der Arbeiten war dabei fast immer

Via Appia

die Sache der Militärs: Ingenieure der Armee waren für die Konzipierung zuständig, Soldaten sorgten für die Realisierung.
Eine römische Straße war eine klar strukturierte Konstruktion wie aus dem Handbuch. Sie bestand in der Regel aus vier Schichten: unten das Fundament aus größeren, faustdicken Steinen, etwa 30 cm stark; darüber eine Grobschüttung aus Kalk und Steinen, mit Mörtel verbunden, ebenfalls 30 cm stark; über dieser die Feinschüttung aus Kies, wiederum 30 cm stark; und schließlich die Fahrbahndecke, meist aus Kies, manchmal aber auch aus Quadern oder unregelmäßigen Pflastersteinen. Die Oberfläche wies stets eine leichte Wölbung auf, damit das Regenwasser ablaufen konnte. Begrenzt wurde die Fahrbahn durch Gehwege (Fußgänger hatten auf römischen Straßen also nichts zu suchen) und Gräben, die als Auffangbecken für das ablaufende Wasser dienten. Nicht normiert war die Breite der Fernstraßen. Die *Via Appia* des Appius Claudius war etwa vier Meter breit und erfüllte damit die Minimalforderung, daß auf einer römischen Straße zwei Wagen aneinander vorbeifahren konnten. Andere Straßen erreichten eine imposante Breite von 17 Metern (inklusive Gehweg und Graben) – sicherlich keine verkehrsmäßige Notwendigkeit als vielmehr stolze Dokumentation dessen, wozu römische Straßenbaukunst bei Bedarf in der Lage war.

Straße und Landschaft

Römerstraßen wird nachgesagt, sie seien immer stur geradeaus verlaufen. So sah das auch der griechische Schriftsteller Plutarch, wenn er das Straßenbau-Programm beschreibt, das 123 v. Chr. der Volkstribun Gaius Gracchus initiierte: »Er legte nicht nur Wert auf den Nutzen, sondern auch auf Schönheit und Bequemlichkeit. Gerade und ebenmäßig wurden die Straßen durch die Landschaft gezogen und teils mit gehauenen Steinen gepflastert, teils mit festgestampftem Sand bedeckt. Alle Senkungen des Geländes, die von Wildbächen oder Schluchten eingeschnitten waren, wurden ausgefüllt, mit Brücken versehen, und sie erhielten an beiden Seiten eine gleichmäßige Höhe, wodurch das Werk einen völlig ebenen und schönen Anblick bekam.« Es ehrt den Griechen Plutarch, daß er den Römern beim Straßenbau einen Sinn für Ästhetik attestierte. Doch die Römer waren bekanntlich pragmatische Menschen, und tatsächlich war ihnen der Nutzen wichtiger als der künstlerische Wert. Eine Straße war ihrer Meinung nach nicht dazu da, einen Schönheitspreis zu gewinnen, sondern um mobile Menschen möglichst schnell von einem Ort zum anderen zu befördern. Soldaten hatten es meistens ebenso eilig wie die Händler – neben den Briefträgern des Kaisers waren dies die Hauptbenutzer der römischen Straßen. Also galt die Devise: möglichst keine Umwege machen und daher eine Trasse ohne größere natürliche Hindernisse finden. Natürlich gingen auch die Römer nicht so weit, sogar einen Berg mit einer geraden Linie überwinden zu wollen (für den Führer eines einfachen Ochsenkarrens hätte dies definitiv das Ende aller Reisepläne bedeutet). Doch kamen sie mit weitaus weniger Serpentinen aus, als dies bei modernen Straßen der Fall ist. Auf den 1817 Meter hohen Malojapaß in Graubünden führen heute 22 Serpentinen, die Römer kamen mit drei Kurven aus. Solche hochalpinen Wege wurden von den Ingenieuren mit Geleisen und Querrinnen gesichert, um Wagen und Zugtieren mehr Halt zu bieten.

Kaiser Traian und der Fels von Terracina

Dem Prinzip des schnellen Weiterkommens sind einige technische Meisterleistungen der römischen Straßenbauer zu verdanken. Mit an der Spitze steht sicherlich ein Unternehmen beim Ausbau der *Via Appia* unter Kaiser Traian, der sich auch mit der unter seiner Ägide erfolgten Konstruktion einer Brücke über die Donau in die Geschichte der Technik eingeschrieben hat. Bei dem malerisch gelegenen Küstenort Terracina (dem antiken Anxur) stand ein Felsvorsprung einer bequemen und breiten Straßenführung im Wege. Da sich einem römischen Kaiser aber nichts in den Weg zu stellen hatte, wurde ein 38 Meter hohes Felsstück abgetragen, um den Verkehr zwischen der Klippe und dem Meer entlang leiten zu können. Die geplagten

Bauarbeiter mußten dabei erstens zum Ruhm Traians und zweitens zur Verbesserung der Verkehrsbedingungen Italiens 40 000 m^2 Gesteinsmassen bewegen. Von den Mühen zeugen noch heute in den Fels gemeißelte Marken, mit denen die Arbeiter die Fortschritte ihres Tuns festhielten. Im Abstand von je zehn römischen Fuß wurde die Höhe des Schnittes notiert. Die letzte Eintragung endet bei CXXVI – das sind 126 römische Fuß, also 38 Meter.

Anpassung ans Gelände

Wen es nicht anders ging, haben sich aber auch die Römer mit ihren Straßen dem Gelände angepaßt. In bergigen Regionen etwa führte die Route nicht, wie es technisch einfacher gewesen wäre, durch die Talsohlen, sondern an den Rändern der Täler entlang. Damit wollte man sumpfiges Gelände umgehen und zugleich die Gefahr von Überschwemmungen auf den Straßen minimieren. So läßt sich noch heute in manchen Gebirgsregionen ein schöner Kontrast zwischen dem römischen und dem modernen Verkehrswesen beobachten: Die aktuelle Route führt konsequent mitten durch das Tal, während die römische Vorgängerin, etwas darüber, brav den Windungen der Abhänge folgt.

Die Abrechnung des Eroticus

Breite Trassen, guter Belag, keine Überschwemmungen – Reisen auf römischen Straßen muß eine wahre Freude gewesen sein, sei es zu Pferd oder mit dem Wagen (das Angebot reichte hier von einem einfachen Viehgespann bis hin zur luxuriösen Staatskarosse). Überall gab es Gasthäuser, die zur Einkehr einluden. Ein Römer mit dem etwas verdächtigen Namen Lucius Calidius Eroticus hielt den Aufenthalt in einem Quartier bei Aesernia in Mittelitalien für so bemerkenswert, daß er seine Abreise auf einem Relief bildlich dargestellt hat. Auf einer zugehörigen Inschrift ist ein Dialog zwischen dem Gast und der Wirtin über die Abrechnung festgehalten. »Wirtin,« sagt Eroticus, »laß uns abrechnen.« Die Wirtin: »Ein *sextarius* (ca. 1/2 Liter) Wein, Brot – macht ein As. Zukost (Fleisch) – macht 2 Asse.« Eroticus: »Geht in Ordnung.« Die Wirtin: »Ein Mädchen – kostet 8 Asse.« Eroticus: »Geht auch in Ordnung.« Die Wirtin: »Heu für das Maultier: zwei Asse.« Der Gast: »Dieses Tier wird mich noch fertigmachen.«

Meilensteine

Unterwegs boten sich weitere Annehmlichkeiten – beispielsweise die typisch römischen Meilensteine, die denjenigen bei der Orientierung halfen, die nicht im Besitz einer der zahlreichen Straßenkarten (*Itinerarien*) waren. Meilensteine (bis zu drei Meter hohe Säulen auf viereckiger Basis) standen an allen großen Reichsstraßen im Abstand von einer römischen Meile (1 481,5 m) und informierten die Reisenden darüber, welche Distanz man bereits von Rom oder einer anderen großen Stadt zurückgelegt hatte. Wer Zeit hatte, konnte den Meilensteinen noch weitere Angaben entnehmen, zum Beispiel den Namen des Erbauers der Straße. Die römischen Kaiser nutzten das Medium Meilenstein zur Propaganda in eigener Sache: Gewissenhaft wurden hier Arbeiten zur Ausbesserung von Straßen notiert. Ein schönes Beispiel ist ein Meilenstein, der in der Nähe von Isny (Kreis Ravensburg) gefunden wurde und aus dem Jahr 201 n. Chr. stammt. Hier rühmt sich der Kaiser Septimius Severus, gemeinsam mit seinen Söhnen Caracalla und Geta die Straßen und Brücken in der Region repariert zu haben (wobei ihr aktiver Anteil an diesen Arbeiten sich in engen Grenzen gehalten haben dürfte). Und auch die eigentlich wichtige Information fehlt auf dem Stein nicht: 16 römische Meilen Entfernung vom Ort Cambodunum, dem heutigen Kempten.

Die Reise des Horaz

Also war das Reisen auf römischen Straßen tatsächlich das reinste Vergnügen? Zu etwas Skepsis mahnt einer der berühmtesten Reiseberichte der Antike, verfaßt von dem ebenfalls berühmten Dichter Horaz (65 – 8 v. Chr.). Im Jahre 37 v. Chr. unternahm er mit Freunden eine Reise auf der *Via Appia*, vom Ausgangspunkt Rom bis zum Endpunkt Brindisi. Die 14tägige Fahrt gestaltete sich partiell zu einer Tortur, was aber, wie man fairerweise hinzufügen muß, nicht in Gänze der »Königin der Straßen« zur Last gelegt werden kann, und die Tour des Horaz ist insofern auch kein Verdikt über die Leistungsfähigkeit des römischen Fernwegenetzes. Nicht auf das Konto der *Via Appia* geht es, wenn Horaz während der Reise an einer Augenentzündung litt, ein Wirt in Benevent beim Kochen fast seine Küche in Brand steckte oder der Dichter in seinem nächtlichen Quartier bei Trevicum vergeblich auf das Rendezvous mit einer schönen Unbekannten wartete. Mißtrauisch machen aber häufige Klagen über miserable Wegeverhältnisse, vor allem im zweiten Streckenabschnitt (»Besser ist am anderen Tag das Wetter, doch schlechter die Straße«). Und so ist die Erleichterung des Horaz mit Händen zu greifen, wenn er seinen Bericht mit den Worten abschließt: »Brindisi macht den Schluß des langen Gedichtes und des langen Weges.«

Der letzte Auftritt des Appius Claudius

Appius Claudius Caecus, der Pionier des römischen Straßenbaus, hatte die nach ihm benannte Straße nur bis nach Capua angelegt, war also nicht verantwortlich für jene Erweiterungsroute, die später den speziellen Unmut des Dichters Horaz hervorrief. Die Anlage der *Via Appia* ist als eine Glanzleistung in die römische Geschichte eingegangen und stellte ein Sprungbrett für die weitere Karriere des Appius Claudius dar. In der Folgezeit stieg er zum Konsul auf, erwarb sich auch diverse militärische Meriten. Unsterblich wurde er im Jahr 280 v. Chr. Der makedonische König Pyrrhos war nach Italien eingefallen, hatte die Römer in der Schlacht bei Herakleia besiegt. Die Senatoren zitterten und waren zu einem Friedensschluß bereit. Da ließ sich Appius Claudius, inzwischen alt und erblindet, mit einer Sänfte quer durch Rom ins Senatslokal tragen, flankiert von seiner gesamten Familie. Im Senat las er den ängstlichen Kollegen die Leviten – mit einer feurigen Rede, die noch Generationen später jeder kannte und die fast seine Leistung als Straßenbauer in den Schatten stellte. »Bisher machte mir«, überliefert Plutarch den Wortlaut der Ansprache, »nur der Verlust meiner Augen großen Kummer. Jetzt aber schmerzt es mich, daß ich neben meiner Blindheit nicht auch taub bin, sondern eure schändlichen Beschlüsse und Beratungen, die den Ruhm dieser Stadt völlig zerstören, anhören muß.«

Die Römer waren tief beeindruckt, zogen gegen den Eindringling ins Feld, der noch einige Pyrrhos-Siege errang und sich dann geschlagen aus Italien zurückzog. Italien war frei, und die Römer konnten sich anschicken, die Welt zu erobern und nach dem Vorbild des großen Appius Claudius Caecus überall die berühmten Römerstraßen anzulegen.

Sostratos

Griechischer Ingenieur, 3. Jahrhundert v. Chr.;
Pionierleistung: Konstruktion des Leuchtturms von Alexandria

Ziemlich am Anfang der griechischen Geschichte steht ein tragischer Fall von mißglückter Kommunikation. Hauptbeteiligte waren der legendäre Held Theseus und sein Vater Aigeus, der König von Athen. Nach dem Vorbild des Herakles vollbrachte Theseus eine Reihe von Großtaten. Seine Glanzleistung war die Ausschaltung des Minotauros, jenes gefährlichen Ungeheuers, halb Mensch, halb Stier, das auf der Insel Kreta hauste und dem die Athener alljährlich sieben Jungen und sieben Mädchen als Opfer darbringen mußten. Ariadne, die Tochter des kretischen Königs Minos, half dem Helden aus Athen mit dem nach ihr benannten Faden, nach vollbrachter Tat wieder aus dem Labyrinth des Minotauros herauszufinden. Außer dem frischen Ruhm nahm der dankbare Theseus auch Ariadne mit auf die Rückreise, ließ sie dann aber auf der Insel Naxos zurück, wo sie sich bald mit dem Gott Dionysos tröstete. Theseus aber segelte weiter Richtung Athen, wo sein Vater bereits sehnsüchtig nach ihm Ausschau hielt. Bei einem günstigen Ausgang des kretischen Abenteuers, so hatte man vereinbart, wollte Theseus als Signal für den Erfolg weiße Segel setzen. Wegen der Turbulenzen um Ariadne hatte er diese Übereinkunft jedoch völlig vergessen und näherte sich statt dessen mit schwarzen Segeln der Küste von Attika. Der wartende Vater Aigeus hielt seinen Sohn konsequenterweise für tot, stürzte sich voller Verzweiflung ins Meer und gab mit dieser für ihn selbst finalen Tat wenigstens jenem Teil des Mittelmeers den dauerhaften Namen *Aegaeis*.

Orientierung zur See

Zum Glück handelt es sich bei dieser dramatischen Geschichte nur um einen Mythos. Einen König Aigeus hat es ebensowenig gegeben wie einen Helden Theseus. Doch haben Mythen immer einen wahren Kern. Und neben vielem anderen zeigt die Theseus-Erzählung, daß die Griechen schon seit frühester Zeit bestrebt waren, Methoden der Kommunikation und der Information über größere Distanzen hinweg zu entwickeln. Und in historischer Zeit kam man auch schnell über das Segelsignal des Theseus hinaus. Meistens spielte dabei das Leuchtfeuer eine wesentliche Rolle. Schon die Epen Homers, in der zweiten Hälfte des 7. Jahrhunderts v. Chr. entstanden, enthalten dafür zahlreiche Belege. Da ist zum Beispiel die Rede von Signalfeuern, mit denen die Bewohner belagerter Städte die benachbarten Orte auf ihre Notsituation aufmerksam zu machen versuchten. Vor allem aber waren es die Seefahrer, für die in der Nacht Leuchtfeuer eine willkommene Orientierung darstellten – sei es, um auf einen Hafen hinzuweisen oder um auf gefährliche Klippen oder Strömungen an der Küste aufmerksam zu machen. So spricht Homer von auf Bergen entzündeten Feuern, »deren Glanz draußen im Meer den segelnden Schiffern erscheint«. Und der gestreßte Odysseus konnte sich auf seinen Irrfahrten wenigstens auf die Signalfeuer an der Küste verlassen: »Und in der zehnten Nacht erschien uns das heimische Ufer, so daß wir schon in der Nähe die Feuerwachen erblickten.« Doch waren diese frühen Anlagen nicht ganz ohne Tücken: Wiederholt wird davon berichtet, daß Piraten Leuchtfeuer an der Küste installierten, um dann jene Schiffe, die diesen vertrauensselig folgten, in aller Ruhe auszuplündern.

Ein Weltwunder wird geplant

Den technischen Standard dieser Signalfeuer wird man sich allerdings noch nicht als allzu entwickelt vorzustellen haben. Meistens handelte es sich dabei um einfache Säulen mit offenem Feuer, das aufmerksames Wartungspersonal ständig zu kontrollieren hatte. Die eigentliche Revolution auf diesem Gebiet fand – wieder einmal – in der innovativen Zeit des Hellenismus statt, und den Vorreiter spielte auch hier die Stadt Alexandria, die Metropole der Ptolemäerkönige in Ägypten. Hier entstand zwischen 299 und 279 v. Chr. der berühmteste Leuchtturm der Antike, von dem die Zeitgenossen so beeindruckt waren, daß ihn manche zu den Sieben Weltwundern zählten. Auftraggeber und Initiator war König Ptolemaios I., die Durchführung und Vollendung erfolgte unter seinem Nachfolger Ptolemaios II.

Das ehrgeizige Unternehmen, das sich die Könige vorgenommen hatten, war durchaus kein bloßes Prestigeobjekt. Der Hafen von Alexandria war einer der größten Umschlagplätze für Waren in der gesamten antiken Welt. Angelaufen wurde er nicht nur von Schiffen aus dem Mittelmeer, auch Händler aus Indien und Arabien fuhren durch den Kanal vom Roten Meer zum Nil und dann weiter nach Alexandria. Ein solch prominenter Hafen, erkannten die Herrscher von Ägypten, mußte der Seefahrt alle nur erdenkliche Sicherheit bieten. So entstand die Idee von einem Leuchtturm, wie ihn die Welt noch nicht gesehen hatte.

Ein Ingenieur aus Knidos

Aber wer sollte das ehrgeizige Werk ausführen? Die Wahl der Könige fiel auf den Ingenieur und Architekten Sostratos. Dieser stammte aus der in Kleinasien gelegenen Stadt Knidos, bis dahin vor allem bekannt als die Heimat des berühmten Mathematikers Eudoxos. Sostratos hatte sich bereits einen Namen gemacht durch Bauten sowohl

Leuchtturm von La Coruña

in Knidos (hier konstruierte er eine auf Arkaden ruhende Promenade) als auch besonders im griechischen Kultzentrum Delphi. 20 Jahre lang arbeitete der Ingenieur aus Knidos an dem Projekt *Leuchtturm von Alexandria*. Und was er schuf, war fast ein Werk für die Ewigkeit: Der Turm versah seine hilfreichen Dienste für die Schiffahrt über 1 500 Jahre lang, bis er 1326 durch ein Erdbeben zerstört wurde.

Wie ein Weltwunder funktioniert

Obwohl von dem Wunderwerk des Sostratos heute nichts mehr zu sehen ist, läßt sich sein Aussehen und seine Funktionsweise aus den Angaben antiker Quellen einigermaßen zuverlässig rekonstruieren. Der Turm stand auf der Alexandria vorgelagerten Insel Pharos, die bereits der Stadtgründer Alexander der Große durch einen Damm mit dem Festland hatte verbinden lassen. Der Name dieser Insel wurde in der Antike zum Synonym für »Leuchtturm« – sowohl bei den Griechen als auch später bei den Römern, und noch heute heißt (wenn man den Bogen zur Gegenwart schlagen will) »Leuchtturm« im Italienischen *faro*. Das wird Sostratos aber nicht alles vorausgeahnt haben, ihm ging es in erster Linie darum, seine königlichen Auftraggeber zufriedenzustellen. Und dies ist ihm auch gelungen: Der Ingenieur aus Knidos erhielt Zugang zum engeren Hofzirkel des ägyptischen Königs und wurde von diesem sogar mit diplomatischen Missionen betraut. Ein besonderes Privileg aber war es, daß ihm der König erlaubte, seinen eigenen Namen auf dem Bauwerk anzubringen – monarchische Sponsoren pflegten sonst architektonischen Ruhm für sich allein zu reklamieren.
Der Turm hatte eine Höhe von etwa 110 Metern. Er besaß drei Stockwerke, das mittlere war achteckig, das obere rund. Gekrönt wurde das Bauwerk von einer Statue, wahrscheinlich des Meeresgottes Poseidon. In der obersten Etage befand sich die Feuerungsanlage. Hier wurde in einem Ofen harziges Holz verbrannt. Die Signalwirkung des Feuers wurde durch ein System von großen Hohlspiegeln verstärkt, die den Schein des Feuers reflektierten. Auf diese Weise war der Pharos von Alexandria über eine Entfernung von rund 50 Kilometern zu sehen und signalisierte den Seefahrern also bereits aus einer großen Distanz, wo sich der sichere Hafen befand. Allerdings gab es ein Problem, mit dem wohl auch der geniale Sostratos nicht gerechnet hatte. Wie der römische Schriftsteller Plinius der Ältere mitteilt, sorgte das Feuer des Leuchtturms bei manchen Schiffen für Verwirrung, weil sie es für das Funkeln von Sternen hielten: »Die Flammen,« so erklärt Plinius, »haben aus der Ferne ein ähnliches Aussehen«.

Leuchttürme bei den Römern

Das war aber nur ein kleiner Schönheitsfehler. Die kühne Konstruktion des Sostratos machte bald Schule und fand dementsprechend viele Nachahmer. Vor allem die römischen Kaiser sorgten dafür, daß die Häfen des Imperiums mit leistungsfähigen Leuchttürmen ausgestattet wurden. Augustus (27 v. Chr. – 14 n. Chr.) baute im Kriegshafen von Ravenna einen Leuchtturm, von dem allerdings nicht viel bekannt ist. Etwas genauer ist man über eine Anlage informiert, die Kaiser Caligula (37–41 n. Chr.) im heutigen Boulogne-sur-Mer in Nordfrankreich errichten ließ. Nach dem Biographen Sueton handelte es sich dabei »um einen sehr hohen Turm, auf dem nachts, wie auf dem Turm von Pharos, Feuer leuchten sollten, um den Schiffen den Weg zu weisen«. Caligulas Werk hielt sogar noch länger als das des Sostratos: Erst 1644 stürzte der Turm aufgrund von Felsunterwaschung ein. Nach Augenzeugenberichten hatte er die Form einer polygonalen Pyramide mit 12 Etagen, und er soll eine Höhe von 60 Metern erreicht haben (manche sprechen bescheidener von 35 Metern). Sein Nachfolger Claudius (41–54 n. Chr.) baute Ostia zu einem großen Handelshafen aus und vergaß dabei selbstverständlich nicht einen imposanten Leuchtturm. Wie groß der dabei betriebene Aufwand war, bezeugt erneut Sueton: »Bei der Hafeneinfahrt, wo der Grund schon ziemlich tief ist, ließ er eine Bastion vorbauen. Um dafür ein um so sichereres Fundament zu legen, ließ er vorher ein Schiff versenken, auf dem ein großer Obelisk aus Ägypten transportiert worden war [*es handelt sich dabei um jenen Obelisken, der heute auf dem Petersplatz in Rom steht*]. Darauf rammte er Pfeiler hinein und errichtete nach dem Beispiel des Pharos von Alexandria einen sehr hohen Turm, damit die Schiffe an dessen Feuer bei Nacht ihren Kurs ausrichten konnten.« Was die Haltbarkeitsdauer von römischen Leuchttürmen angeht, so steht allerdings der Turm im spanischen La Coruña einzigartig da: Dieses 40 Meter hohe Dokument römischer Signaltechnik, entstanden in der Regierungszeit des – ebenfalls aus Spanien stammenden – Kaisers Traian (98–117 n. Chr.), ist noch heute in Betrieb (selbstverständlich mit einer gegenüber der Antike etwas modernisierten Signalanlage).

Übermittlung von Nachrichten

Die antike Signaltechnik beschränkte sich freilich nicht auf die Erfordernisse der Seefahrt. Immer ging es auch darum, die Übermittlung von Nachrichten zu perfektionieren, und dies vor allem im militärischen Kontext. Während kriegerischer Auseinandersetzungen waren Feuerzeichen ein probates Mittel der Verständigung. So wollte etwa der persische General Mardonios nach der Schlacht von Salamis (480 v. Chr.) seinem im kleinasiatischen Sardes weilenden König Xerxes die Nachricht von der Einnahme Athens mit einer Kette von Leuchtzeichen übermitteln. Auch die Griechen operierten während der Perserkriege mit diesem Instrument. Und nicht viel anders arbeiteten in der römischen Kaiserzeit die Besatzungen in den Wachttürmen am Limes, der Grenze zwischen dem Römischen Reich und den »Barbaren«. Allein am obergermanisch-rätischen Limes im Vorfeld zwischen Rhein und Donau befanden sich auf einer Distanz von 500 Kilometern mehr als 900 Wachttürme. Ihre Aufgabe bestand darin, gegnerische Truppenbewegungen zu registrieren und diese sofort den im Hinterland gelegenen Kastellen zu melden. Aus diesem Grund mußten sowohl die Wachttürme untereinander als auch die Türme zu den Kastellen Sichtkontakt haben. Ereignete sich ein nächtlicher Angriff, wurde durch eine herausgehaltene Fackel Alarm gegeben. Nicht immer gestattete aber das unwirtliche Klima in den Wäldern Germaniens diese Art der optischen Zeichengebung. So bediente man sich auch akustischer Signale, wie es einzelne Funde von Blasinstrumenten am Limes nahelegen (wenn man nicht unterstellen will, daß es sich dabei um Dokumente römischen Musizierens in den Grenzregionen des Reiches handelt). Ein relativ simples Mittel der Nachrichtenübermittlung bezeugt ferner die Traianssäule in Rom, deren Reliefs Szenen aus den Dakerkriegen des Kaisers Traian enthalten. Hier sind neben einem Turm Stroh- und Holzhaufen zu erkennen, mit denen Rauch- oder Feuersignale wohl auch über größere Entfernungen gegeben werden konnten. Daß sich auch ein römischer Kaiser auf diese Weise auf den neuesten Stand der Dinge bringen ließ, beweist das Beispiel des Tiberius (14 – 37 n. Chr.), der sich von seinem Refugium auf der Insel Capri aus Informationen vom gegenüberliegenden Festland übermitteln ließ. Sueton schreibt dazu: »Vom höchsten Punkt der Insel hielt er immer wieder Ausschau nach Signalen, die ihm aus der Ferne gegeben werden sollten, wie er angeordnet hatte, damit die Nachrichten nicht so lange auf sich warten ließen, je nachdem, wie und was sich zugetragen hatte.«

Schwächen der Signaltechnik

Diese Form der Kommunikation hatte freilich einen nicht unerheblichen Mangel: Mit Feuer- oder Rauchzeichen konnte nur eine bestimmte, zwischen den Signalpartnern vorher vereinbarte Information übermittelt werden. Komplexere Sachverhalte waren mit dieser Methode nicht zu transportieren. Als Theseus sah, wie sich sein Vater ins Wasser stürzte, hätte er sicher gerne über die Gelegenheit verfügt, die Dinge richtig zu stellen. Die Soldaten am Limes konnten auch nur mitteilen, *daß* Gefahr im Verzug war – von welcher Art sie war, entzog sich den Möglichkeiten eines Lichtsignals. Und was Tiberius auf den Bergen Capris erfuhr, war sicher nicht geeignet, als Grundlage für schwierige Regierungsentscheidungen zu dienen.

Die Konstruktion des Aineias Taktikos

Diese offenkundige Schwäche der vorhandenen Informationstechnik stellte für einige kluge Geister der Antike eine echte Herausforderung dar. Es müßte, so dachten sie sich, doch machbar sein, umfangreichere oder vorher nicht verabredete Mitteilungen über größere Distanzen zu übertragen. Dabei wurden einige bemerkenswerte Ideen entwickelt. Federführend war dabei bereits im 2. Jahrhundert v. Chr. der Grieche Polybios. Bekanntgeworden ist er als der Verfasser eines Geschichtswerkes, in dessen Mittelpunkt der Aufstieg Roms zur dominierenden Macht in der Mittelmeerwelt stand. Von Haus aus war Polybios aber Politiker und Militär, und er war der Überzeugung, daß die Kenntnis der Geschichte dazu dienen könne, den Regierenden und den Feldherrn ihre Arbeit zu erleichtern. Und so fühlte er sich auch berufen, in sein Geschichtswerk immer wieder praktische Ratschläge einzustreuen. Besondere Kopfschmerzen bereiteten Polybios bei seinem Gang durch die Geschichte die unzureichenden Signalsysteme, die man im Krieg anwandte. Weil die Zeichensprache so einfach war, klagt Polybios, erfüllten die Signale häufig nicht ihren Zweck. »Daß zum Beispiel Bürger zum Feind übergehen und die Stadt verraten wollen oder daß Mord und Totschlag in der Stadt herrschen und ähnliche Dinge mehr, die oft genug vorkommen, die man aber nicht vorhersehen kann – in all diesen Fällen versagte das hergebrachte System.«

Anerkennung zollt Polybios dem Erfindergeist seines Kollegen Aineias mit dem bezeichnenden Beinamen *Taktikos*, einem griechischen Militärschriftsteller des 4. Jahrhunderts v. Chr. Dieser hatte in seiner Tüftlerwerkstatt ein zwar etwas kompliziertes, dennoch aber höchst beeindruckendes Medium der Kommunikation entworfen. Das Modell des Aineias funktionierte auf folgende Weise: Man nehme für den Empfänger und für den Sender der Nachrichten zwei absolut identische Gefäße aus Ton, von gleicher Weite und Höhe. Dazu nehme man zwei Korken, etwas schmaler als die Öffnung der Gefäße. In der Mitte der Korken befestige man Stäbe, abgeteilt in gleichen Abständen von je drei Finger Breite, mit einer deutlich erkennbaren Abgrenzung der Teile voneinander. Auf die Felder schreibe man nun, was im Krieg so alles passieren kann, also auf das erste Feld etwa »Einfall von

Reitern in das eigene Territorium«, auf das zweite »schwere Infanterie«, auf das dritte »Leichtbewaffnete«, auf das vierte »Infanterie und Kavallerie«, auf das nächste »Schiffe«, dann »Korn«, und so weiter, »bis auf allen Feldern der Stäbe jene kriegerischen Ereignisse verzeichnet sind, die nach der Wahrscheinlichkeit oder nach Lage der Dinge am ehesten zu erwarten sind oder eintreten können.« Jetzt bohre man in beide Gefäße Löcher von identischer Größe, so daß sie den gleichen Abfluß haben. Dann fülle man sie mit Wasser, lege die Korken mit den Stäben darauf und lasse das Wasser gleichzeitig durch die Korken abfließen. Dabei achte man darauf, daß in demselben Maße, wie das Wasser abfließt, die Korken absinken und die Stäbe mehr und mehr von den Wänden der Gefäße verdeckt werden.
Waren diese Vorbereitungen abgeschlossen, konnten nach den Vorstellungen des Aineias Taktikos Sender und Empfänger nun zur Sache kommen. Tritt eines von den auf der Skala verzeichneten Ereignissen ein, gibt einer der Signalpartner ein Feuerzeichen und wartet, bis der andere ebenfalls per Feuer Antwort gibt. Sind die Feuerzeichen gleichzeitig sichtbar geworden, sollen beide Partner das Wasser sofort durch die Löcher abfließen lassen. Hat der Korken die Fläche mit der aktuell relevanten Nachricht erreicht, gibt der Sender wieder per Fackel ein Signal. Der Empfänger muß dann nur noch nachschauen, an welcher Stelle der Korken auf seinem Gefäß stehenbleibt. »Das«, so beschließt Polybios den Bericht über die innovative Idee des Aineias Taktikos, »ist dann die Nachricht, die übermittelt werden soll, sofern sich auf beiden Seiten alles mit derselben Geschwindigkeit vollzogen hat.«
Nach Ansicht des Polybios hat die Sache jedoch zwei Haken. Erstens: Es geschehen immer Dinge, die nicht vorauszusehen sind, und so können auf den Stäben gar nicht alle Eventualitäten eines Krieges verzeichnet werden. Und zweitens: Die Nachrichten auf dem Apparat des Aineias sind nicht exakt genug. So steht dort nicht, wieviele Reiter eingefallen sind, man erfährt nicht, wie es um das Getreide steht und so weiter.

Das Modell des Polybios

In aller Bescheidenheit präsentiert Polybios dann sein eigenes Modell einer modernen Nachrichtentechnik, wobei er so aufrichtig ist zuzugeben, daß er sich von den Forschungen von Kollegen hat inspirieren lassen. Es handelt sich dabei um nicht weniger als den ersten Fackeltelegraphen der Geschichte mit eingebautem Buchstabencode. Dafür wurden Sender und Empfänger mit jeweils fünf Tafeln ausgestattet. Auf jeder Tafel standen, in der Reihenfolge des Alphabets, fünf Buchstaben – also auf der ersten Tafel die griechischen Buchstaben Alpha, Beta, Gamma, Delta, Epsilon, auf der zweiten Zeta, Eta, Theta, Iota, Kappa usw. Wollte der Sender nun eine Nachricht an den Empfänger schicken, signalisierte er zunächst per Fackelzeichen, auf welcher Tafel der erste Buchstabe der Nachricht zu finden war. Eine Fackel bedeutete: Tafel 1, zwei Fackeln verwiesen auf Tafel 2 usw. In einem zweiten Schritt standen wiederum fünf Fackeln bereit, um auf den jeweiligen Buchstaben der durch das erste Fackelzeichen bestimmten Tafel zu verweisen. Eine Fackelkombination 1 und 3 bedeutete daher den Buchstaben Gamma. Auf diese Weise wurde Buchstabe für Buchstabe zu der gewünschten Nachricht zusammengesetzt.

Das war nicht gerade ein schnelles Verfahren, und so empfiehlt Polybios, die Botschaften möglichst kurz zu fassen. Wollte man zum Beispiel mitteilen »Eine Anzahl von Soldaten, an die 100, sind von uns zum Feind übergegangen«, so sollte man dies reduzieren auf »Kreter sind 100 von uns übergelaufen« – das sparte Zeit und Fackeln. Das »K« für die Kreter stand auf Tafel 2 (also hob der Sender zunächst zwei Fackeln), und auf der Tafel 2 war es der fünfte Buchstabe (also hob der Sender dann fünf Fackeln). Und so ging es weiter, bis der Empfänger die gesamte Nachricht entschlüsselt hatte.

»Mit diesem Verfahren«, bilanziert Polybios stolz, »kann man alles, was sich ereignet, mit völliger Sicherheit mitteilen.« Fraglich ist allerdings, ob dieses ausgeklügelte Verfahren jemals in der Praxis zur Anwendung gelangt ist. In den Quellen gibt es keinen Hinweis dafür. Es war ja auch eine sehr zeitraubende Methode, und wenn die Besatzung eines Limesturmes auf diese Weise telegraphierte »Barbaren rücken mit etwa 50 Mann an«, dann konnte es sein, daß bei Ende der Nachricht dieser Trupp schon längst die Grenzhindernisse überwunden hatte. Also hielt man sich wahrscheinlich weiterhin an die überkommenen Feuer- und Rauchzeichen. Polybios selbst hat wohl geahnt, daß das Ganze etwas zu aufwendig und anspruchsvoll war. Und so verhallte auch seine gutgemeinte Mahnung ungehört, mit der er die Präsentation seiner signaltechnischen Überlegungen abschloß: »Man darf sich durch anfangs auftretende Probleme von keiner nützlichen Sache abschrecken lassen, sondern man muß eifrig üben, wodurch der Mensch sich alle schönen Fertigkeiten zu eigen machen kann, besonders bei solchen Dingen, von denen oftmals das Wohlergehen abhängt.«

Archimedes

Griechischer Wissenschaftler, um 287 – 212 v. Chr.;
Pionierleistung: diverse physikalische und mathematische Entdeckungen

Was hätte Archimedes auf die Frage nach seinem Beruf geantwortet? Vielleicht »Mechaniker«? Immerhin hat er, vor allem für militärische Zwecke, einige Maschinen konstruiert, und da der Begriff »Mechanik« vom griechischen *mechané* »Maschine« abgeleitet ist, wäre das keine schlechte Antwort gewesen. Oder etwa »Mathematiker«? Schließlich verdankt ihm die Mathematik wesentliche Einsichten und Erkenntnisse. Doch für den antiken Griechen war die Mathematik mehr als die Beschäftigung mit Zahlen und Figuren. Das Wort *máthema* hatte für ihn die allgemeine Bedeutung von »Wissen« (die ganz genaue Übersetzung lautet: »das Gelernte«). Daß er eine Menge gelernt hatte und demzufolge auch viel wußte, war Archimedes klar. Aber mit dem ursprünglichen Sinn der Bezeichnung »Mathematiker« hätte er seine vielfältigen Aktivitäten wahrscheinlich nicht hinreichend gewürdigt gesehen. Also »Techniker«? Nach neuzeitlichem Verständnis war Archimedes zweifellos auch ein Techniker. Und dennoch hätte er auch zu dieser Berufsbezeichnung nicht sein Einverständnis gegeben. Die Technik – bzw. die *techné* – war für die Griechen zunächst einmal nur das Können und die Geschicklichkeit an sich, ohne Bezug auf eine konkrete Tätigkeit. So bleibt eigentlich nur noch der »Physiker« – so bezeichneten die Griechen jemanden, der sich um die Erforschung der *physis* kümmerte, das heißt: um die Natur an sich, im weiteren Sinne um die Ordnung und die Beschaffenheit der Welt und der Dinge in dieser Welt. Das hat Archimedes nun ausgiebig getan, und so schreiben wir also auf die Visitenkarte dieses großen Gelehrten: »Archimedes, Physiker«.

Die Heimat Syrakus

Auf eine Visitenkarte gehört wohl auch der Wohnort. In dieser Beziehung konnte Archimedes auf eine sehr vornehme Adresse verweisen: Syrakus auf der Insel Sizilien. Als Archimedes geboren wurde, war die Stadt schon gut 450 Jahre alt. 734 v. Chr. war sie als griechische Kolonie von der reichen Handelsstadt Korinth gegründet worden. Regiert wurde Syrakus (abgesehen von einigen demokratischen Zwischenspielen) meist von Tyrannen, unter ihnen eine solch bekannte Persönlichkeit wie Dionysios I. (405 – 367 v. Chr.), der sich auf Sizilien gegen die konkurrierende Großmacht Karthago durchsetzen konnte und die Herrschaft der Syrakusaner bis nach Süditalien ausdehnte. Unter Dionysios und seinen Nachfolgern wurde Syrakus zu einer nicht nur politisch, sondern auch wirtschaftlich und kulturell bedeutenden Metropole im westlichen Mittelmeerraum.

Flexible Politik

Als Archimedes in Syrakus lebte und wirkte, wurde die Stadt von König Hieron II. regiert. Dieser zeichnete sich politisch durch eine, wenn man es freundlich ausdrücken will, bemerkenswerte Flexibilität aus. Erst zettelte er 264 v. Chr. den Ersten Punischen Krieg an, die große Auseinandersetzung zwischen Rom und Karthago. Dann setzte er zunächst auf die falsche politische Karte und unterstützte die Karthager. Als er seinen Irrtum bemerkte, wandelte er sich zu einem loyalen Bündner der siegreichen Römer, die nicht nachtragend waren und Hieron in seiner Herrschaft beließen.

Alexandria und die Locke der Berenike

Seiner Karriere als Wissenschaftler hat es Archimedes nicht geschadet, daß er mit dem König Hieron verwandt und, was daraus nicht notwendig folgen muß, sogar befreundet gewesen ist. Er stammte also aus besseren Kreisen (sein Vater Pheidias war bei Hieron als Hofastronom angestellt), und das gab ihm die Möglichkeit, sich voll und ganz seinen Forschungen zu widmen, ohne sich um sein materielles Auskommen sorgen zu müssen. Die meiste Zeit seines Lebens verbrachte Archimedes in der angenehmen und inspirierenden Atmosphäre seiner Heimatstadt Syrakus. Nur einmal hielt er sich für längere Zeit im Ausland auf – in Alexandria, dem Mekka aller Gelehrten. Hier machte er unter anderem die Bekanntschaft des Astronomen und Mathematikers Konon. Über diesen damals sehr prominenten Forscher würde heute wohl kaum noch jemand sprechen, hätte er nicht Anlaß gegeben zu einem der bekanntesten literarischen Motive der Antike, der »Locke der Berenike«. Die Locke gehörte zur Ehefrau des ägyptischen Königs Ptolemaios III. Als dieser 246 v. Chr. gegen die Syrer in den Krieg zog, gelobte Berenike, bei einer glücklichen Heimkehr des königlichen Ehemannes als Geste der Dankbarkeit eine ihrer Locken in einem Tempel zu deponieren. Ptolemaios kam unversehrt zurück, die Königin erfüllte das Gelübde, doch bald war die Locke aus dem Tempel verschwunden. Die etwas peinliche Angelegenheit löste Konon, der Freund des Archimedes, in kosmischer Weise: Er entdeckte die verloren geglaubte Locke am Sternenhimmel wieder, zwischen Löwe, Jungfrau und einem Stern, den die Griechen *Boótes* (Ochsentreiber) nannten. Sofort stürzten sich die antiken Dichter auf diese schöne Geschichte, ihre kanonische Form hat sie bei dem römischen Dichter Catull (1. Jahrhundert v. Chr.) erhalten.

Das archimedische Prinzip

Archimedes dürfte zum Zeitpunkt der Lockenaffäre nicht mehr in Alexandria gewesen sein. Doch werden ihm seine Erfahrungen in der ägyptischen Metropole geholfen haben, als er sich in der Heimat nun anschickte, zum führenden Mathematiker und Physiker seiner Zeit aufzusteigen. Die Liste seiner Innovationen ist ebenso lang wie deren Qualität beeindruckend ist. Wer kann schon für sich in Anspruch nehmen, als Namengeber eines *Prinzips* verewigt worden zu sein? Archimedes ist diese Ehre zuteil geworden. Er ist der Erfinder des heute noch gültigen archimedischen Prinzips vom Auftrieb schwimmender Körper (oder, wie die Experten sagen, vom »hydrostatischen Druck«). In einer seiner Schriften hat Archimedes seine Entdeckung so formuliert: »Ein Körper taucht in eine spezifisch schwere Flüssigkeit so weit ein, daß die von ihm verdrängte Flüssigkeitsmenge so schwer ist wie der ganze Körper.« Seit Archimedes war es also kein Rätsel mehr, warum schwere Schiffe auf dem Wasser schwimmen können.

Heureka

Wie ist Archimedes auf das archimedische Prinzip gekommen? Antike Schriftsteller haben dafür eine vielzitierte Anekdote parat. Demnach hatte der Gelehrte seine Eingebung während eines Aufenthaltes in der Badewanne. Anders als ein badender Normalbürger nutzt ein Forschertyp wie Archimedes die Zeit zu empirischen Studien. Und so bemerkte Archimedes, daß, je tiefer er seinen Körper eintauchte, desto mehr Wasser verdrängt wurde. Unbestätigten Nachrichten zufolge soll er dann, voller Begeisterung über seine Beobachtung, aus der Wanne gesprungen und völlig unbekleidet durch die Stadt gelaufen sein und dabei immer wieder, als Grieche natürlich in griechischer Sprache, *heureka* (»Ich habe es gefunden«) gerufen haben.

Stimmt diese berühmte Anekdote? Der griechische Schriftsteller Plutarch erzählt, Archimedes sei immer so in Gedanken versunken gewesen, daß er regelmäßig die üblichen Verrichtungen des Alltags, wie Essen und Baden, vergessen habe. Wie kam Archimedes dann in die Badewanne? Plutarch hat die beruhigende Lösung: Er wurde von Freunden mit Gewalt dazu gebracht, sich zu salben und zu baden.

Diese Zeit nutzte der Forscher laut Plutarch dann dazu, geometrische Figuren auf die Kohlebecken zu malen und mit dem Finger Linien zu ziehen.

Die goldene Krone des Königs Hieron

Vielleicht ist der unbekleidete Gelehrte geradewegs zu seinem Freund, dem König Hieron, gelaufen. Denn dieser hatte ein ganz praktisches Problem, das Archimedes mit Hilfe des von ihm entdeckten Prinzips gelöst hat. Der Herrscher hatte bei einem Goldschmied eine neue Krone erworben. Allerdings hatte er den Juwelier im Verdacht, ein betrügerisch veranlagter Vertreter seines Fachs zu sein und der Krone Silber beigemischt zu haben. Archimedes konnte diesen Verdacht im Experiment bestätigen. Alles, was er dazu brauchte, war ein Wasserbecken. Er ließ die Krone ins Wasser tauchen, stellte die von ihr verdrängte Wassermenge fest und verglich diese dann mit jenem Volumen an Wasser, das Silber- und Goldklumpen von gleichem Gewicht verdrängten. Die jeweilige Wassermenge erwies sich als identisch. Der Goldschmied war als Betrüger überführt und dürfte seine Stellung als königlicher Hoflieferant verloren haben.

Die archimedische Schraube

Der Name des Archimedes ist nicht nur mit einem Prinzip verbunden, sondern auch mit einer Schraube bzw. mit einer Schnecke. Dabei handelt es sich um eine Konstruktion zur Hebung von Wasser (ein Element, das es dem Gelehrten offenbar angetan hatte). Sie funktionierte auf die Weise, daß mit Hilfe eines Systems von Schrauben-

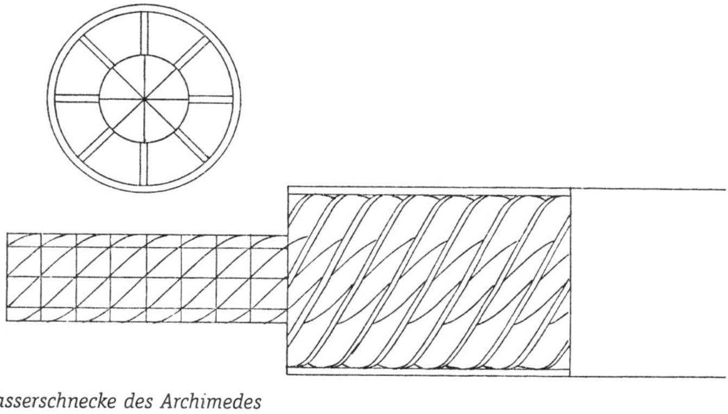

Wasserschnecke des Archimedes

windungen Wasser auf eine Höhe von zwei Metern gehoben werden konnte. Die archimedische Schraube konnte viele gute Dienste leisten, zum Beispiel bei der Be- und Entwässerung in der Landwirtschaft oder bei der Trinkwasserversorgung.

»Gib mir einen Punkt...«

Seine Schraube soll Archimedes auch auf einem Luxusschiff seines Freundes Hieron installiert haben, und dies zu dem Zweck, bei Bedarf und im Notfall Wasser aus dem Innenraum zu pumpen. Das Schiff des Hieron stellte alles in den Schatten, was die antiken Reedereien bis dahin an Wasserfahrzeugen produziert hatten. Es hatte gigantische Ausmaße – seine Kapazitäten waren darauf ausgerichtet, sämtliche auswärtige Bündner Hierons mit dem begehrten sizilischen Getreide zu versorgen. Dazu verfügte es über üppig ausgestattete Wohnräume und bot sogar Platz für eine militärische Eskorte. An alles hatte man gedacht – nur nicht daran, daß fast alle Häfen des Mittelmeeres zu klein waren, um einen solchen schwimmenden Palast aufzunehmen. Nur der Hafen von Alexandria war groß genug, und so tat Hieron schließlich das einzig Richtige und schenkte sein Luxusobjekt dem König von Ägypten.
Doch bevor dies geschehen konnte, war ein nicht unbedeutendes Problem zu lösen: Wie sollte man diesen schweren Giganten überhaupt zu Wasser bringen? Dazu hätten wahrscheinlich nicht einmal die vereinten Körperkräfte aller Bewohner von Syrakus ausgereicht. Aber wozu hatte Hieron einen Archimedes? Dieser hatte sich ausgiebig mit den Fragen von Gleichgewichtsverhältnissen und Hebelwirkungen beschäftigt. Als Ergebnis des Nachdenkens präsentierte der Wissenschaftler einen Flaschenzug. Ganz allein vollzog Archimedes mit Hilfe dieses Flaschenzuges den Stapellauf des Superschiffes, »indem er,« wie Plutarch bekundet, »ohne Hast, nur sanft mit der Hand am Ende des Flaschenzuges zog, so daß das Schiff ruhig und ohne Schwanken auf ihn zukam«. Und dabei sprach er, an Hieron gewandt, die denkwürdigen Worte: »Gib mir einen Punkt, wo ich stehen kann, und ich werde die ganze Erde bewegen.« Das klang zwar einigermaßen überheblich, wenn nicht gar blasphemisch, doch die Erfolge des Archimedes sprachen für sich.

Theorie und Praxis

Der Kronentest, die Entwicklung einer Pumpschraube und die Rettung des Stapellaufes mittels des Flaschenzuges können zu der Vermutung Anlaß geben, Archimedes sei der Protagonist einer anwendungsorientierten Naturwissenschaft und Technik gewesen. Wenn man Plutarch glauben will, lag Archimedes jedoch nichts ferner, als seine Erfindungen und Entdeckungen zum Segen und Nutzen der Menschheit einzusetzen. Die Beschäftigung mit der Mechanik und überhaupt jeder praktischen Wissenschaft sah er, nach Plutarch, »als niedrig und gemein an und setzte seinen Ehrgeiz allein an das, dem das Schöne und Hohe zueigen ist, ohne einem Zwang unterworfen zu sein«. Wahrscheinlich hat der feinsinnige Literat Plutarch doch ein zu idealisiertes Bild von Archimedes entworfen. Er rekapituliert hier uralte Vorurteile aristokratisch-bürgerlichen Denkens in Griechenland, wonach sich derjenige gesellschaftlich deklassiert, der einer praktischen Tätigkeit nachgeht und damit womöglich noch Geld verdient. Als standesgemäß galt solchen Stimmen eine gehobene, vornehm-zurückhaltende Existenz auf der ökonomischen Basis des Großgrundbesitzes. Wer, womöglich noch gegen Bezahlung, arbeitete, galt schlichtweg als ein »Banause« (was ursprünglich den »Ofenarbeiter« bezeichnete).

Archimedes, der Mathematiker

Archimedes als einen Banausen zu bezeichnen, geht nun aber entschieden zu weit (und Plutarch hat das ja auch energisch bestritten). Allerdings ist es wohl zutreffend, daß für ihn der praktische, möglicherweise auch finanziell verwertbare Nutzen seiner physikalischen, mechanischen und mathematischen Studien nur von zweitrangiger Bedeutung gewesen ist. In erster Linie war Archimedes Theoretiker, und seine praktischen Leistungen auf dem Gebiet der Physik, der Mechanik und der Technik waren letztlich nur eine Ableitung bzw. eine Veranschaulichung seiner theoretischen Forschungen in der Mathematik. Wahrscheinlich hätte er sich gewundert, daß der Nachwelt gerade seine technischen und mechanischen Errungenschaften in Erinnerung geblieben sind. Doch hat er zum Ausgleich in jedem Buch, das sich mit der Geschichte der Mathematik beschäftigt, seinen festen Platz. Hier gilt er vor allem als der Vater der Infinitesimalrechnung. Furore machten auch seine Studien zum Verhältnis zwischen dem Umfang eines Kreises und seinem Durchmesser, den er mit dem griechischen Buchstaben *pi* kennzeichnete. Experten wissen, daß Archimedes sich den Kreis als ein 96Eck dachte und den Wert der Kreiszahl *pi* zwischen 3,141 und 3,142 fixierte.

Dunkle Wolken über Syrakus

Schon weit über 70 Jahre alt war Archimedes, als er in einer ganz ungeahnten Weise dann doch noch zu einem ausgesprochenen Praktiker werden sollte. Die Ursache dafür war die politische Gesamtlage.

Im Jahre 218 v. Chr. brach der Zweite Punische Krieg aus, eine weitere große Auseinandersetzung zwischen den Römern und den Karthagern, eröffnet durch den spektakulären Alpenübergang des Karthagers Hannibal. Bald erreichte der Krieg auch Sizilien. Mit der Atmosphäre der Ruhe und Beschaulichkeit, in der Archimedes seine wissenschaftlichen Höchstleistungen vollbracht hatte, war es jetzt vorbei. 215 v. Chr. starb Archimedes' Freund und Gönner, König Hieron, im Alter von 92 Jahren. Dessen Enkel und Nachfolger Hieronymos ließ sich von den Anfangserfolgen Hannibals in Italien blenden, kündigte das alte Bündnis mit Rom auf und schloß einen Vertrag mit dem karthagischen Feldherrn. Persönlich sollte ihm das nicht viel bringen, und auch für Syrakus endete dieser Seitenwechsel schließlich mit einer Katastrophe. Hieronymos wurde bereits nach 13monatiger Regierung ermordet. Und die Römer beschlossen, an Syrakus ein Exempel zu statuieren und aller Welt zu zeigen, was man als abtrünniger Partner riskiert.

Belagerung von Syrakus

Zu Beginn des Jahres 213 v. Chr. tauchten die römischen Legionen unter dem Kommando des ehemaligen Konsuls Claudius Marcellus vor Syrakus auf. Sofort machte man sich an eine doppelte Belagerung von der Land- und von der Seeseite her. Im Vertrauen auf ihre perfekte Militärmaschinerie glaubten die Römer, die Angelegenheit in ein paar Tagen erledigen zu können. Mit schwerem Belagerungsgerät rückten sie an die Stadtmauern von Syrakus vor. Doch dann erlebten sie eine böse Überraschung: Die Gegner verfügten über Abwehrwaffen, wie man sie bis dahin noch nie gesehen hatte. Die Verteidigung von Syrakus wurde zu einem Höhepunkt der antiken Militärtechnologie.
Verantwortlich dafür war niemand anders als Archimedes – in den Worten des römischen Historikers Livius, der einen detaillierten Bericht über die Vorgänge in Syrakus geliefert hat, »ein ehemaliger Beobachter des Himmels und der Gestirne, aber noch bewundernswerter als Erfinder von Kriegsgeschützen und Werkzeugen, mit denen er alles, was die Feinde erreichen wollten, verhindern konnte«. Archimedes konfrontierte die entsetzten Römer mit einem ganzen Arsenal an hochmodernen Abwehrwaffen, das deren Absicht, die Stadt schnell und routinemäßig zu erobern, zur Illusion werden ließ. Angeblich war es der umsichtige König Hieron gewesen, der noch zu Friedenszeiten seinen innovativen Freund dazu animiert hatte, den Elfenbeinturm der Theorie zu verlassen und seine Kenntnisse der Technik und der Mechanik zum Schutz der Heimatstadt einzusetzen.

Also hatte Archimedes in den Jahren vor dem Zweiten Punischen Krieg viel Zeit mit der Konstruktion ganz neuer Kriegsgeräte verbracht.

Ein Inferno für die Römer

Marcellus und seine bedauernswerten Legionäre bekamen nun das Ergebnis dieser Forschungen schmerzhaft zu spüren. Sie mußten erleben, wie von Katapulten, auf unterschiedliche Reichweiten eingestellt, gewaltige Steine »mit furchtbarem Sausen und unglaublicher Geschwindigkeit« (so Plutarch) in ihre Reihen geschleudert wurden. Sie hatten mit anzusehen, wie sich riesige Kräne hinter der Stadtmauer erhoben, Lasten auf die Schiffe warfen und – noch schlimmer – mit eisernen Greifhänden und Haken die Schiffe samt Besatzung einfach in die Luft hoben und sie dann senkrecht ins Meer stürzten. Marcellus und seine Leute ergriffen die Flucht, kamen wieder, wurden erneut mit einem Geschoßhagel empfangen. So aussichtslos war die Lage, daß die Römer nach den Worten Plutarchs glaubten, sie würden gegen Götter kämpfen (und nicht gegen die Apparate eines etwa 75jährigen Ingenieurs, der es sich nicht nehmen ließ, die Verteidigung seiner Heimatstadt persönlich zu leiten). Die Moral und die Psyche der Legionäre waren auf dem Tiefpunkt angelangt: Sah man auch nur ein Tau oder einen Balken über die Mauer hinausragen, dachte man gleich an den Einsatz einer neuen Höllenmaschine des Archimedes und lief davon. Könnte man doch nur, so flehten die Römer, den Syrakusanern den *einen* Mann wegnehmen. Aber solange es den einen Archimedes gab, war an eine Erstürmung der Stadt nicht zu denken.

Der Fall von Syrakus

Jetzt änderte Marcellus die Taktik und begann auf Zeit zu spielen. Ewig, so sein durchaus zutreffendes Kalkül, konnten sich die Syrakusaner ja nicht belagern lassen, und an einen Ausbruch war nicht zu denken. Also wartete man ab, hoffte auf Aushungerung oder auf einen Moment der Unachtsamkeit. Der sollte sich allerdings erst Monate später ergeben – die Belagerung von Syrakus zog sich, dank der Erfindungen des Archimedes, fast zwei Jahre lang hin. Dann feierten die eingeschlossenen Syrakusaner das Fest der Göttin Artemis und gaben sich dabei, wie Plutarch sagt, »dem Wein und dem Leichtsinn hin«. Die Römer nutzten die Chance und drangen unbemerkt in die Stadt ein. Jetzt hatten sie leichtes Spiel. Ohne Mühe bekamen sie Syrakus in ihre Hände. Wie später Scipio bei der Zerstörung von Karthago vergoß der Kommandeur Marcellus, erschüttert über das schlimme Schicksal des stolzen Syrakus, einige Tränen, dann gab er die Stadt zur Plünderung frei. Seitdem schmückten griechische Beutestücke aus Syrakus die Wohnzimmer und Parks vieler reicher Römer.

»Störe meine Kreise nicht«

Und was passierte mit Archimedes? Er kam bei der Eroberung seiner Heimatstadt ums Leben. Auf welche Weise dies geschehen ist, war selbst unter den antiken Schriftstellern umstritten. Plutarch bietet gleich drei Versionen an. Die erste (und bekannteste) behauptet, der Wissenschaftler habe sich beim Einfall der Römer gerade in seinem stillen Garten aufgehalten und sei, ohne etwas von der Tragödie zu bemerken, damit beschäftigt gewesen, geometrische Figuren in den Sand zu zeichnen. Ein Soldat spürte ihn auf, befahl ihm mitzukommen. Als Archimedes darauf bestand, erst seine Rechenaufgabe zu lösen, wurde der Soldat wütend und tötete ihn mit seinem Schwert. Zuvor aber nahm der Gelehrte die Gelegenheit wahr, sich im Zitatenschatz der Weltgeschichte zu verewigen – mit den klassischen, an den Soldaten gerichteten Worten *noli turbare circulos meos* (»Störe meine Kreise nicht«). Die zweite Version vom Tod des Archimedes ähnelt stark der ersten. Demnach trat der Soldat gleich mit der Absicht, den großen Gelehrten zu töten, vor Archimedes hin. Dieser bat darum, erst seine mathematische Aufgabe zu lösen, wurde aber sofort niedergehauen. Die dritte Version schließlich ist ganz anders: Archimedes sei ums Leben gekommen, als er durch Syrakus lief, bepackt mit allerlei astronomischen Instrumenten, Sonnenuhren, Globen und Quadranten (womit man die Größe der Sonne messen konnte). Diese habe er zu Marcellus tragen wollen. Soldaten hielten ihn auf, weil sie glaubten, in dem Kasten sei Gold, und beutegierig wie sie waren, beendeten sie mit einem Schwertstreich das Leben des großen Forschers.

Eine mathematische Grabstätte

Wie auch immer es sich wirklich verhalten haben mag – einhellig wird berichtet, daß Marcellus der Tod des Archimedes sehr nahegegangen ist (ob aus Mitgefühl, Respekt oder – pragmatischer – Ärger über die entgangene Gelegenheit, einen der besten Köpfe der Zeit für die Sache der Römer gewinnen zu können, mag dahingestellt sein). Jedenfalls soll er sich höchstpersönlich um eine würdige Bestattung gekümmert haben. Das Grab des Archimedes wurde in der Folgezeit zu einer Pilgerstätte. Man ehrte damit den großen Physiker, Mathematiker, Techniker und Mechaniker – aber auch den ruhmreichen

Verteidiger seiner Heimatstadt. Von seiner wissenschaftlichen Passion konnte Archimedes aber nicht einmal nach seinem Abschied aus dem Diesseits lassen. Schon lange vor seinem Tod hatte er seine Freunde wissen lassen, was dereinst auf seinem Grabstein dargestellt sein sollte: ein die Kugel einschließender Zylinder und darauf die Formel über das Verhältnis des umschließenden zu dem umschlossenen Körper.

Eratosthenes

Griechischer Wissenschaftler, um 284 – 202 v. Chr.;
Pionierleistung: Berechnung des Erdumfangs und Entwicklung einer Erdkarte

Sich auf vielen Gebieten auszukennen, ist an sich eine positive Eigenschaft. Doch man gerät dabei leicht in den Verdacht, auf keinem dieser einzelnen Gebiete ein wirklicher Experte zu sein. So erging es auch dem griechischen Gelehrten Eratosthenes. Er war der vielleicht letzte universal gebildete Wissenschaftler der Antike. Auf seiner Visitenkarte hätte er als Berufsbezeichnung guten Gewissens Philologe, Grammatiker, Dichter, Mathematiker, Astronom, Kalenderforscher und Geograph angeben können.

Überall der Zweitbeste

Und doch war er, wie man ihm nachsagte, nirgendwo der Beste. Immerhin attestierte man ihm noch den Rang des Zweitbesten: Nach dem zweiten Buchstaben des griechischen Alphabets wurde er *Beta* (»Nummer 2«) genannt. Aber das muß man wohl nicht so ernst nehmen. Mißgünstige Kollegen hat es zu allen Zeiten gegeben. Die Kritik kam wohl auch von Wissenschaftlern, die man eher der Kategorie *Gamma* oder *Delta* zuordnen würde. Objektiv und nüchtern betrachtet, hat Eratosthenes wenigstens in der Sparte Geographie Bahnbrechendes geleistet. Und als ein solcher Pionier der antiken Geographie hätte er zweifellos den Beinamen *Alpha* verdient.

Heimatstadt Kyrene

Als Persönlichkeit ist Eratosthenes in den Quellen wenig greifbar. Nicht einmal seine genauen Lebensdaten sind bekannt. Jedenfalls stammte er aus der nordafrikanischen Stadt Kyrene. Das war sicherlich keine schlechte Adresse. Einst von griechischen Kolonisten aus Thera (Santorin) gegründet, entwickelte sich Kyrene zu einem bedeutenden politischen und kulturellen Zentrum. Einige Generationen vor Eratosthenes wirkte hier der berühmte Philosoph Aristippos, ein Schüler des Sokrates und, im Gegensatz zu seinem asketischen Lehrer, irdischen Freuden nicht abgeneigt. Ein als unphilosophisch angesehenes Verhältnis mit einer Hetäre rechtfertigte der Weisheitslehrer mit den klassischen Worten: »Ich habe sie, aber sie hat mich nicht.« Noch mehr schockierte manche, daß Aristippos für seinen Unterricht Geld nahm. Wer sich in den Gelehrtenkreisen nicht so gut auskannte, für den war Kyrene auf jeden Fall wegen der Silphion-Pflanze ein Begriff. Aus ihrem Saft wurde eine Droge gewonnen, die zu den Hauptexportartikeln der Stadt gehörte und Kyrene reich machte.

Berufung nach Alexandria

Trotz alledem war für einen betriebsamen Geist wie Eratosthenes Kyrene nicht der erstrebte dauerhafte Aufenthaltsort. Ihn zog es zunächst nach Athen, damals nach wie vor das Mekka der Wissenschaften und Künste. Hier erhielt er jene umfassende Bildung, die später seine Neider so sehr kritisiert haben. Und nicht alle haben ihn für zweitrangig gehalten. Ein absoluter Glücksfall war es, als ihn der ägyptische König Ptolemaios III., um das Jahr 245 v. Chr. herum, nach Alexandria berief und ihn zum Leiter der weltberühmten Bibliothek ernannte. Etwas Besseres konnte einem Wissenschaftler und Forscher in dieser Zeit nicht passieren. Vom König protegiert und fürstlich honoriert, konnte sich Eratosthenes nun ausgiebig mit den Schätzen der Bibliothek beschäftigen. Zwar wird der Bestand an Büchern zu jener Zeit noch nicht die Zahl von 700 000 Papyrusrollen erreicht haben, wie sie für das 1. Jahrhundert v. Chr. bezeugt wird. Aber so viel Literatur wird bereits dagewesen sein, daß nicht einmal der emsige und wissensdurstige Direktor in der Lage gewesen sein dürfte, alles zu rezipieren. Gebremst wurde Eratosthenes in seinem Forscherdrang nur dadurch, daß ihm als Leiter der Bibliothek zugleich auch die Ausbildung und Erziehung des Thronfolgers, des späteren Königs Ptolemaios IV., oblag. Doch das ließ sich angesichts der Chancen, die der begehrteste akademische Posten der antiken Welt bot, mühelos verkraften.

Geographie hat Konjunktur

Daß sich Eratosthenes in Alexandria bald intensiv mit der Geographie zu befassen begann, ist nicht überraschend. Geographie hatte damals in der Wissenschaft und in der Politik Konjunktur. Die Eroberungen Alexanders des Großen im Orient hatten den Griechen neue, ungeahnte Horizonte erschlossen. Seine Nachfolger waren vor allem aus wirtschaftlichen Gründen bestrebt, weitere Räume zu erkunden. Die Ptolemäer spielten dabei eine wichtige Rolle, auch der direkte Vorgesetzte des Eratosthenes, Ptolemaios III. Ihre Aktivitäten waren vor allem auf Afrika und das ökonomisch attraktive Arabien gerichtet. Doch mehr noch als diese aktuellen Interessen mögen es die Anregungen aus der Literatur der Bibliothek gewesen sein, die die Geographie in den Mittelpunkt der Arbeit des Eratosthenes rückte.

Anfänge der geographischen Wissenschaft

Als Eratosthenes damit anfing, sich in den Annalen der Geographie zu verewigen, konnte diese Wissenschaft bereits auf eine längere Tradition zurückblicken. Die Regale der Abteilung »Geographie« in der Bibliothek von Alexandria dürften gut gefüllt gewesen sein. Wenn Eratosthenes bei seinen Literaturrecherchen chronologisch vorgegangen ist, müßten ihm zuerst die Schriften des ionischen Naturphilosophen Anaximandros (6. Jahrhundert v. Chr.) in die Hände gefallen sein. Gekannt hat er ihn auf jeden Fall, denn, wie zuverlässig überliefert wird, hat Eratosthenes in ihm den »ersten Geographen« gesehen. Anaximandros aus Milet gab sozusagen den Startschuß im Wettbewerb, herauszubekommen, von welcher physikalischen Gestalt die Erde sei und wie auf ihr die Länder, Küsten und Flüsse verteilt seien. Bei den frühen Griechen herrschte die (aus Mesopotamien importierte) Vorstellung von der Erde als einer Scheibe vor, die auf dem Weltmeer, dem *Okéanos*, schwimme. Anaximandros unternahm als erster den Versuch, diese Vorstellung kartographisch zu erfassen (und insofern kann er mit Fug und Recht als der Pionier der Kartographie gelten). Dabei konnte er wohl auch die Berichte von Händlern und Entdeckungsreisenden einarbeiten. Etwa zur gleichen Zeit, als Anaximandros seine Karte der interessierten Öffentlichkeit präsentierte, hatte der aus Samos stammende Seefahrer Kolaios gerade eine spektakuläre Reise über die »Säulen des Herakles« (Gibraltar) hinaus in den Atlantik unternommen. Das versetzte den ionischen Forscher in die Lage, auch den Westen der Oikumene in seine Karte mit aufzunehmen. Wie dieser Prototyp von Weltkarte ausgesehen hat, ist nur späteren Beschreibungen zu entnehmen. Offenbar teilte sie die Erde in vier Zonen ein. Nach Anaximandros wurde diese Teilung durch zwei sich kreuzweise, in West-Ost- und in Nord-Süd-Richtung schneidende Wasserstraßen hervorgerufen.

Die Erdkarte des Hekataios

Eine verbesserte Variante dieser Weltkarte legte wenig später Hekataios vor, der wie Anaximandros aus der Wissenschaftsstadt Milet stammte. Neben der Geographie war seine Passion die rücksichtslose Zerstörung der von den Griechen so geschätzten Mythen. »Die Erzählungen der Griechen sind viele und lächerliche«, beschied er seine konsternierten Zeitgenossen und mußte sich daher nicht wundern, daß er »trotz eines archaischen Stils von liebenswürdiger Einfachheit«, den ihm ein neueres Lexikon attestiert, bei den Griechen nicht besonders beliebt war. Seine Karte unterschied zwei Erdteile: Europa und Asien (wozu er vermutlich auch Nordafrika zählte).

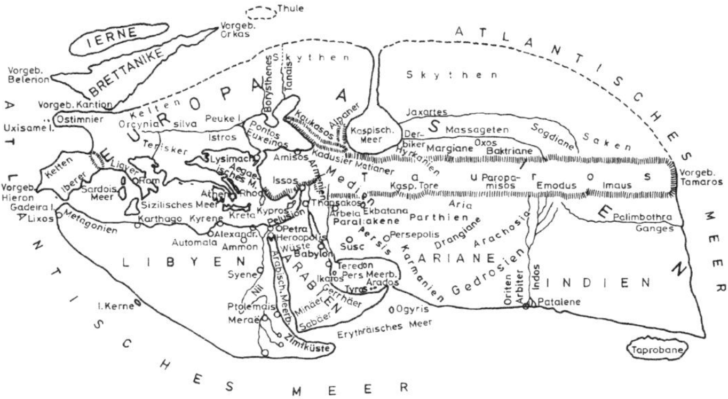

Erdkarte nach Eratosthenes

Auch bei ihm tauchen die Wasserstraßen auf, die die Nordhälfte und die Südhälfte der Erde in je zwei Quadranten teilen. Im Norden ist dies die Donau, im Süden der Nil.

Wie es aussieht, war die Weltkarte des Hekataios nicht nur für den akademischen Gebrauch bestimmt. Sein Modell der Erde scheint jedenfalls im Jahre 499 v. Chr. im Gepäck von Aristagoras, dem Tyrann von Milet, gewesen zu sein, als dieser nach Sparta reiste, um die führende Militärmacht Griechenlands für einen Feldzug gegen das Perserreich zu gewinnen. Der geographische Horizont der Spartaner reichte zu dieser Zeit, wie Aristagoras wußte, nicht sehr weit über die Peloponnes hinaus. Also schien es ihm ratsam, seine Werbeaktion graphisch zu unterstützen. Und so erzählte er den Spartanern von den riesigen Gebieten, die es im Osten zu erobern gab und illustrierte seine Ausführungen mit einer Bronzetafel, auf der, wie der Historiker Herodot sagt, »der ganze Umriß der Erde, das ganze Meer und alle Flüsse eingraviert waren«. Die Spartaner waren gebührend beeindruckt, wie groß die Erde doch war, fragten aber dezent nach, wie weit es denn vom Ionischen Meer bis nach Susa, der Residenz des persischen Königs sei. Als Aristagoras wahrheitsgemäß antwortete, der Hinmarsch werde wohl drei Monate dauern, verabschiedeten ihn die Spartaner mit einem freundlichen Händedruck und der Erklärung, sie würden sich nicht drei Monate weit vom Meer wegführen lassen. Die Nachfrage der Spartaner bezüglich der zu überwindenden Distanzen zeigt übrigens eine Schwäche der antiken Kartographie auf, die nicht einmal eine Koryphäe wie Eratosthenes zu beheben in der Lage gewesen sein sollte: Es waren keine maßstabgetreuen Karten, die Proportionen waren immer verzerrt.

Eine römische Straßenkarte
Das gilt insbesondere für die wohl berühmteste Karte aus der Antike, die *Tabula Peutingeriana*, so, etwas umständlich, aber grammatikalisch korrekt benannt nach dem Augsburger Humanisten Konrad Peutinger (1465 – 1547), in dessen Besitz sich diese Karte befand und die man heute in der Wiener Nationalbibliothek bewundern kann. Ursprünglich stammte sie aus der römischen Kaiserzeit und diente vor allem als eine das gesamte Imperium Romanum umfassende Straßenkarte von Britannien bis nach Sri Lanka. Hier sind die wirklichen Proportionen und Distanzen völlig verzerrt, Italien nimmt, gemäß römischem Selbstbewußtsein, eine den wirklichen geographischen Verhältnissen ganz und gar nicht entsprechende dominierende Stellung ein.

Die Entdeckung der Kugelgestalt der Erde
Vor ganz neue Herausforderungen wurden die antiken Geographen gestellt, als im 5. Jahrhundert v. Chr. der Philosoph Parmenides aus dem unteritalischen Elea behauptete, die Erde habe nicht die Gestalt einer Scheibe, sondern die einer Kugel. Diese Erkenntnis war freilich nicht das Ergebnis wissenschaftlicher Forschung, sondern reiner philosophischer Spekulation (deren gelegentliche Nützlichkeit damit aber eindrucksvoll bewiesen wurde). Mancher Zeitgenosse mag gedacht haben, daß man darauf auch schon früher hätte kommen können. Denn wie vertrug es sich mit der Vorstellung von der Erde als einer Scheibe (oder wenigstens eines Zylinders, wie ebenfalls postuliert wurde), daß man von einem Schiff, das sich auf dem Meer nähert, zuerst die Masten sieht? Oder daß alle schweren Körper in Richtung auf den Erdmittelpunkt fallen? Daß je nachdem, auf welcher geographischen Breite man sich befindet, sich der Horizont im Verhältnis zum Sternenhimmel wandelt? Daß Sonnen- und Mondfinsternisse an verschiedenen Orten der Erde zu verschiedenen Zeiten auftreten? Oder daß bei einer Mondfinsternis sich der Erdschatten auf der Mondscheibe kreisförmig abzeichnet?

Eine Entdeckung mit Folgen
Wie so häufig in der Geschichte der Wissenschaften, warf eine neue Erkenntnis gleich eine ganze Reihe von neuen Fragen auf. In der Hauptsache aber ging der Forscherehrgeiz nun in zwei Richtungen: Man wollte sich erstens gerne ein möglichst genaues Bild von dieser

kugelgestaltigen Erde machen, von der Zusammensetzung der Kontinente und ihrem Verhältnis zu den Meeren, ob die Erde von einem großen Ozean umgeben war (wie man traditionell geglaubt hatte) oder ob umgekehrt eine große Festlandsmasse die äußeren Meere einschloß. Und zweitens wollte man gerne wissen, wie groß die Erde eigentlich sei.

Projekt Erdvermessung

In diese heftige Debatte schaltete sich kurz nach der Mitte des 3. Jahrhunderts v. Chr. Eratosthenes, der Leiter der Bibliothek von Alexandria, ein. Jetzt bewies die angebliche »Nummer 2« ihre wahren Qualitäten. Bis heute gilt sein Versuch, den Erdumfang möglichst exakt zu berechnen, als eine Meisterleistung. Er bediente sich dabei der sogenannten *skáphe*, einer schalenförmigen Sonnenuhr, mit der man den Einfallswinkel der Sonnenstrahlen messen konnte. Je eine *skáphe* stellte Eratosthenes in Alexandria und in der ägyptischen Stadt Syene, dem heutigen Assuan, auf. Syene wählte er deshalb aus, weil die Stadt nach seinen Erkundungen ungefähr auf der gleichen geographischen Länge lag. Am Tag der Sommersonnenwende trafen die Sonnenstrahlen mittags in Syene senkrecht auf den Schattenzeiger (Gnomon) der Sonnenuhr. Auf den Gnomon in Alexandria fielen sie schräg, mit einer Differenz von 7 Grad und 12 Minuten. Dieser Winkel entspricht einem Fünfzigstel des Meridian-Vollkreises von 360 Grad. Da er auch Mathematiker war, konnte Eratosthenes nun die folgende Rechnung anstellen: Die Entfernung zwischen Alexandria und Syene beträgt 5 000 Stadien. Also mußte er nur 5 000 mit 50 multiplizieren und kam zu dem Ergebnis: Der Erdumfang beträgt 250 000 Stadien. Die Bestimmung der Treffgenauigkeit des Eratosthenes bereitet etwas Schwierigkeiten, weil nicht bekannt ist, welches der in der Antike gängigen Stadienmaße Eratosthenes angewendet hat. Heute weiß man es ganz genau: Der Erdumfang beträgt 40 077 Kilometer. Rechnete Eratosthenes nach der Gleichung 1 Stadion = ca. 185 Meter, dann kam er zu dem etwas zu hoch liegenden Resultat 46 250 Kilometer. Vielleicht aber orientierte er sich, und wenn auch nur, um seinem königlichen Gönner Ptolemaios eine Freude zu machen, am ägyptischen Stadionmaß, und hier lautete die Gleichung 1 Stadion = ca. 157,5 Meter. In diesem Fall hätte Eratosthenes den Erdumfang auf 39 375 Kilometer berechnet, was der tatsächlichen Zahl 40 077 schon sehr nahe kommt. Etwas kompliziert wird die Angelegenheit auch dadurch, daß Eratosthenes sein Ergebnis später etwas nach oben korrigiert hat, auf 252 000 Stadien, wohl, um für einen Breitengrad die runde Zahl von 700 Stadien zu erhalten.

Wie auch immer: Genauer als Eratosthenes hat kein antiker Wissenschaftler vor ihm und nach ihm die Erde vermessen.

Die Erdkarte des Eratosthenes

Neben diesen praktischen Forschungen sorgte der Leiter der Bibliothek von Alexandria auch dafür, daß der ohnehin imposante Bestand an Büchern noch durch ein bedeutendes dreibändiges Werk zur Geographie erweitert wurde, das er praktischerweise gleich selber verfaßte. Leider ist davon heute nichts mehr erhalten, nur aus einigen Angaben bei dem griechischen Geographen Strabon (1. Jahrhundert v. Chr.) läßt sich der Inhalt einigermaßen rekonstruieren. Am wichtigsten war wohl der Versuch des Eratosthenes, eine auf dem neuesten Stand der Forschung befindliche Erdkarte vorzulegen. Hätte Aristagoras von Milet diese Karte statt jener des Hekataios den Spartanern präsentiert, so hätten diese wohl erst recht keinerlei Lust verspürt, sich auf ein waghalsiges militärisches Unternehmen im Orient einzulassen. Denn die Karte des Eratosthenes war nach Osten hin stark erweitert, bis nach Indien hin, und sie berücksichtigte die geographischen Erkenntnisse, die der Feldzug Alexanders des Großen mit sich gebracht hatte. Im Westen reichte die Karte bis zu den Britischen Inseln, zu deren Erforschung gegen Ende des 4. Jahrhunderts v. Chr. der Kapitän Pytheas aus Massilia (Marseille) Wesentliches beigetragen hatte. Auch die sagenhafte Insel Thule im Nordmeer will Pytheas erreicht haben, über deren genaue Lokalisierung bis heute keine Einigkeit besteht.
In der Streitfrage nach der Relation zwischen Kontinentalmasse und Meer entschied sich Eratosthenes für die traditionelle Sicht: Das Weltmeer, der *Okéanos*, umfließt das feste Land. Seine Karte versah er mit einem Koordinatennetz aus parallelen Längen- und Breitenlinien. Bei den Längengraden ist ihm mancher Irrtum unterlaufen, was kleinliche Kritiker in der Antike ständig bemängelten. Auch sein Versuche, in diesem Netz die Lage einzelner Orte zu bestimmen, ist nicht durchwegs geglückt. Immerhin hat er die Position seiner Wahlheimat Alexandria ziemlich genau auf 31 Grad und 8,5 Minuten nördlicher Breite fixiert.

Ein zweiter Eratosthenes

Besser machte dies einige Jahrhunderte nach Eratosthenes, in der Zeit des römischen Kaisers Hadrian (117–138 n. Chr.), einer seiner würdigen Nachfolger, der ebenfalls in Alexandria arbeitete und zugleich auch ein Namensvetter vom königlichen Patron des Eratosthenes war: Klaudios Ptolemaios. Dieser war wohl in erster Linie Astronom, leistete aber auch auf dem Gebiet der Geographie Bemerkenswertes. Von ihm stammt ein Verzeichnis von Städten mit einer exakten Bestimmung der Breiten- und Längenpositionen. Außerdem lieferte er eine Anleitung zum Anfertigen von Karten. Und schließlich nahm er eine Neuvermessung des Erdumfangs vor, die allerdings wesentlich ungenauer war als die Berechnung des Eratosthenes.

Eratosthenes und die Entdeckung von Amerika

Amerika befand sich auf der Karte des Eratosthenes freilich nicht. Man erwartet das auch nicht unbedingt, aber es muß betont werden, weil moderne Sympathisanten den alexandrinischen Bibliotheksdirektor gerne zu einem frühen Kolumbus oder Vasco da Gama stilisiert haben. Doch gebührt ihm zweifellos das Verdienst, deren berühmte Entdeckungsfahrten wenigstens theoretisch antizipiert zu haben. Alle Ozeane, so lehrte Eratosthenes, hängen miteinander zusammen. Die bewohnte Welt mit den drei Erdteilen Europa, Asien und Afrika ist eine Insel. Im Indischen und im Atlantischen Ozean herrschen die gleichen Gezeiten vor, und es ist möglich, von Spanien aus westwärts nach Indien zu segeln. Unternommen hat diese Reise in der Antike jedoch höchstwahrscheinlich niemand, und Eratosthenes hat auch ausdrücklich davon abgeraten mit dem richtigen Hinweis, daß eine solche Fahrt wohl ziemlich lange dauern würde.

Tod in der Bibliothek?

Eratosthenes, die »Nummer 1« auf dem Gebiet der antiken Geographie, starb in hohem Alter, wahrscheinlich mit über 80 Jahren. Angeblich soll er aus Furcht vor Erblindung den freiwilligen Hungertod gestorben sein. Doch das gehört wohl in den Bereich der Legende. Es würde zu dem rastlosen Forscher eher passen, wenn ihn der Tod in der Bibliothek von Alexandria ereilt hätte, mitten im Studium von Büchern und Karten.

Cato

Römischer Politiker und Gutsbesitzer, 234 – 149 v. Chr.;
Pionierleistung: Anleitung für die Bewirtschaftung von Landgütern

Im Jahre 146 v. Chr. zerstörten die Römer die Stadt Karthago. Der zuständige Feldherr Scipio vergoß noch an Ort und Stelle, im Rauch der Ruinen, einige Tränen über das schlimme Ende des alten Erzrivalen. Dann kehrte er nach Rom zurück, ließ sich in einem Triumphzug feiern und erhielt zur Belohnung den Siegerbeinamen *Africanus* (»der Afrikaner«).

Der klassische AcI

Derjenige, der sich am stärksten für die Vernichtung Karthagos eingesetzt hatte, erlebte dieses Geschehen nicht mehr mit. Marcus Porcius Cato war drei Jahre zuvor, im Alter von 84 Jahren, gestorben. Doch in jedem guten Lateinbuch, das etwas auf sich hält, steht ein klassischer Ausspruch, mit dem Cato seine Reden im römischen Senat zu beenden pflegte: *Ceterum censeo Carthaginem esse delendam* »Im übrigen bin ich der Meinung, daß Karthago zerstört werden muß.« Weniger inhaltlich als rein grammatikalisch kann es kein schöneres Beispiel geben für jene lateinische Spezialität, die Generationen von geplagten Lateinschülern als den *AcI* kennen, den *Accusativus cum Infinitivo* (»Akkusativ mit Infinitiv«). Cato, der auch ein versierter Redner war, wußte natürlich, daß der *AcI* regelmäßig zur Bezeichnung einer abhängigen Aussage verwendet wird, und zwar bei (wie es in den Lateinbüchern immer so lebensnah formuliert wird) »Verben der Wahrnehmung und der Empfindung, des Glaubens und des Wissens, des Denkens und des Sagens«. Und da *censeo* (der Meinung sein, dafür stimmen) eindeutig zu diesen Verben zählt, verpackte er sein für Karthago so fatales Anliegen ganz korrekt in die klassische Form des *AcI*.

Eine nervöse Weltmacht

Zerstört haben die Römer Karthago aber nicht wegen Catos Penetranz oder weil er die lateinische Sprache so gut beherrschte. In der Mitte des 2. Jahrhunderts v. Chr. war Rom die dominierende Macht in der mediterranen Welt. Karthago hatte man im Ersten und Zweiten Punischen Krieg (264 – 241 und 218 – 201 v. Chr.) besiegt, und auch die meisten Königreiche im Osten standen unter der Herrschaft

Roms. Als sich in Karthago wieder etwas Leben zu regen begann, man es sogar zu einer bescheidenen wirtschaftlichen Blüte gebracht hatte, wurde man im römischen Senat nervös. Und so entschlossen sich die römischen Politiker zu jener finalen Aktion, die man als den Dritten Punischen Krieg (149 – 146 v. Chr.) kennt und die mit dem Untergang des einst so ruhmreichen Karthago endete. Ziemlich genau 100 Jahre später sorgte der Diktator Iulius Caesar für die Wiederauferstehung der Stadt, besiedelte sie nun aber, sozusagen als endgültige Abrechnung mit dem alten Gegner, mit Bürgern aus Rom und Italien.

Krisendiagnose à la Sallust

Der römische Historiker Sallust hat im 1. Jahrhundert v. Chr. rückblickend das Jahr 146 v. Chr. als einen Wendepunkt in der römischen Geschichte angesehen. Solange Karthago noch ein ernsthafter Gegner gewesen war, so lautete seine Argumentation, hätten sich die Römer wachsam und diszipliniert verhalten. Nach dem Verschwinden des alten Rivalen brachen aber alle moralischen Dämme, weil man nun niemanden mehr zu fürchten hatte. Üppigkeit, Wohlleben und Luxus machten sich breit, jetzt ging es nur noch darum, reich und immer reicher zu werden und sich ein schönes Leben zu machen. Aus den stolzen Söhnen des Romulus waren verweichlichte und dekadente Figuren geworden. Aufgrund dieses Verfalls der Sitten, so die Krisendiagnose des Sallust, hätten sich die Römer dann in inneren Hader, in Parteienkämpfe und in Bürgerkriege verstrickt.

Ein Relikt aus alter Zeit

Den Marcus Porcius Cato kann der Historiker mit diesem harten Urteil nicht gemeint haben, und das nicht allein deswegen, weil dieser rechtzeitig vor dem Fall von Karthago gestorben war. Schon vor jenen Zeiten, die Sallust so heftig gebrandmarkt hat, wandelte er als ein archaisches Unikum, als personifiziertes moralisches Gewissen, als ein Relikt aus längst vergangenen Zeiten durch Rom und Italien. Seine demonstrativ asketische Lebensweise stand in einem eigenartigen Gegensatz zu den anderen Aristokraten, die gerne ihren Reichtum zur Schau stellten und Gefallen daran fanden, sich mit griechischer Kultur und Philosophie zu beschäftigen.

Der strenge Censor

Seinen Ursprung hatte Catos lebenslanger Kreuzzug für die Erhaltung des integren Römertums in seiner Herkunft. Er stammte aus der kleinen Stadt Tusculum in der Nähe von Rom. Hier besaß sein Vater ein Landgut. Cato war der erste aus seiner Familie, der die politische Laufbahn einschlug, und dies mit großem Erfolg. Mühelos kletterte er auf der Karriereleiter nach oben und erreichte 195 v. Chr. das Konsulat, das Traumziel eines jeden römischen Politikers. 184 v. Chr. wurde er Censor – ein Amt, daß für den strengen Cato wie maßgeschneidert war, oblag diesem Beamten doch unter anderem die Kontrolle über die Wahrung der »guten Sitten«. Cato nutzte die Gelegenheit und warf sieben Senatoren, deren Lebensführung ihm unpassend erschien, aus dem Senat. Außerdem versuchte er den grassierenden Luxus in den höheren Ständen zu bekämpfen, indem er Schmuck, Frauenkleider und teure Fahrzeuge mit einer hohen Steuer belegte. Freunde gewann er damit nicht: Wie der Historiker Livius sagt, machte Cato die Schärfe seiner Amtsführung »sein ganzes Leben lang zu schaffen«. Und sein ganzes Leben lang wurde er auch nicht den Makel los, ein *homo novus* (»neuer Mann«) zu sein. So nannten die Römer jene *Newcomer* in der politischen Elite, denen es gelungen war, es ohne eine familiäre Tradition in der Politik zu etwas zu bringen. Die alteingesessenen Aristokraten, im Besitz einer gut gefüllten Ahnengalerie erfolgreicher Konsuln und Feldherrn, ließen die Aufsteiger bei jeder Gelegenheit spüren, daß sie nicht wirklich zu ihnen gehörten. Unter dieser Zurücksetzung hat auch ein Cato sehr gelitten, und so versuchte er dadurch Anerkennung zu gewinnen, daß er sich als der römischste aller Römer gab und sich hartnäckig und penetrant für die alten Ideale und Wertvorstellungen einsetzte. Wie später ein anderer prominenter *homo novus* – Marcus Tullius Cicero – wirkte er dadurch aber wie ein Fossil aus einer längst vergangenen Welt, als ein ewig Gestriger, der nicht einsehen wollte, daß die Zeiten sich geändert hatten.

Das Vorbild

Der griechische Biograph Plutarch hat in wünschenswerter Deutlichkeit Catos Kampf für Moral und Disziplin und gegen Luxus und Reichtum beschrieben. Sein großes Vorbild war demnach der berühmte Manius Curius, dem man den Beinamen *Dentatus* (etwa »der Bezahnte«) gegeben hatte, weil er schon bei seiner Geburt Zähne hatte und damit bereits als Säugling andeutete, daß er entschlossen war, in seinem Leben Bedeutendes zu vollbringen. Wie Cato ein *homo novus*, wurde dieser Dentatus zum römischen Volkshelden, weil er im 3. Jahrhundert v. Chr. die kriegerischen Samniten und Sabiner besiegt und vor allem weil er den makedonischen König Pyrrhos aus Italien vertrieben hatte. Trotz aller Erfolge aber blieb er ein schlichter und bescheidener Mensch.

Erweckungserlebnis

Dentatus starb 36 Jahre vor Catos Geburt. Sein Bauernhof stand aber immer noch, er befand sich ganz in der Nähe von Catos Landgut. Dort ging, wie Plutarch bezeugt, Cato oft hin, war beeindruckt von dem geringen Umfang des Gutes und der Bescheidenheit der Wohnung des Mannes, der so viel für Rom getan hatte und der sich nicht zu schade war, selbst den Boden umzugraben. Und Cato kannte auch die Geschichte von den Sabinern, die zu Dentatus kamen, um ihn mit Bestechungsgeldern davon abzuhalten, gegen sie Krieg zu führen. Als die Gesandten seine schlichte Hütte betraten, stand der große Dentatus an einem kleinen Herd und kochte einheimische Rüben. Das Geld beeindruckte ihn natürlich überhaupt nicht, und den Gesandten gab er Worte mit auf den Weg, die für immer Eingang in den römischen Zitatenschatz gefunden haben: Wem ein solches Essen genüge, der brauche kein Geld, und es sei ehrenvoller, diejenigen zu besiegen, die Geld hätten, statt selbst Geld zu besitzen.

Bescheidenheit als Lebensdevise

Die Rüben des Dentatus gingen Cato nicht mehr aus dem Kopf. Und so führte er, auch, als er schon längst so berühmt war wie sein Vorbild, inmitten der zunehmend prunksüchtiger werdenden Standesgenossen ein erstaunlich einfaches Leben: Frühmorgens ging er auf das Forum und bot Bedürftigen Hilfe vor Gericht an. Dann ging er nach Hause und arbeitete zusammen mit seinen Sklaven auf dem Bauernhof – im Winter in einem Kleid ohne Ärmel, im Sommer mit entblößtem Oberkörper. Nach getaner Arbeit saß er bei seinen Sklaven, aß dasselbe einfache Brot wie sie und trank denselben billigen Wein. Fragte ihn einer seiner verwöhnten aristokratischen Kollegen, warum er sich das alles antue, fiel die Antwort staatsmännisch aus: Er wolle seinen Körper für den Kriegsdienst fithalten. Und unermüdlich wußte Cato den Kollegen neue Heldentaten in Sachen Bescheidenheit zu berichten: Einen geerbten kostbaren Perserteppich habe er sofort verkauft, keines seiner Landhäuser sei getüncht. Niemals habe er einen Sklaven für mehr als 1 500 Denare gekauft, weil er »keinen verwöhnten schönen Burschen, sondern kräftige, arbeitsfähige Männer als Pferdeknechte und Ochsentreiber brauche«. Wenn die Sklaven älter wurden, habe er sie verkauft, um nicht den Etat für Lebensmittel unnötig zu belasten

Familienleben

Auch sein Familienleben inszenierte Cato gemäß der von ihm propagierten moralischen Erneuerung der römischen Gesellschaft. Die

Familie, traditionell Keimzelle des römischen Staates, war ihm so wichtig, daß er gleich zweimal (natürlich nacheinander) heiratete und sogar im Alter von 80 Jahren noch einmal Vater wurde. Sein Sohn aus erster Ehe mußte von frühester Jugend an als Objekt der Demonstration catonischer Erziehungsideen herhalten. Nichts konnte den Vater daran hindern dabeizusein, wenn die Frau den Säugling badete oder ihm Windeln anlegte. Gerade noch ließ es der omnipräsente Cato zu, daß wenigstens das Säugen alleiniges Vorrecht der Mutter blieb.
Dann brachte er ihm höchstpersönlich Lesen und Schreiben bei. Das war in den oberen Kreisen normalerweise die Sache von griechischen Haussklaven. Und auch Cato hatte in seinem Haushalt einen griechischen Lehrer. Doch den wollte er nicht an seinen Sohn heranlassen, weil ihm die Vorstellung unerträglich war, ein Sklave könne ein römisches Kind (und dazu noch den Sohn des sittenstrengen Cato) zur Strafe an den Ohren ziehen.
Danach kam das Abhärtungs-Training an die Reihe, wobei Cato sich anscheinend die Übungsmethoden der alten Spartaner zum Vorbild nahm. Nicht nur im Speerwerfen, Nahkampf und Reiten schulte er seinen Sohn, sondern strapazierte ihn auch mit Boxen, Lektionen im Ertragen von Hitze und Kälte und dem Durchschwimmen von reißenden Flüssen (während zur gleichen Zeit die Söhne der anderen Adligen in vornehmen Salons saßen und die feine griechische Bildung genossen). Immerhin baden durfte Catos Sohn alleine, weil der Vater es für unanständig hielt, sich voreinander zu entkleiden und zu entblößen.

Cato als Mediziner

Seine Abneigung gegen die Griechen veranlaßte Cato weiterhin, auch die medizinische Erstversorgung seiner Familie in die eigenen Hände zu nehmen. Vor griechischen Ärzten, die damals in Rom sehr populär waren, müsse er sich in acht nehmen, mahnte er den Sohn. Statt dessen setzte er auf die private Hausbehandlung und empfahl ihm ein von ihm selbst verfaßtes Rezeptbuch. Was Cato darin verordnete, weiß der Biograph Plutarch: Kranke sollen (anscheinend völlig unabhängig von der jeweiligen Art der Krankheit) Gemüse essen oder kleine Portionen Enten- oder Taubenfleisch. Auch der Verzehr von Hasen sei hilfreich, nur habe, wie Cato warnte, deren Genuß heftige Träume zur Folge. Er sei, so brüstete sich Cato, mit dieser Therapie immer gut gefahren. Leicht süffisant merkt an dieser Stelle der Grieche Plutarch, dem Griechengegner Cato ansonsten sehr wohlgesonnen, an: »In diesem Punkt ist seine Selbstsicherheit nicht ohne Strafe geblieben, denn er verlor die Frau und den Sohn.«

Der Pionier der Agrarwirtschaft
In die Geschichte der Medizin hat Cato mit seinem Rezeptbuch keinen Eingang gefunden. Anders verhält es sich mit der Landwirtschaft. In dieser Hinsicht kann er für sich mit Fug und Recht den Rang eines Pioniers der antiken Agrarwirtschaft beanspruchen. Verdient hat er sich dieses Prädikat mit der Publikation eines vollständig erhaltenen Werkes mit dem Titel *De agricultura* (»Über den Ackerbau«). Dabei handelt es sich um eine sehr umfassende und detaillierte Anleitung zur Bewirtschaftung eines Landgutes. Im Gegensatz zur Medizin konnte Cato hier Experten-Status reklamieren, war er doch selbst ein erfolgreicher Großgrundbesitzer. Adressaten des Buches waren nicht die vielen Klein- und Kleinstbauern in Italien. Im Auge hatte Cato speziell seine aristokratischen Kollegen. Ihnen wollte er zeigen, wie man auf einem Gutshof effizient und rentabel arbeitet.

Eine Frage des Wettbewerbs
Daß Cato als Autor des ersten römischen Fachbuches über Landwirtschaft hervorgetreten ist, ist kein Zufall. Als Römer von altem Schrot und Korn war für ihn die Landwirtschaft die Grundlage des römischen Staates. Schließlich war es ein Volk von Bauern gewesen, das die Welt erobert hatte. »Von den Bauern«, so sagt Cato im Vorwort, »stammen die tapfersten Männer und tüchtigsten Soldaten.« Aber Cato hatte auch registriert, daß die Landwirtschaft längst nicht mehr der dominierende Wirtschaftszweig in Italien war. Zwar beruhte der Reichtum der Senatoren, die in Rom die Politik machten, nach wie vor auf landwirtschaftlichem Großgrundbesitz. Die meisten hatten ihre Güter verpachtet und verfügten damit über ein gutes Auskommen. Doch es gab mittlerweile Konkurrenz: Händler, Gewerbetreibende, Kaufleute und Bankiers hatten die Zeichen der Zeit erkannt, nutzten das ökonomische Potential der römischen Weltherrschaft und strebten mit Macht nach oben. Auf diese Herausforderung gab es nach Ansicht Catos nur eine Antwort: Die Großgrundbesitzer mußten aus ihren Gütern mehr herausholen, rentabler und gewinnorientierter arbeiten.

Die optimale Bewirtschaftung eines Landgutes
In Catos Buch konnten die Landwirte nachlesen, wie das zu funktionieren hat. Wichtig ist zunächst der Standortfaktor. Der Gutshof

soll klimatisch günstig liegen, am besten am Fuße eines Berges, nach Süden ausgerichtet (tatsächlich trifft diese Positionierung für die meisten der archäologisch erforschten Höfe zu). Um einen optimalen Vertrieb der Produkte zu gewährleisten, fordert Cato die Nähe zu einer Stadt (mit einem Markt) sowie eine günstige infrastrukturelle Anbindung an Flüsse und Straßen. Dann muß der Gutsherr überlegen, was er anbauen will. Cato bietet eine Rangliste an: An erster Stelle steht Wein, gefolgt von Gartenprodukten, Weiden, Oliven, Wiesen (für die Viehzucht) und Getreide. Unter ferner liefen sind Hochwald, Buschwald und Eichwald plaziert.
Unverzichtbar ist ein fähiger Verwalter, der für alles Sorge trägt, wenn der Gutsbesitzer in Rom weilt und Politik macht. Der Verwalter muß penibel über die auszuführenden Arbeiten und über die zur Verfügung stehenden Arbeitskräfte wachen. Regenwetter und Feiertage sind keine Alibis für Untätigkeit. Bei schlechtem Wetter

Gutsherr beaufsichtigt Landarbeiter (Rom, vatikan. Museen)

kann man so nützliche Dinge tun wie Fässer auswaschen, einen Misthaufen anlegen, Seile ausbessern und die Arbeitskleidung flicken. Feiertage laden dazu ein, Hecken zu schneiden, Unkraut zu jäten oder den Garten umzugraben.
Vor allem aber ist auf Profit zu achten. »Der Gutsherr«, so lautet das Credo des Cato, »soll verkaufsfreudig und nicht kauffreudig sein.« Im Einzelnen heißt das: Öl verkaufen, wenn es einen günstigen Preis hat; überschüssigen Wein und überschüssiges Getreide verkaufen; alte Ochsen, altes Ackergerät, alte Sklaven, kränkliche Sklaven »und was sonst überflüssig ist« verkaufen. Geerntete Oliven müssen sofort zu Öl verarbeitet werden, denn »aus allen Arten Oliven kann frischeres und gutes Öl gewonnen werden, wenn man es rechtzeitig verarbeitet«.
Zum Erfolg des Unternehmens gehören motivierte Mitarbeiter (auch wenn sie Sklaven sind). »Dem Gesinde«, lehrt Cato großzügig, »soll es nicht schlecht gehen, es soll nicht frieren und hungern.« Leistung

soll sich lohnen, um andere zur Nachahmung anzuregen. Die Frau des Verwalters soll anspruchslos sein, wenig Umgang mit den Nachbarinnen haben, keine Einladungen zum Essen annehmen und nicht zum Herumstreunen neigen. Ihre Vorratskammer soll stets gut gefüllt sein, mit Köstlichkeiten wie Hühnern, Eiern, gedörrten Birnen, Vogelbeeren, Feigen, Rosinen, Äpfeln.
Seine allgemeinen Anweisungen verbindet Cato mit detaillierten Vorschriften für das Keltern, für den Bau von Kuhställen, für den Abschluß von Kauf- und Pachtverträgen und für das Anwerben von Saisonarbeitern.

Technischer Fortschritt Fehlanzeige

Cato hat so viele Ratschläge gegeben, daß es unfair wäre, eine Mängelliste aufzustellen. So sollte man ihn auch nicht dafür kritisieren, daß bei ihm technische Hilfsmittel in der Landwirtschaft keine Rolle spielen, obwohl diese die Konkurrenzfähigkeit zweifellos noch gesteigert hätten. Es war aber ein Grundzug der gesamten römischen Agrargeschichte, bis in die Kaiserzeit hinein, daß der technische Fortschritt sich in engen Grenzen hielt. So fand auch eine wahrlich revolutionäre Erfindung keine Verbreitung: die berühmte Mähmaschine, die im 1. Jahrhundert n. Chr. in Gallien entwickelt wurde. »Auf den großen Landgütern Galliens«, teilt ein Zeitgenosse mit, »werden sehr große, am Rande mit Zähnen versehene zweirädrige Mähmaschinen von einem an der Rückseite angespannten Zugtier durch das Feld gezogen. Die auf diese Weise abgerissenen Ähren fallen in einen Sammelkasten.« Ein wichtiger Grund für diese Ignoranz war sicher die ausreichende Verfügbarkeit über Sklaven, auf der ja auch Catos Konzeption ganz wesentlich beruhte. Diese machte die Einführung arbeitssparender Produktionsmethoden wie die Mähmaschine entbehrlich.

Quellen der Inspiration

Einem stockkonservativen Geist wie Cato mag man ein modernes, profitables Denken, wie es in *De agricultura* zum Ausdruck kommt, gar nicht zutrauen. Und sicher hat er sich in diesem Fall nicht von seinem Vorbild Manius Curius Dentatus inspirieren lassen, dessen Philosophie der Rüben und des eigenhändigen Gartenumgrabens wenig taugte, um der römischen Landwirtschaft wieder auf die Sprünge zu helfen und sie wettbewerbsfähig zu machen. Der alte Dentatus betrieb das, was die modernen Ökonomen Subsistenzwirtschaft nennen: Anbau nur zum Eigenbedarf, nicht am Verkauf orientiert.

Wie es aussieht, hat Cato, der ansonsten immer von der Vorstellung beseelt war, alles besser zu wissen und zu können, bei der Abfassung seines landwirtschaftlichen Lehrbuches ausnahmsweise einmal fremde Hilfe in Anspruch genommen. Von römischen Kriegszügen her kannte er aus eigener Anschauung die hellenistischen Königreiche des Ostens. Gefördert von den Monarchen, hatte die Landwirtschaft dort einen hohen Standard erreicht. Cato hatte zwar etwas gegen griechische Ärzte, nicht aber gegen griechisches *Knowhow* im Bereich der Agrarwirtschaft, und so hat er dieses Wissen zumindest teilweise auf die Landwirtschaft in Italien übertragen.

Die Folgen

Hat Cato sein Ziel erreicht? Ist es ihm gelungen, seine adligen Kollegen zu einem absatz- und profitorientierten Landwirtschaften zu bewegen? Tatsächlich notiert man für das 2. Jahrhundert v. Chr. ein sprunghaftes Anwachsen von Großgütern. Ganz im Sinne Catos konzentrierten sich die Großgrundbesitzer auf den wenig arbeitsintensiven, aber höchst ertragreichen Anbau von Wein und Oliven. Getreide, in der Rangliste Catos nur auf Platz 6, wurde zunehmend aus den Provinzen (Ägypten, Sizilien) importiert. Freilich hatte das Ganze auch eine Kehrseite. Die Masse der Kleinbauern konnte nicht mithalten. Viele machten bankrott, verloren ihre Höfe, wanderten nach Rom ab und bildeten dort das städtische Proletariat. Das lieferte sozialen Zündstoff und führte schließlich zu langanhaltenden Bürgerkriegen, indem sich Volkstribune wie die Gracchen zu Sachwaltern ihrer Interessen aufschwangen (und dabei allerdings vorrangig eigene politische Ziele verfolgten).
Cato hätte es schwer erschüttert, wenn er diese negativen Folgen seiner doch nur gutgemeinten Ratschläge noch hätte miterleben müssen. Gefreut hätte ihn allerdings, daß er zum Mentor einer bald florierenden Fachliteratur auf dem Gebiet der Agrarwirtschaft wurde. Ganz in seiner Tradition stehen Autoren wie Varro, Columella und Palladius, von deren Ideen sich wiederum Agronomen im Mittelalter und in der Neuzeit inspirieren ließen.

Noch einmal Karthago

Als Scipio Africanus nach der Zerstörung Karthagos im Jahre 146 v. Chr. seine Tränen getrocknet hatte, entdeckten die römischen Eroberer in den Trümmern der Stadt ein 28bändiges Werk über Landwirtschaft. Dieses war etwa 50 Jahre vorher von einem ansonsten nicht näher bekannten Karthager namens Mago in punischer Spra-

che verfaßt worden. Offenbar hatte man in Rom von dem Buch bereits vorher gehört, denn auf Anordnung des Senats wurde es sofort ins Lateinische übersetzt – das einzige punische Buch, dem die Römer jemals diese Ehre zuteil werden ließen. In den Kreisen der römischen Agrarexperten wurde es schnell zu einem Standardwerk, und man adelte Mago, da man gegenüber Karthago nicht nachtragend war, mit dem Prädikat »Vater der Landwirtschaftslehre«.
Um diese Übersetzung noch kennenzulernen, ist Cato zu früh gestorben. Doch als Mann vom Fach interessierte er sich zweifellos auch für die Landwirtschaft der Karthager. Und so mag er aus deren Praxis manches für sein eigenes Lehrbuch übernommen haben. Zugeben konnte er das als anerkannter Karthago-Hasser natürlich nicht. Oder war sein permanentes *Ceterum censeo* etwa am Ende die Rache dafür, daß einer dieser verachteten Karthager sich früher als der große Cato als Agrarexperte profiliert hatte? Der bekannteste *AcI* der lateinischen Sprache würde dann allerdings in einem ganz anderen Licht erscheinen.

Attalos III. von Pergamon

König von Pergamon 138 – 133 v. Chr.;
Pionierleistung: Experimente mit Giftpflanzen und botanische Studien

Attalos III. war der letzte König von Pergamon. In die politische Geschichte der Antike ist er mit einer ungewöhnlichen Maßnahme eingegangen: Per Testament vermachte er im Jahre 133 v. Chr. sein Königreich den Römern. Das war ein klügerer Schachzug, als es auf den ersten Blick erscheinen mag. Über kurz oder lang hätten sich die

Attalos III. (Büste, Oslo)

neuen Beherrscher der Mittelmeerwelt ohnehin die Kontrolle über diese reiche und bedeutende Landschaft im westlichen Kleinasien gesichert. So aber konnte Attalos, selbst ohne Nachkommen, den Römern noch einige wesentliche Zugeständnisse diktieren. Insbesondere hatten sich diese mit der testamentarischen Bestimmung abzufinden, daß, neben einigen Griechenstädten, auch die Residenzstadt Pergamon von der Erbmasse ausgenommen sein sollte. Als sie bald nach dem Tod des Attalos dessen Königreich einkassierten und sie in die römische Provinz *Asia* umwandelten, blieben die Bewohner der Metropole frei von den sonst üblichen Steuern und Tributen.

Eine große Dynastie
Abgesehen von dieser weisen Tat hat Attalos allerdings eine bemerkenswert schlechte Presse in den antiken Quellen. Gemeinhin gilt er

als der traurige Sproß einer einst ruhmreichen Dynastie. In den Machtkämpfen nach dem Tod Alexanders des Großen (323 v. Chr.) war es seinen großen Vorfahren gelungen, den dominierenden Burgberg von Pergamon in ihren Besitz zu bringen. Den Grundstein zur Macht hatte Attalos I. gelegt. 44 Jahre lang, von 241 bis 197 v. Chr., hatte er regiert und als erster in der nach ihm benannten Dynastie der Attaliden den Königstitel angenommen. Durch eine geschickte Diplomatie und beachtliche militärische Erfolge nahm der Einfluß der Pergamener beständig zu. Man vertrieb die Kelten aus Kleinasien und feierte diesen Erfolg mit der Errichtung des berühmten Pergamon-Altars, der sich heute auf der Museumsinsel in Berlin befindet. Auch in die antike Schreibwarenindustrie brachten die Pergamener Bewegung. In Konkurrenz zu den Königen von Ägypten, die ein Monopol auf den Papyrus hatten, verbreiteten die Könige von Pergamon gegerbte Tierhaut als Beschreibstoff, den man seitdem als Pergament zu bezeichnen pflegt.
Seine Glanzzeit erlebte Pergamon zu Beginn des 2. Jahrhunderts v. Chr. Den Römern, die zu dieser Zeit den Osten der Mittelmeerwelt zu erobern begannen, diente man sich als willfähriger Helfer an und wurde dafür mit riesigen Landgewinnen in Kleinasien belohnt. Die Stadt Pergamon wurde zu einer prächtigen Metropole ausgebaut, berühmte Gelehrte und Künstler gingen hier ein und aus. Deren bekanntester Vertreter war der aus dem kilikischen Mallos stammende Krates, ein Universalgelehrter, der es im Hinblick auf seine Vielseitigkeit durchaus mit dem großen Aristoteles aufnehmen konnte. Hauptberuflich Leiter der Bibliothek von Pergamon, schrieb er nebenbei Kommentare zu den Werken Homers, stellte ferner Überlegungen zum Wesen der Götter an und konstruierte schließlich den ersten Globus der Antike. Außerdem machte er die bis dahin kulturell eher unbedarften Römer mit der griechischen Philosophie vertraut: 168 v. Chr. war er als politischer Gesandter in Rom, stolperte am Palatin über einen Kloakendeckel, brach sich das Schienbein und nutzte den dadurch verursachten Zwangsaufenthalt zu öffentlichen Vorträgen über Philosophie.

Ein schwieriges Erbe

Dem letzten Attaliden soll es an den herausragenden staatsmännischen Qualitäten seiner Vorgänger völlig gefehlt haben. Jedoch trat er 138 v. Chr. ein schwieriges Erbe an: Unter seinen Vorgängern, dem Vater Eumenes II. und dem Onkel Attalos II., war Pergamon mehr und mehr zu einem Spielball der Römer geworden. War es da verwunderlich, daß, wie die antiken Quellen übereinstimmend klagen,

Attalos III. sich nicht um Regierungsgeschäfte kümmern wollte? Freilich spricht man auch davon, daß der letzte Herrscher von Pergamon ein überaus mißtrauischer Mensch war und überall Verrat und Sabotage witterte. Auf sein Konto sollen zahlreiche Morde in der nächsten Verwandtschaft gegangen sein – manche sprechen davon, er habe Mutter und Braut töten lassen, andere schreiben diese Untaten einem Komplott von Gegnern zu, an denen sich Attalos dann grausam gerächt haben soll.

Ein Faible für Pflanzen und Gifte
Als die exzentrische Laune eines Sonderlings wird seit der Antike auch der Umstand angesehen, daß der anscheinend so politikmüde König Attalos ein um so regeres Interesse an allem zeigte, was mit Pflanzen zu tun hatte. Der Historiker Iustin schreibt, der Herrscher habe gerade wegen all der Tragödien und Dramen in seiner Familie die Lust an den Staatsgeschäften verloren. Statt dessen »grub er seine Gärten mit dem Spaten um, streute Samen aus, und zwar Kraut und Unkraut kunterbunt durcheinander, und all das tränkte er dann in einer Giftbrühe und sandte es seinen Freunden als Ehrengabe ins Haus«. Von einer Schwäche für Giftpflanzen weiß auch der griechische Schriftsteller Plutarch: »Er züchtete in seinem Garten Arzneipflanzen, nicht nur Bilsenkraut und Nieswurz, sondern auch Schierling, Fingerhut und Doryknion. Er säte und pflanzte sie selbst im

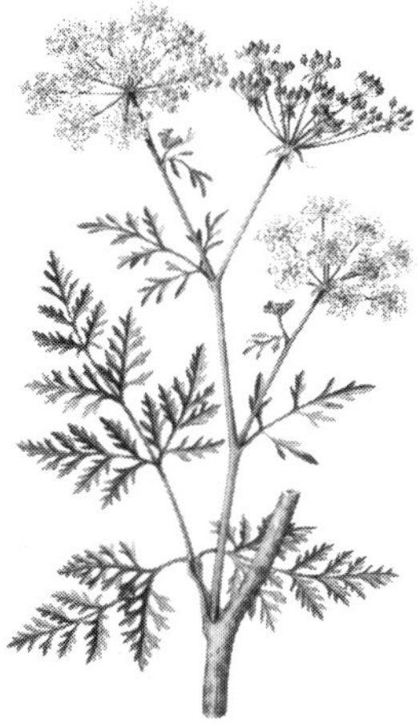

Gefleckter Schierling

königlichen Palast und hatte es sich zur Aufgabe gemacht, ihre Früchte und Säfte kennenzulernen und zur rechten Zeit zu gewinnen.« Offenkundig hielt Plutarch die botanischen Studien des Attalos für seriöser als sein Kollege Iustin, der den König in deutlich polemischer Absicht als einen grausamen Giftmischer zu porträtieren bestrebt war. Unterstrichen wird dies durch Nachrichten, die davon sprechen, daß Attalos die von ihm entwickelten Gifte an verurteilten Verbrechern ausprobiert habe.

Eine lange Tradition

Tatsächlich scheint sich Attalos jedoch mit seinem königlichen Kräutergarten in eine lange Tradition der Forschung eingereiht zu haben. Wie so viele griechische und römische Pioniere knüpfte er also an die Leistungen von für uns anonymen Innovatoren an. Im Orient war schon seit Jahrhunderten mit Giften experimentiert worden, vorwiegend mit solchen pflanzlicher Natur, die man aus Pilzen und Kräutern gewonnen hatte. Daneben beschäftigte man sich auch mit dem Gift von Schlangen, das man allerdings weniger zu pharmazeutischen als vielmehr zu kriegerischen Zwecken einsetzte. So überraschte der karthagische Feldherr Hannibal seine Gegner mit Pfeilen, die er mit dem Gift von Schlangen getränkt hatte. Kleopatra beging 30 v. Chr. Selbstmord, indem sie sich von der Uräus-Schlange, dem heiligen Tier des Amun-Re, einen Biß versetzen ließ – dies ganz offenkundig in Anknüpfung an alte pharaonische Vorbilder, die glaubten, auf diese Weise die Entrückung zum Sonnengott erreichen zu können.

Der Schierlingsbecher

Toxikologische Studien mit Pflanzen, denen das besondere Interesse des Attalos galt, wurden auch bereits im frühen Griechenland betrieben, freilich noch nicht in systematischer Form. In Athen pflegte man Verurteilte mit einem Trank aus der hochgiftigen Schierlingspflanze hinzurichten. Prominentestes Opfer war 399 v. Chr. der Philosoph Sokrates, dem seine Gegner vorwarfen, die Götter zu vernachlässigen und die athenische Jugend zu verderben. Im Dialog *Phaidon* hat der nicht minder berühmte Platon das Ende des Lehrers im Gefängnis von Athen und damit auch die Wirkung dieser Substanz genau beschrieben: »Er ging umher, und als er merkte, daß ihm die Beine schwer wurden, legte er sich gerade auf den Rücken … Dann berührte ihn derjenige, der ihm das Gift verabreicht hatte, von Zeit zu Zeit und untersuchte seine Füße und Beine. Dann drückte er ihm stark auf den Fuß und fragte, ob er das spüre. Er sagte nein. Darauf drückte der andere die Knie, und so ging er immer höher hinauf und zeigte uns, wie er erkaltete und erstarrte. Dann berührte er ihn noch ein weiteres Mal und sagte, wenn ihm das bis ans Herz käme, würde er sterben.« Und tatsächlich trat kurz darauf der Tod ein.

Die Furcht der Könige

Im Lauf des 4. Jahrhunderts v. Chr. begann sich auch die griechische Medizin, unter dem Einfluß der Lehren des Hippokrates, für Giftpflanzen und deren schädliche, aber auch heilende Wirkung zu interessieren. Einzelheiten sind freilich nur wenige bekannt – wir kennen immerhin vom Titel her einige Schriften von Ärzten, die sich mit Giften befaßt haben, und sicher sind auch entsprechende Experimente vorgenommen worden. Ihre erste große Blütezeit erlebte die antike Toxikologie jedoch seit dem 3. Jahrhundert v. Chr. unter den hellenistischen Herrschern. Das war alles andere als ein Zufall. Wie in Pergamon, so regierten auch in den anderen Nachfolgestaaten des Alexanderreiches – in Makedonien, Syrien und Ägypten – Könige, die sich ihrer Herrschaft eigentlich nie sicher sein konnten. Mord und Intrigen waren an den Königshöfen ein durchaus übliches Mittel der politischen Auseinandersetzung. Sei es von Seiten ehrgeiziger Prätendenten, sei es aus dem Kreis der Familienangehörigen – von überall her drohten Gefahren. Ein besonders beliebtes Mittel des Königsmordes war das Attentat mit Gift. Dagegen suchten sich die Herrscher auf verschiedene Weise zu wappnen – entweder indem sie Vorkoster (zweifellos eine antike Berufsgruppe mit hohem Risikofaktor) engagierten oder indem sie sich selbst, als Präventivmaßnahme, in Sachen Gift kundig machten.

Der Forscher Attalos

Vor dem Hintergrund solcher Entwicklungen erscheint nun aber auch die Affinität des Attalos III. zu Pflanzen und Giften in einem anderen Licht. Das war offenbar weniger der Spleen eines unfähigen Königs als vielmehr eine durchaus kluge, vielleicht sogar lebensrettende Vorsichtsmaßnahme. Von seinen monarchischen Kollegen hatte Attalos gelernt, wie wichtig es sein konnte, auf diesem Gebiet Expertenwissen zu erwerben. Und offensichtlich blieb Attalos nicht auf der Stufe des interessierten Amateurforschers stehen, wie die bereits zitierte Plutarch-Stelle deutlich macht: »Er säte und pflanzte die Kräuter selbst im königlichen Palast und hatte es sich zur Aufgabe gemacht, ihre Früchte und Säfte kennenzulernen und zur rechten Zeit zu gewinnen.« Die botanischen Studien des Attalos hatten also empirisch-wissenschaftlichen Charakter.

Leider ist nicht bekannt, in welchen Bereichen er die antike Toxikologie konkret vorangetrieben hat und welche Innovationen direkt auf ihn zurückgehen. Immerhin nennt Plutarch einige der Pflanzen, die der König in seinem Garten angebaut und studiert hat: Bilsenkraut, Nieswurz, Schierling, Fingerhut, Doryknion. Das Bilsenkraut (*Hyosyamus*) gehört zu den Nachtschattengewächsen, kommt, außer in Asien, auch in Europa und Nordafrika vor. Besonders giftig ist das schwarze Bilsenkraut (*Hyosyamus niger*). Wie die meisten Gifte hat auch das Bilsenkraut eine therapeutische Komponente: Die getrockneten Blätter oder ein Extrakt daraus werden in der Homöopathie angewendet. Die Nieswurz ist ein Hahnenfußgewächs. Man unterscheidet verschiedene Arten, so die schwarze oder die grüne Nieswurz. Sie enthält insbesondere giftige Glucoside, die zu Herzbeschwerden und Atemnot führen können. Zu den giftigsten Pflanzen, mit denen sich Attalos beschäftigte, muß die Schierlingspflanze gerechnet werden. Ihre volkstümlichen Beinamen *Wüterich* und *Tollkraut* deuten diese Gefährlichkeit an. Auch hier werden mehrere Arten unterschieden, so der Echte Schierling, der Wasserschierling, der Gartenschierling, der Bergschierling. Tückisch ist die Ähnlichkeit der Blätter mit Petersilie und die der Wurzel mit Sellerie. Die Wirkung des Giftes auf den Menschen hat Platon am Beispiel des Sokrates drastisch beschrieben. Der Fingerhut (*Digitalis*) gehört zur Gattung der Rachenblüter und kommt nicht nur in Pergamon und im übrigen westlichen Asien, sondern auch in Europa und der mediterranen Region vor. Der Rote Fingerhut, eine Gebirgspflanze, kann bis zu zwei Metern Höhe erreichen. Er wird auch als Heilpflanze und da insbesondere bei Herzerkrankungen eingesetzt. Bei dem Doryknion schließlich, den Plutarch ebenfalls als Objekt der botanischen Fürsorge des Königs Attalos erwähnt, handelt es sich wahrscheinlich um eine Pflanze aus der großen Familie der Windengewächse (*convolvulus oleaefolius*).

Einen weiteren Anhaltspunkt für das Schaffen des Attalos liefern die Schriften des allerdings etwas mysteriösen Naturwissenschafts- und Agrarschriftstellers Nikandros. Dieser stammte – so viel ist sicher – aus der kleinasiatischen Stadt Kolophon, südlich von Pergamon. Gestritten wird darüber, in welcher Zeit Nikandros gelebt hat. Manches aber spricht dafür, daß er ein Zeitgenosse von Attalos III. war und daß er an der Bibliothek von Pergamon tätig gewesen ist. Vielleicht ist seine umfangreiche literarische Produktion zum Thema Gifte und Pflanzen also das Ergebnis einer fruchtbaren Zusammenarbeit mit dem König Attalos. In der damals verbreiteten Form von Lehrgedichten schrieb Nikandros über die Bisse giftiger Tiere, und wir wissen auch von einer Abhandlung über tierische, pflanzliche und mineralische Gifte samt deren Gegenmittel.

Ein anderer königlicher Giftmischer

Attalos III. wurde also aus sehr praktischen und nachvollziehbaren Gründen zu einem versierten Botaniker und Toxikologen. Und sein Beispiel machte wiederum bei anderen hellenistischen Königen Schule. Besonders intensiv eiferte ihm der König Mithradates VI. von Pontos nach. Wie bei Attalos war auch sein Schicksal eng mit dem der Römer verbunden. Anders als der Pergamener versuchte er aber den neuen Herren der Welt mit militärischen Mitteln beizukommen. Von seinem Königreich im Süden des Schwarzen Meeres aus führte er teilweise sehr erfolgreiche Kriege gegen die inzwischen an Niederlagen nicht mehr gewöhnten Römer. Im Jahre 63 v. Chr. mußte er jedoch in aussichtsloser Lage kapitulieren und ließ sich von einem keltischen Söldner erdolchen. Allerdings hatte sich Mithradates für den Fall der Fälle eigentlich eine andere Art des selbstgewählten Todes vorgenommen: Er wollte Gift nehmen. Fatalerweise hatte er sich in den langen Jahren seiner Regierung, aus Furcht vor Giftattentaten, durch Versuche mit Gegengiften weitgehend immunisiert. »Er nahm«, so sagt der antike Autor Iustin, »ziemlich häufig Gegengifte ein und machte sich gegen solche Anschläge, indem er immer noch stärkere Gegenmittel herausfand, derart resistent, daß er als alter Mann nicht einmal dann, als er es wollte, an Gift sterben konnte.«

Technologietransfer in den Westen

Die erworbenen toxikologischen Spezialkenntnisse hat Mithradates jedoch nicht mit ins Grab genommen. Sein römischer Rivale, der Feldherr und Politiker Pompeius, entdeckte im Nachlaß des pontischen Königs Dokumente mit Aufzeichnungen über den medizinischen Gebrauch von Pflanzen. Pompeius beauftragte Lenaeus, einen seiner gebildeten Vertrauensleute, mit der Übersetzung ins Lateinische. So gelangte das Wissen des Mithradates von Pontos in den Westen. Das Ergebnis dieses Transfers an *Knowhow*: Jetzt stand das Thema Gift auch immer häufiger auf der Tagesordnung der römischen Politik.

Gifte im römischen Kaiserhaus

Die Quellen zur römischen Kaiserzeit spekulieren bei dem Ableben eines Herrschers in verläßlicher Regelmäßigkeit darüber, ob nicht wieder einmal Gift im Spiel gewesen sei. Ziemlich sicher war dies beim Tod des Kaisers Claudius im Jahre 54 n. Chr. der Fall. Hinter dem Anschlag soll seine Ehefrau Agrippina gestanden haben, die auf diese Weise ihrem Sohn Nero den Weg zur Macht ebnen wollte. Der dramatische Bericht des Kaiserbiographen Sueton dokumentiert wohl weniger die wirklichen Leiden des sterbenden Kaisers als vielmehr das Interesse des damaligen Publikums an reißerischen Nachrichten aus dem Kaiserhaus. Insofern ist der medizinhistorische Wert wohl eher als gering einzuschätzen. Gleichzeitig war man sich über den wirklichen Tathergang nicht sicher. Man mutmaßte aber, Agrippina persönlich habe dem Kaiser ein vergiftetes Pilzgericht verabreicht. Einige behaupteten, Claudius sei dann nach einer qualvollen Nacht verstorben. Andere meinten, er habe sich erbrochen, woraufhin man ihm erneut Gift gab, und dies nun mit finaler Wirkung. Auch der Historiker Tacitus spricht von vergifteten Pilzen als Todesursache. Ihm zufolge hätten die Verschwörer um Agrippina aber nicht registriert, wie das Gift zu wirken begann, manche glaubten, wie Tacitus bösartig hinzufügt, es handele sich um die bekannten alkoholbedingten Ausfallserscheinungen des Kaisers. Agrippina soll in Panik verfallen sein und animierte den Hofarzt Xenophanes zu einer üblen Aktion: Unter dem Vorwand, Claudius zum Erbrechen bringen zu wollen, führte er eine mit Gift bestrichene Feder in den Hals des Kaisers, was definitiv zum Tode führte.

Damit war der Weg frei für Nero, der seine Herrschaft auch gleich mit einem Giftmord begonnen haben soll. Opfer war Britannicus, der Sohn des Claudius und Stiefbruder Neros, vom neuen Kaiser als lästiger Rivale gefürchtet. Für die Tat engagierte Nero laut Sueton die berüchtigte Giftmischerin Lucusta. Diese ging zwar ans Werk, doch verursachte sie bei Britannicus nur leichte Magenkrämpfe. Der erboste Kaiser verprügelte Lucusta und warf ihr vor, statt eines Giftes ein Heilmittel verabreicht zu haben. Die verhinderte Mörderin gab nun zu, die Dosierung abgeschwächt zu haben, um das Verbrechen nicht offenkundig werden zu lassen. Doch Nero gab nicht auf: Jetzt zwang er Lucusta, in seiner Gegenwart in seinem Schlafzimmer ein Gift zu brauen, das möglichst rasch wirke und mit Sicherheit zum Tode führe. Sicherheitshalber probierte er das Resultat dieser Bemühungen zuerst an einem Ziegenbock aus, der aber immerhin fünf Stunden durchhielt. Erneut ließ er Lucusta die tödliche Rezeptur verbessern und testete sie dann an einem Ferkel, das auf der Stelle verendete. Nun vom Erfolg überzeugt, setzte er das perfektionierte Erzeugnis der Giftmischerin Lucusta dem ahnungslosen Britannicus in einem Getränk vor, und wie zuvor das Ferkel hauchte dieser sofort sein Leben aus.

Wissenschaftlicher Fortschritt

Ganz in der Tradition des Attalos III., des Pioniers der monarchischen Toxikologie, kümmerte sich Nero auch um den wissenschaftlichen Fortschritt beim Umgang mit Giften. In seinen Diensten stand der berühmte Arzt Andromachos aus Kreta. Dessen Ehrgeiz richtete sich darauf, die Effizienz von Gegengiften weiterzuentwickeln. Als unerreichtes Vorbild galt bis dahin immer noch der pontische König Mithradates – schließlich war der Umstand, daß er sich selbst gegen die Wirkung von Giften immunisiert hatte, der beste Ausweis einer erfolgreichen Forschungsarbeit. 41 verschiedene Zutaten enthielt die Rezeptur des Mithradates, wie die antike Welt wußte, seitdem Pompeius die ärztlichen Dokumente des Königs entdeckt und sie der westlichen Welt zugänglich gemacht hatte. Das Gegengift des Andromachos – das erst unter dem Markennamen *Galene*, später *Theriak* firmierte – wies 23 weitere Ingredienzien auf, so beispielsweise Opiate, Mineralien, Meereszwiebeln und Vipernfleisch (Mithradates hatte statt dessen Eidechsenfleisch empfohlen). Das neue Medikament schlug sofort groß ein. Noch Kaiser Marc Aurel (161–180 n. Chr.) nahm, wie sein Leibarzt Galen berichtet, täglich eine Dosis davon. Das Wundermittel half aber nicht nur gegen Vergiftungen, sondern wurde auch bei allen inneren Beschwerden bis hin zu Magenschmerzen eingesetzt. Ebenfalls noch unter Nero erwarb sich ein Kollege des Andromachos, Dioskurides aus Kilikien, Meriten sowohl in der Pharmakologie als auch in der Toxikologie. Seine illustrierte Arzneimittellehre hatte eine große Wirkung bis ins Zeitalter der Renaissance und fand auch im arabischen Raum Verbreitung.

Das Ende des Attalos

Attalos III., der Pionier der Pflanzenkunde und der Toxikologie, der auch als Verfasser von landwirtschaftlichen Traktaten auf sich aufmerksam machte, starb nicht, wie er es wahrscheinlich befürchtet hat, an einer Vergiftung. Ein Sonnenstich, heißt es, streckte ihn nieder, den er sich geholt hatte, als er im Freien an einer Skulptur seiner Mutter arbeitete. Gegen ein solches Unglück war auch im Garten des Attalos kein Kraut gewachsen.

Gaius Sergius Orata

Römischer Unternehmer, 1. Jahrhundert v. Chr.;
Pionierleistung: Einführung der Fußbodenheizung in Italien

Mit Italien verbindet man im allgemeinen die Vorstellung von Sonne, Meer und blauem Himmel. Dabei vergißt man leicht, daß es im Herbst und im Winter unangenehm kalt werden kann – heute wie in der Antike. Der Dichter Horaz beschreibt in der 2. Hälfte des 1. Jahrhunderts v. Chr. in einer seiner Oden einen Winterabend in einem Haus auf dem *Sorakte*, dem heutigen *Monte Soratte*, einem Berg nördlich von Rom: »In tiefen Schnee gehüllt siehst du Sorakte erstrahlen; die Wälder können kaum die schwere Last ertragen; von Eis und Kälte starren die Flüsse in Todesstille.« Wie sollen sich die frierenden Menschen helfen? Horaz hat zwei Rezepte parat: die Glut auf dem Herd immer wieder mit Holzscheiten auffüllen und den reichlichen Genuß von gutem Wein.
Noch unwirtlicher stellten sich die mediterranen Menschen den rauhen Norden vor, also vor allem die Regionen in Germanien, Britannien oder Gallien. Im Jahre 54 v. Chr. macht sich Cicero Sorgen um seinen Freund Trebatius, der während der Feldzüge Caesars im Norden von Gallien im Winterquartier festsitzt. In einem Brief schreibt er ihm mit väterlichen Worten: »Ich bin ernstlich besorgt, daß du im Winterlager kaltgestellt bist. Darum, meine ich, solltest du dir einen anständigen Ofen anschaffen ..., zumal du mit Kriegsmänteln nicht eben reichlich versehen bist.«

Mediterrane Kälte

Solche Klagen kommen immer wieder vor. Und das verwundert nicht, wenn man sich die heutigen, von den antiken sich nicht gravierend unterscheidenden Tiefsttemperaturen im winterlichen Mittelmeerraum betrachtet: bis zu minus 9 Grad in Rom, in der Türkei bis zu minus 18 Grad, auch in Südfrankreich immerhin minus 11 Grad, und auf Sizilien minus 3 Grad. Dabei hätten sich wenigstens die reichen Römer seit der ersten Hälfte des 1. Jahrhunderts v. Chr. keine Gedanken mehr über Frost, Kälte und Frieren machen müssen.

Ein findiger Unternehmer

Seit etwa 80 v. Chr. war eine für Italien revolutionäre Heiztechnik auf dem Markt. Als ihr Erfinder wird in den Quellen die schillernde

Figur des Gaius Sergius Orata genannt, ein für antike Verhältnisse äußerst versierter Unternehmer und Geschäftsmann. Der Name Orata bedeutet so viel wie »Goldforelle« und war insofern treffend, als eines der Metiers, in denen Sergius tätig war, die Fischzucht gewesen ist. Seine Geschäfte betrieb er am reizvollen Golf von Neapel, in der vornehmen Badestadt Baiae und in der Hafenmetropole Puteoli (dem heutigen Pozzuoli). Furore machte er mit der Erfindung eines Austernbehälters, die ihm üppigen Profit einbrachte. Das weckte den Zorn des römischen Adels, nach dessen Auffassung die Landwirtschaft die einzig ehrenwerte Grundlage geschäftlicher Aktivitäten darstellte. So ist es zu verstehen, wenn der ältere Plinius dem Orata vorhält, er habe seine Austern »nicht wegen der Feinschmeckerei, sondern aus Habgier« angelegt. Und dem Ruf des Unternehmers war es auch nicht zuträglich, daß er wegen nicht ganz seriöser Geschäftsmethoden bei Immobilien wiederholt in Prozesse verwickelt wurde.

Eine Heizung für Fische und Austern

Seinen Platz in der Geschichte antiker Innovationen verdankt Sergius Orata aber dem Umstand, daß die Römer, die es sich finanziell leisten konnten, nun nicht mehr frieren mußten. Allerdings galt die Sorge des Orata zunächst nicht dem Wohlbefinden der Menschen. Vielmehr ging es dem cleveren Unternehmer um eine Optimierung seiner Fisch- und Austernzucht. Diese würde, so seine Überlegung, schneller anwachsen, wenn man das Wasser in den Bassins anheizen würde.

Die Hypokausten-Heizung

Die Lösung des Problems fand Orata in der Fußbodenheizung, nach dem griechischen Begriff allgemein als *Hypokausten* bezeichnet. Das Grundprinzip dieser später immer mehr verfeinerten Heizung bestand darin, daß in einer Heizkammer mit Holz oder Holzkohle Luft erhitzt wurde, die dann über einen auf quadratischen Ziegelsteinen ruhenden Fußboden nach oben in die zu beheizenden Räume geleitet wurde. In einem späteren Stadium der technischen Entwicklung ermöglichten senkrechte Tonröhren das Aufsteigen der Wärme auch an den Wänden. Diese dienten zugleich auch als Rauchgasabzüge – was angesichts der Konsistenz der erhitzten Luft aus Kohlendioxyd und Wasserdampf auch notwendig war.

Was für Fische und Austern gut war, konnte nach der Meinung des geschäftstüchtigen Sergius Orata auch Menschen nützlich sein. Wie Plinius mitteilt, installierte er diese Heizung auch in Häusern, die er

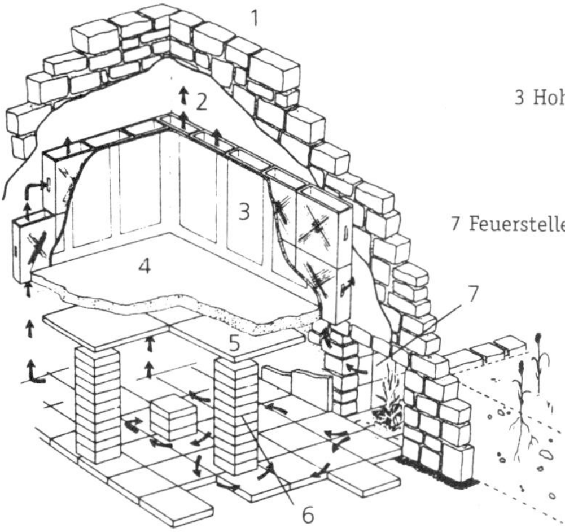

1 Außenmauer,
2 Putzschicht,
3 Hohlziegel (*tubuli*),
4 Estrich,
5 Ziegelplatten,
6 Ziegelpfeiler,
7 Feuerstelle (*praefurnium*),

Schema einer Hypokaustenheizung

Hypokausten, Thermenanlage von Seapinum

danach mit großem Profit verkaufte. Als seriöser Geschäftsmann hatte er damit endgültig ausgespielt. Doch das wird Sergius Orata wenig gestört haben. Auch wenn über sein weiteres Wirken nur noch wenig bekannt ist, hat er in seinen Besitzungen am Golf von Neapel sicher ein Leben in Reichtum und Überfluß geführt.

Griechische Vorläufer

Zweifelhaft bleibt allerdings, welchen exakten Anteil Sergius Orata an der innovativen Entwicklung der Fußbodenheizung hatte. Mit Vehemenz weisen einige Forscher daraufhin, daß der Austernzüchter aus Süditalien zu Unrecht den Ruf genießt, die *Hypokausten* erfunden zu haben. Wieder einmal sollen die Griechen in Sachen technischer Fortschritt die Nase vorn gehabt haben. Ist diese Behauptung auch im vorliegenden Fall zutreffend? Einen ersten Riß erhielt das Denkmal Orata durch archäologische Grabungen im griechischen Olympia. Hier, an der geheiligten Stätte des Gottes Zeus, wo alle vier Jahre die berühmten Spiele stattfanden, entdeckten die Wissenschaftler ein öffentliches Bad, das ihn seinen Anfängen auf das 5. Jahrhundert v. Chr. zurückgeht. Von *Hypokausten* gibt es für diese frühe Phase noch keine Spur. Es existierte aber bereits eine Art Schwitzbad, dessen Gäste jedoch noch nicht so komfortabel bedient wurden wie später die Fische und Austern des Sergius Orata. Die Beheizung erfolgte wohl durch glühende Metallpfannen oder heiße Steine.

Im Lauf der Zeit wurde dieses olympische Bad mehrfach umgebaut und erweitert. Die vierte Bauphase enthielt eine Heizung, die ganz offenbar nach dem Prinzip der *Hypokausten* funktionierte: Pfeiler, Ziegel, ein Unterboden, der den darüber liegenden Raum beheizte, dazu sogar ein Rauchabzug. Die Urheberschaft des Gaius Sergius Orata für den Typus der Fußbodenheizung geriet ernsthaft in Gefahr, als sich die Archäologen an die Datierung des Baubefundes machten: Unzweifelhaft stammte die vierte Bauphase aus der Zeit um 100 v. Chr. – das waren also etwa 20 Jahre Vorsprung für die unbekannten Konstrukteure des Bades in Olympia.

Noch schlimmer wurde es für den Erfinderstatus des Orata, als Archäologen sich an die Erforschung eines Bades in der Stadt Gortyn auf der Insel Kreta machten. Auch hier kam eindeutig das Unterheizsystem zur Anwendung, und das nun noch viel früher, als Orata in Puteoli und Baiae seine Fischteiche beheizte: Auf etwa 300 v. Chr. wird das Hypokaustenbad von Gortyn datiert. Mit diesem Befund war der Wettstreit der Heiztechniker klar entschieden: Auch hier waren die Griechen den Römern in Sachen Innovation vorausgeeilt. Aber wie in Olympia bleiben die verantwortlichen Ingenieure anonym. Vielleicht bringen künftige archäologische Forschungen noch frühere Heizsysteme ans Licht. Bis dahin aber darf sich das kretische Gortyn mit dem Prädikat schmücken, der antiken Heiztechnik neue Wege gewiesen zu haben.

Perfektionierung durch die Römer

Mit diesen Erkenntnissen aber muß Gaius Sergius Orata nicht aus der Liste antiker Pioniere gestrichen werden. Sein Verdienst besteht auf jeden Fall darin, die *Hypokausten* in Italien heimisch gemacht zu haben. Dabei läßt sich allerdings nicht entscheiden, ob ihm die Griechen dabei als Vorbild gedient haben oder ob die römische Heizung unabhängig von der griechischen entstanden ist. Und schließlich sind es dann die Römer gewesen, die diese griechische Art des Heizens weiterentwickelt und zur Perfektion gebracht haben.

Die Heizung als Statussymbol

Die *Hypokausten*-Heizung war eine kostspielige und aufwendige Angelegenheit. Insofern profitierten von ihr zunächst einmal die Reichen. Bald gehörte es unter vornehmen Römern zum guten Ton, in seiner Villa über ein solches Heizsystem zu verfügen – und dies nicht nur für das Bad, sondern auch für die anderen Räume. Wichtig war natürlich auch, den adligen Standesgenossen vorzuführen, was man sich leisten konnte. Ein Musterbeispiel dafür ist ein Brief, den zu Beginn des 2. Jahrhunderts n. Chr. der jüngere Plinius an einen Freund schrieb, um diesen mit seinem Landsitz in der Nähe von Ostia zu beeindrucken. Bei der Beschreibung des gehobenen Wohnkomforts vergißt Plinius nicht, immer wieder mehr oder weniger dezent auf die eingebauten Heizungen hinzuweisen. So gibt es im Wohn-, Schlaf- und Bibliothekstrakt einen Korridor, »der, unterkellert und mit einem Heizraum versehen, die zuströmende Heißluft wohl temperiert hierhin und dorthin verteilt und weiterleitet«. Selbstverständlich verfügt Plinius auch über ein geräumiges Privatbad, mit Salbzimmer, Zentralheizung, Heizraum für das Bad und zwei Kabinen, mit diesen verbunden »ein herrliches Warmbad, aus dem man beim Baden aufs Meer blickt«. Und selbst in seinem Gartenpavillon will Plinius nicht auf die Heizung verzichten: »An den Schlafraum ist ein winziger Heizraum angefügt, der durch eine schmale Klappe die aufsteigende Wärme je nach Bedarf ausströmt oder zurückhält.« Den Wunschtraum späterer Mitteleuropäer antizipierend, besaß Plinius auch eine Villa in der Toskana – natürlich ebenfalls mit einer *Hypokausten*-Heizung: »Dieses Zimmer ist im Winter angenehm warm, weil es reichlich Sonne bekommt. Angeschlossen ist eine Heizung, und wenn es trübes Wetter ist, vertritt es durch Abblasen von Dampf die Sonne.«

Geheizte Bäder

Die Masse der Bevölkerung konnte von einem solchen Luxus nur träumen. Auch nach der Verbreitung der *Hypokausten* mußten die meisten Menschen in ihren weit bescheideneren Wohnungen mit einfachen Öfen, Herdplatten oder Kohlebecken als Wärmequelle auskommen. Viele behalfen sich nach wie vor mit dem Ratschlag des Horaz und überbrückten die kalten Wintertage mit dem üppigen Konsum von Wein. Doch noch im Verlauf des 1. Jahrhunderts v. Chr. ergab sich bald auch für die Allgemeinheit die Möglichkeit, an den Segnungen der neuen Heiztechnik teilzuhaben: Es kamen die öffentlichen Bäder in Mode. Überall in Italien und bald auch in den Provinzen, jedenfalls überall dort, wo Römer präsent waren, entstanden, auf der Grundlage der *Hypokausten*-Heizung, gemeinschaftliche Bäder, in denen man, gegen eine meist moderate Gebühr, den Tag verbringen konnte. Die Bad- oder Thermenanlagen hatten alle einen identischen Aufbau, was es dem heutigen Besucher archäologischer Stätten relativ leicht macht, sich in den Ruinen zurechtzufinden: Es gab jeweils einen Umkleideraum (*apodyterium*), einen Kaltbaderaum (*frigidarium*), einen Warmluftraum (*sudatio*) und ein Warmwasserbad (*caldarium*). Hier fühlten sich die Besucher mindestens ebenso wohl wie die Fische in den Becken des Sergius Orata. Seinen Höhepunkt erlebte das heizungsgesteuerte antike Badewesen in der römischen Kaiserzeit.

Kaiserliche Bäder

Die Herrscher selbst traten als Sponsoren auf, um möglichst prächtige Thermen errichten zu lassen und dabei zum einen ihre Vorgänger zu übertreffen und zum anderen ihrer Fürsorgepflicht gegenüber der Bevölkerung nachzukommen. Noch heute sichtbare Zeugen kaiserlicher Badepflege sind die Caracalla- und die Diokletiansthermen in Rom sowie die Kaiser- und Barbarathermen in Trier. Gerade die Thermen, die der Kaiser Diokletian (284–305 n. Chr.) in Rom baute, hatten gigantische Ausmaße und entsprachen so ganz dem von diesem Herrscher propagierten absoluten Kaisertum mit seinem übersteigerten Repräsentationsbedürfnis. Mit einer Seitenlänge von 376 mal 361 Metern bedeckten sie ein Areal von 13 Hektar. Das Schwimmbecken mit 2 500 m^2 bot 3 000 Badenden Platz. Ein Fenster der Konstantins-Thermen in Trier fungierte später als Tor der mittelalterlichen Stadtbefestigung. Über die reine Badefunktion hinaus gewannen diese Anlagen auch die Bedeutung von (gut beheizten) Begegnungszentren, mit angeschlossenen Sportstätten, Bibliotheken und Vortragsräumen. Damit hatte das Frostschutzmittel Wein erst einmal ausgedient, weil nun, jedenfalls in den großen Städten, immer die Chance bestand, sich in den öffentlichen Bädern aufzuwärmen.

Wärme im kalten Norden
In der Kaiserzeit wurden die Thermen auch verstärkt in die Provinzen des Römischen Reiches exportiert. Sie gehörten ebenso zum festen Bestandteil der Städte, der Landhäuser und wie auch besonders zu dem der Militärlager. Den tristen Grenzwachdienst im kühlen Germanien konnte der an mediterrane Verhältnisse gewöhnte römische Legionär sehr viel besser ertragen, wenn er sich während der Patrouille vorstellte, wie er am Nachmittag in das geheizte Becken steigen und anschließend im Schwitzbad sich mit den Kollegen unterhalten würde. So diente die *Hypokausten*-Heizung auch zur Aufrechterhaltung der soldatischen Moral. Wie der Historiker Tacitus berichtet, gehörten zu den zivilisatorischen Annehmlichkeiten, die die unterworfenen Völker von den Römern übernahmen, auch die geheizten Bäder: Der Adel Britanniens tummelte sich in ihnen, ohne, wie der von Zynismus nie ganz freie Tacitus kommentiert, sich bewußt zu sein, damit auf raffinierte Art seines Widerstandwillens beraubt zu werden.

Moderne Experimente
Moderne Forscher haben in der Saalburg, einem Limeskastell im Taunus, in der Nähe von Bad Homburg, experimentell die Leistungsfähigkeit der dortigen Heizanlage getestet. Den Fußboden konnte die *Hypokausten*-Heizung im Winter auf eine Temperatur zwischen 20 und 50 Grad bringen. An den Wänden wurden Temperaturen zwischen 18 und 30 Grad gemessen. Im Warmbaderaum steigerte die Heizung die Temperaturen auf 32 Grad, bei einer Luftfeuchtigkeit von 100 Prozent.

Die Kehrseite
Im spätantiken Rom hatte der Badefreudige die Wahl zwischen elf großen Thermen und 856 weiteren öffentlichen Bädern, die meisten von ihnen auf hohem technischen Niveau, was die Heizung betraf. Für die meisten waren die Thermen ein Vergnügen – nur nicht für diejenigen, die das Pech hatten, in der Nachbarschaft einer solchen Anlage zu wohnen. Zu denjenigen, die unter dem regsamen Treiben zu leiden hatten, gehörte der Politiker und Philosoph Seneca (der

Pionier der Erdbebenforschung). Seine Wohnung im Nobelort Baiae am Golf von Neapel, dort, wo einst Sergius Orata damit begonnen hatte, seine Fischteiche zu heizen, lag direkt über einer öffentlichen Therme. In einem Brief hat er sein Herz ausgeschüttet: »Hier umschwirrt einen Lärm aller Art ... Hier üben Athleten, schwingen ihre mit Blei beschwerten Hände ... Dann hört man den gewöhnlichen Salber – ich höre seine Hand auf die Schulter klatschen, und je nachdem, ob sie hohl oder flach auftrifft, sind die Töne verschieden. Wenn dann noch ein Ballspieler hinzukommt, der seine Ballschläge zählt, ist das Maß voll ... Dann das tosende Aufspritzen des Wassers, wenn einer mit großem Schwung ins Becken springt ... Und dann auch noch die Lärmerei, wenn Wurst- und Kuchenhändler sowie alle Inhaber von Garküchen ihre Waren, jeder in der ihm eigenen Tonart, anpreisen.« Wie lange der reiche Seneca in diesem Haus gewohnt hat, ist nicht bekannt. Wahrscheinlich hat er sich bald auf eine seiner gut beheizten Villen auf dem Lande zurückgezogen.

Verkehrsplanung

Iulius Caesar

Römischer Feldherr und Politiker 100–44 v. Chr.;
Pionierleistung: Verkehrsberuhigende Maßnahmen in Rom und anderen Städten des Römischen Reiches

Lang ist die Liste der Taten, die man gemeinhin mit dem Namen des römischen Politikers und Feldherrn Iulius Caesar in Verbindung zu bringen pflegt. Zwischen 58 und 51 v. Chr. eroberte er mit seinen Legionen Gallien. Im Januar 49 v. Chr. marschierte er nach Überschreitung des Grenzflußes Rubico nach Italien ein und eröffnete den Bürgerkrieg gegen seinen Rivalen Pompeius. Diesen besiegte er 48 v. Chr. in der Schlacht beim griechischen Pharsalos. Danach half er der in Thronstreitigkeiten verwickelten ägyptischen Königin Kleopatra VII. nicht nur in politischen Angelegenheiten aus. Auf dem Rückweg besiegte er am Schwarzen Meer Pharnakes, den König von Pontus, und sandte die legendäre Erfolgsmeldung *veni, vidi, vici* (»Ich kam, sah und siegte«) nach Rom. Nach der Ausschaltung der verbliebenen Anhänger des Pompeius in Nordafrika und Spanien war Caesar unumschränkter Alleinherrscher in Rom. In dieser Eigenschaft machte er sich unter anderem um die Reform des Kalenders verdient. Von den Ägyptern übernahm er das Sonnenjahr mit 365 Tagen und belohnte sich für diese Tat damit, daß er den 7. Monat in *Iulius* (Juli) umbenannte. Am 15. März 44 v. Chr. wurde der Diktator Caesar das Opfer eines Mordanschlags von 60 Senatoren, die gehofft hatten, auf diese Weise die Republik retten zu können.

Engräumigkeit in Rom

Weniger bekannt ist Caesar als einer der ersten Verkehrspolitiker der europäischen Geschichte. Im Jahre 45 v. Chr. setzte der Diktator ein Gesetz in Kraft, das den chaotischen Verkehrsverhältnissen in den Städten des Imperium Romanum ein Ende bereiten sollte. Besonders nötig war eine solche regulierende Maßnahme in der Reichshauptstadt Rom. Einst ein beschauliches Dorf am Tiber, verzeichnete die Stadt seit dem 2. Jahrhundert v. Chr., bedingt durch den Zuzug von Landbevölkerung aus Italien und Einwanderern vor allem aus dem griechischen Osten, einen rapiden Anstieg der Einwohnerzahl. Daraus resultierte ein erhöhter Bedarf an Wohnraum. Wegen ihrer topographischen Lage zwischen den sieben Hügeln konnte sich die Stadt jedoch nicht zur Peripherie hin ausdehnen. So baute man die freien Flächen mit Wohnhäusern zu und errichtete in bedrückender Enge mehrstöckige Mietskasernen, die sogenannten *insulae*. Im 1. Jahrhundert v. Chr. wurde auch das Areal rechts des Tibers (der Stadtteil *Transtiberim*, das heutige Trastevere) erschlossen, wo sich vor allem Arbeiter und Handwerker ansiedelten.

Eine gewachsene Stadt

In den östlichen Regionen der antiken Mittelmeerwelt gab es eine Vielzahl von systematisch angelegten Städten mit sich rechtwinklig kreuzenden Straßen und einem durchdachten Ensemble von öffentlichen und privaten Bauten. Dabei handelte es sich um Planstädte wie Alexandria in Ägypten, die sozusagen am Reißbrett konzipiert und dann an geographisch geeigneter Stelle konstruiert worden waren. Rom dagegen war eine gewachsene Stadt – seit den Tagen des legendären Stadtgründers Romulus hatte sich niemand so recht um ein koordiniertes Bauen gekümmert. Das römische Straßennetz hatte Ähnlichkeit mit einem verzwickten Strickmuster: Es gab nur wenige gepflasterte Hauptstraßen, daneben eine Vielzahl kleinerer und kleinster Straßen, die sich in höchst unorthodoxer Weise um die Hügel wanden oder in engen Serpentinen auf diese hinaufführten. Viele dieser Straßen waren nur für Fußgänger benutzbar, andere wiederum auch für den Verkehr mit Lasttieren geeignet. Für den Wagenverkehr

Straßenszene (röm. Sarkophag, 4. Jh. n. Chr.)

standen zwei Arten von Straßen zur Verfügung: die *actus* genannten Einbahnstraßen und die *viae*, die mit einer Breite zwischen 4,80 und 6,50 Metern immerhin so viel Platz boten, daß zwei Wagen aneinander vorbeifahren konnten.

Gedränge auf den Straßen Roms

Welche Konsequenzen diese Verhältnisse für den stadtrömischen Alltag hatten, illustrieren einige zeitgenössische Berichte aus der frühen Kaiserzeit. Ohne weiteres darf man davon ausgehen, daß es im Rom des Iulius Caesar nicht viel anders ausgesehen hat. So schreibt um 50 n. Chr. der Philosoph Seneca an seine in Sachen urbanes Gedränge wohl unbedarfte Mutter: »Stelle dir einmal diese Stadt vor, wo man auf den breitesten Straßen erdrückt wird, wenn den unablässig, gleich einer reißenden Flut sich fortwälzenden Menschenstrom irgendein Hindernis zurückstaut und die Straße für eine gleichzeitig in drei Theater strömende Menge Raum bieten soll.« Ähnliche Erfahrungen machte der Satiriker Juvenal: »So sehr wir uns auch beeilen, so steht uns doch eine Menschenmenge im Wege, während ein dichter Haufen uns von hinten drängt. Der eine versetzt mir einen Stoß mit dem Ellbogen, der andere rennt mich mit einem harten Brett an, ein weiterer rammt mir einen dicken Balken, wieder ein anderer einen großen Kübel gegen den Kopf. Mit Schlamm beschmutzt sind meine Füße, dauernd bekomme ich Fußtritte von allen Seiten, und der Nagel eines Soldatenstiefels bleibt mir in den Zehen stecken.«

Caesars Lösung

In dem knappen Jahr, das Caesar nach dem Ende der Bürgerkriege in seiner Eigenschaft als Diktator noch zu gestalterischen Aktivitäten blieb, widmete er sich auch dem Verkehrsproblem in Rom und in anderen Städten des Reiches, wo es auf den Straßen häufig nicht viel anders aussah. Wie konnte man es anstellen, das Chaos, das die Menschenströme aus Arbeitern, Händlern, Bauern, Müßiggängern und Reisenden verursachten, zu beseitigen? Die Antwort enthält die Inschrift auf einer Bronzetafel, die in Herakleia in Süditalien gefunden wurde. Sie gibt den Text der sogenannten *Lex Iulia municipalis*, wider, eine von Caesar dekretierte Sammlung von Verordnungen zur Regelung innerstädtischer Angelegenheiten im Imperium Romanum. Das Exemplar von Herakleia ist zufällig erhalten – man kann aber ohne weiteres davon ausgehen, daß weitere Kopien des Textes in allen größeren Städten aufgestellt waren. Die Verordnungen beziehen sich explizit auf die Stadt Rom, sollten aber von den anderen Städten in der gleichen Weise übernommen werden.

Das Studium der Inschrift weckt Erstaunen, über welch vielfältige Dinge sich Caesar und seine Bürokratie Gedanken gemacht haben. Möglicherweise hat die komplizierte Amtssprache das inhaltliche Verständnis bei den Betroffenen nicht gerade erleichtert, so in einer Passage, in der es heißt: »Wenn jemand von denen, die vor ihrem Gebäude eine öffentliche Straße aufgrund dieses Gesetzes instandhalten müssen, dieses Straßenstück nach Ermessen des zuständigen Aedilen nicht instandhält, soll der Aedil, dem die Instandhaltung dieses Teiles zufällt, die Instandsetzung dieses Straßenstückes, das nach seinem Ermessen instandgesetzt werden müßte, öffentlich ausschreiben.«
In einer sowohl im lateinischen Original als auch in der deutschen Übersetzung ähnlich umständlichen bürokratischen Diktion regelte Caesars Gesetz die Probleme des innerstädtischen Verkehrs. Die Botschaft war jedoch brisant und revolutionär: Sowohl der private als auch der gewerbliche Fahrzeugverkehr sollte tagsüber aus den Innenstädten verbannt werden, und zwar für die Zeit zwischen Sonnenaufgang und Dämmerung. Im Wortlaut heißt der zentrale Passus: »Auf den Straßen, die in der Stadt Rom innerhalb der geschlossenen Bebauung angelegt sind oder werden, soll niemand bei Tage nach Sonnenaufgang noch vor der 10. Tagesstunde [*zur Zeit der Sommersonnenwende war dies ca. 17 Uhr, zur Zeit der Wintersommerwende ca. 15 Uhr*] einen Lastwagen fahren noch führen lassen, es sei denn, daß die Zufuhr und der Transport erfolgen müssen, um heilige Gebäude für die unsterblichen Götter zu erbauen oder um Arbeiten in öffentlichem Interesse durchzuführen, oder es sei denn, daß aus der Stadt oder aus diesen Plätzen der Schutt von den Anlagen, die in öffentlichem Interesse zum Abbruch ausgeschrieben werden, auch in öffentlichem Interesse fortgeschafft werden muß, und daß derentwegen bestimmten Personen aus bestimmten Gründen es gemäß diesem Gesetz erlaubt ist, Lastwagen zu führen und zu fahren.« Neben den hier genannten Ausnahmen vom Fahrverbot nennt Caesars Gesetz noch weitere Sonderregelungen: Priester und Priesterinnen mußten zum Vollzug der Opferhandlungen an Feiertagen ebensowenig auf einen Wagen verzichten wie man es dem siegreich heimkehrenden Feldherrn zumuten wollte, seinen Wagen am Stadtrand abzustellen und den Triumphzug zum Kapitol zu Fuß anzutreten. Und auch den Offiziellen wurde für ihren Weg zu den Circusspielen eine standesgemäße Beförderung zugestanden.

Fußgängerzone Rom

Im Grundsatz aber räumte Caesar den Fußgängern die absolute Priorität vor dem Wagenverkehr ein. Tagsüber wurde Rom zur Fußgän-

gerzone – die Wagen der Händler und der Reisenden mußten vor den Stadttoren parken und auf den Sonnenuntergang warten, bevor sie in die Stadt fahren durften. Bis Sonnenaufgang hatten sie die Innenstadt wieder zu verlassen. Das Fahrverbot wurde so strikt eingehalten, daß man nicht einmal bei Beerdigungen Wagen zuließ, obwohl man zum Erreichen der Friedhöfe, die alle außerhalb der Stadt lagen, lange Wege zurücklegen mußte. So wurden die Verstorbenen dank Caesars Verfügung oft kilometerlang auf einer einfachen Bahre transportiert.
Das Gedränge in Roms Straßen wurde wegen der Menschenmassen, die in der Hauptstadt wohnten oder sich dort aufhielten, zwar nicht weniger. Aber immerhin nahmen die Staus ab, die vor Caesars segensreicher Verfügung die Lastwagen verursacht hatten. Freilich bereiteten die Ausnahmeregelungen für Baufahrzeuge gelegentlich Probleme – zumal in Rom eigentlich immer gebaut wurde, vor allem in der Kaiserzeit, als die einzelnen Herrscher bestrebt waren, die Stadt mit prachtvollen Bauwerken zu schmücken. In den ärmeren Stadtvierteln kam es häufig zum Einsturz von Häusern, was ebenso Aufräumarbeiten erforderlich machte wie die Brände, von denen Rom regelmäßig heimgesucht wurde. Die große Brandkatastrophe des Jahres 64 n. Chr. nahm Kaiser Nero im übrigen zum Anlaß, um eine der wenigen stadtplanerischen Maßnahmen, die aus dem antiken Rom bekannt sind, in Angriff zu nehmen. Wie der Historiker Tacitus berichtet, ließ Nero nach dem Brand die Straßen verbreitern und regelmäßige Wohnanlagen errichten.
Welche Gefahr für die Fußgänger die Lastwagen, die mit Sondergenehmigung tagsüber unterwegs waren, bedeuteten, zeigt einmal mehr eine Klage bei Juvenal: »Hier auf dem Lastwagen wippt eine Riesentanne, ein anderer Wagen fährt Fichten. Sie schwanken bedenklich, gefährden Passanten. Was würde sein, wenn das Fahrzeug mit dem Marmor aus Ligurien zusammenbricht und sein Steingebirge sich auf die Scharen der Passanten ergießt? Was bleibt dann von den Körpern? Wer findet dann noch die Glieder und die Knochen zusammen?« Diese Passage stammt aus Juvenals 3. Satire, deren Thema der Wegzug seines Freundes Umbricius aus Rom in das idyllische Cumae in Kampanien ist. Der Verkehr und der Lärm der Großstadt sind es, die Umbricius aufs Land treiben. Und auch der Umzug als solcher bereitet, dank Caesars Verkehrsplanung, Beschwernisse. Für einen solchen Zweck ist keine Ausnahme vom Fahrverbot vorgesehen, und so muß Umbricius sein ganzes Hab und Gut mühsam auf einem Karren zum Stadtrand transportieren, wo er seinen Reisewagen am Beginn der *Via Appia*, der Hauptverbindung nach Süden, geparkt hat.

Unruhige Nächte
Eine Patentlösung für Roms Verkehrsprobleme zu finden, war aber nicht einmal der große Iulius Caesar in der Lage. Die Baufahrzeuge, die tagsüber durch Rom fuhren, waren noch das kleinere Übel, das sich aus seiner Verfügung ergab. Schlimmer war der Umstand, daß die Einwohner Roms seit 45 v. Chr. regelmäßig um den Schlaf gebracht wurden. Kaum war nämlich die Abenddämmerung eingetreten, brachen die ungeduldig vor den Toren der Stadt wartenden Last- und Reisewagen nach Rom ein und verursachten auf den holprigen Straßen einen schlimmen Lärm. Die Händler kämpften sich mit ihren Wagen zu den Speichern und Märkten am Tiber vor, die Reisenden suchten in den Straßen nach Unterkünften, was wegen des Fehlens von Orientierungshilfen wie Straßenschildern und Hausnummern eine langwierige Angelegenheit sein konnte. Da sich Rom bei allen zivilisatorischen Errungenschaften – im Gegensatz etwa zu Alexandria – keine Straßenbeleuchtung leistete, waren im nächtlichen Rom zusätzlich Heerscharen von Sklaven unterwegs, um der mobilen Gesellschaft mit Fackeln den Weg zu weisen. Gegen Morgen wiederholte sich die ganze Prozedur, nur in umgekehrter Richtung vom Zentrum zum Stadtrand.
Der Urheber dieser nächtlichen Ruhestörung, Iulius Caesar, hatte unter den negativen Begleiterscheinungen seiner Verkehrspolitik persönlich wohl nicht zu leiden. Erstens starb er nur wenige Monate nach Inkrafttreten der Verordnung. Zweitens wohnte er nicht in der *subura*, dem von den Verkehrsströmen am meisten geplagten Stadtviertel Roms, in dem vor allem die ärmeren Bevölkerungsschichten in ihren Mietskasernen lebten. Juvenal beneidete die Reichen wegen der Möglichkeit, in den besseren Wohngebieten dem Lärm zu entkommen: »Hier sterben viele, weil Schlaflosigkeit sie krank gemacht hat. Denn in welcher Mietwohnung kann man überhaupt noch schlafen? Sehr reich muß man sein, um in Rom schlafen zu können. Das ist doch die Hauptursache des Übels: Wagen biegen in scharfer Wendung um die Straßenecke, und die Treiber schimpfen laut, wenn ihre Herde nicht weiter kann.« Und außerdem hatte Caesar immer noch die Option, vor dem großstädtischen Lärm in eine seiner Landvillen zu fliehen. Juvenals Zeitgenosse, der Schriftsteller Martial, stimmte ebenfalls in den Chor der von Caesars Verkehrspolitik gestreßten Römer ein: Bei Nacht, so sagt er, erschüttert das Rollen der Wagen die Mietskasernen, und der Tiber hallt wider vom Schreien der Lastträger und Treidler. Da konnte er nur einen Freund glücklich preisen, der auf dem Monte Mario in der Nähe der Stadt eine Villa besaß: »Von dort aus sind auf der (via) Flaminia und (via) Sa-

laria die Reisenden (in ihren Wagen) auszumachen – die Wagen jedoch bleiben lautlos, damit der Lärm der Räder dem sanften Schlaf nicht lästig falle, den auch die Schiffskommandos und das Geschrei der Treidler nicht stark genug sind zu stören.«

Römischer Stadtverkehr nach Caesar

Trotz aller Nachteile – Caesars Regelung von 45 v. Chr. blieb über Jahrhunderte in Kraft. Auch die römischen Kaiser hatten wohl erkannt, daß man die nächtliche Unruhe in Kauf nehmen mußte, damit sich tagsüber auf Roms Straßen überhaupt etwas bewegen konnte. Kaiser Claudius (41 – 54 n. Chr.) sah sich dazu veranlaßt, in einem Edikt die Reisenden daran zu erinnern, daß das Passieren der Städte in Italien nur zu Fuß, in einem Tragsessel oder in einer Sänfte erlaubt sei. Offenbar hatten sich einige nicht an Caesars Fahrverbot gehalten. Das war auch in der Folgezeit gelegentlich noch der Fall, wie ein von Kaiser Marc Aurel (161 – 180 n. Chr.) ausgehendes Verbot des Reitens und Fahrens in den Städten beweist. Doch im allgemeinen scheint man die obrigkeitlichen Anordnungen befolgt zu haben. So erzählt der Arzt Galen, der Leibarzt Marc Aurels, von einem reichen Mann, dessen Verkehrsverhalten ganz im Sinne Caesars gewesen sein dürfte: Er wohnte außerhalb von Rom, und wenn er in die Stadt wollte, pflegte er brav seinen Wagen am Stadtrand abzustellen, um dann zu Fuß weiterzugehen. Unter Kaiser Hadrian, einem der Vorgänger Marc Aurels, wurden Caesars Maßnahmen sogar noch einmal verschärft: Jetzt durften auch Schwertransporter tagsüber nicht mehr in der Innenstadt fahren. Ob diese Verfügung als eine verkehrspolitische Maßnahme gedacht war, darf allerdings bezweifelt werden. Wahrscheinlich trieb den Kaiser nicht so sehr die Sorge um geordnete Verkehrsbedingungen und den Schutz der Passanten, als vielmehr die Furcht um den Erhalt des Straßenpflasters und der Kloaken.

Wandel in der Spätantike

Die rigorose Einschränkung des städtischen Wagenverkehrs scheint erst in der späteren Kaiserzeit aufgegeben worden zu sein. Bis zum Anfang des 3. Jahrhunderts n. Chr. hielten sich selbst die Kaiser an Caesars Fahrverbot. Nur bei öffentlichen Festen zeigten sich die Monarchen in ihren luxuriösen Wagen. Dann aber begannen die Frauen der Kaiser und schließlich auch diese selbst Caesars Anordnung zu unterlaufen und kreuzten auch am Tage durch die Straßen Roms. Der Grund für diesen Wandel im Verkehrsverhalten: Das römische Kaisertum wurde in dieser Zeit mehr und mehr zu einem absoluten Regime, das diesen Status durch entsprechende Symbole nach außen hin zu demonstrieren bestrebt war. Eine Luxuskarosse konnte diesem Ansinnen nur dienlich sein – und damit ausschließlich nachts durch Rom zu fahren, hätte die propagandistische Absicht deutlich verfehlt. Die weitergehende Konsequenz bestand darin, daß all diejenigen Würdenträger und Beamten, die der Meinung waren, auch zu den privilegierten Klassen zu gehören, ebenfalls mit ihren weniger als Beförderungsmittel denn als Statussymbole fungierenden Wagen durch die Stadt fuhren. Dazu paßt es, daß die herrschende Gesellschaft jetzt bestrebt war, ihre herausgehobene Position den Normalbürgern durch eine extravagante Ausstattung ihrer Fahrzeuge vor Augen zu führen. Zuvor war dies nur auf den Straßen außerhalb Roms möglich gewesen, so wie es in der frühen Kaiserzeit ein neureicher ehemaliger Sklave auf der *via Appia* getan hatte, über den sich der Dichter Horaz mokierte, weil er dort mit seinem Nobelgespann zu prunken versucht hatte. Mit den neuen Fahrgewohnheiten der späteren Kaiserzeit hatte der exzentrische Sohn des Philosophenkaisers Marc Aurel, Commodus (180–192 n. Chr.), begonnen. Seine Wagen verfügten über ein kompliziertes System verschiedenartiger Felgen und ausgeklügelter Sitze, die durch einen Handgriff verstellbar waren, außerdem über Distanzmesser und Stundenzeiger. Von Kaiser Alexander Severus (222–235 n. Chr.) heißt es in einer antiken Quelle: »Er gestattete sämtlichen Senatoren in Rom den Gebrauch von silberbeschlagenen Karossen und Equipagen, da er der Meinung war, es entspreche der Würde Roms, wenn die Senatoren einer so bedeutenden Stadt sich dieser Fahrzeuge bedienten.« Von nun an wurde auf den Straßen Roms auch das Phänomen des – was auch immer kompensierenden – Rasens beobachtet. Im 4. Jahrhundert n. Chr. notiert der Historiker Ammianus Marcellinus, daß immer mehr Menschen mit ihren meist 2-PS-Luxusgefährten »über die weiten Plätze der Stadt und das Kieselsteinpflaster ohne Rücksicht auf Gefahr rasen«.

So ist Caesars Ziel der wenigstens tagsüber wagenfreien Stadt Rom lange Zeit erreicht worden. Doch mit den neuen politischen Strukturen im 3. Jahrhundert n. Chr. und den neuen Bedürfnissen der Selbstdarstellung in den politischen und gesellschaftlichen Eliten wurde der Wagen wieder zu einem normalen Bestandteil des römischen Stadtverkehrs.

Stadtverkehr in Pompeji

Die Verkehrsverhältnisse in der Stadt Rom sind durch die antiken Zeugnisse relativ gut dokumentiert. Hingegen fließen die Quellen für andere Städte in Italien und im Imperium Romanum spärlicher. Wie in vielen anderen Bereichen auch kann hier aber das archäologische Paradies Pompeji Abhilfe schaffen. In dieser, durch den Ausbruch des Vesuv 79 n. Chr. verschütteten Stadt sind auch die Straßen noch in einem so guten Zustand, daß sie Rückschlüsse auf verkehrstechnische Maßnahmen erlauben. So kann man feststellen, daß die kommunalen Behörden von Pompeji einiges unternommen haben, um den auch in dieser reichen Handelsstadt nicht unbedeutenden Verkehr in den Griff zu bekommen. Das hohe Verkehrsaufkommen dokumentieren jedenfalls die auch heute noch klar erkennbaren tiefen Spurrillen im Straßenpflaster. Ob man wie Caesar in Rom, so auch in Pompeji mit zeitweiligen Fahrverboten gearbeitet hat, ist nicht bekannt. Wohl aber zeigt die Anlage von Trittsteinen, Gehsteigen und Fahrbahnverengungen, daß man sich bemühte, verkehrsberuhigte Zonen einzurichten. Gegenverkehr war nur auf den drei Hauptstraßen der Stadt möglich, alle anderen Verkehrswege waren Einbahnstraßen. Fußgängerfreundlich war auch die Anlage von längs zum Straßenverlauf verlegten Trittsteinen, die den Passanten das – zweifellos ansonsten nicht ungefährliche – Überqueren der Fahrbahn ermöglichten. Im benachbarten Herculaneum sind solche Trittsteine nicht gefunden worden – offenbar waren die Behörden von Pompeji hier in Sachen Verkehrsregulierung etwas weiter.

Caesar und Stadtverkehr in Rom heute

Was würde Iulius Caesar, der Pionier der Verkehrsplanung, fast 2050 Jahre nach seinem Tod zu den Verkehrsverhältnissen im Rom von heute sagen? Einerseits dürfte ihn das Chaos auf den Straßen an seine eigene Zeit erinnern. Auf der anderen Seite könnte er sich freuen: Seine Idee des temporären Fahrverbots spielt bei den Verantwortlichen im modernen Rom nach wie vor eine große Rolle. Das für den innerstädtischen Verkehr verantwortliche *Dipartimento VII* der *Comune di Roma* entwickelte jüngst ein neues Programm mit dem Leitspruch »Weniger Verkehr, mehr Rom«. Das ehrgeizige Ziel: Entlastung vor allem des historischen Stadtkerns (*centro blu*) vom Autoverkehr. Und wie der Pionier Caesar versucht man es mit einem Fahrverbot am Tage: montags bis freitags zwischen 6.30 und 10.00 Uhr, samstags zwischen 14.00 und 18.00 Uhr soll die Innenstadtzone autofrei sein. Anders als zu Caesars Zeiten müssen die Fahrzeugbesitzer jedoch nicht ungeduldig am Stadtrand auf die Nacht warten, um nach Rom hineinzufahren: Die Kommune bietet rund um die Uhr bequeme Busverbindungen an. Nichts geändert hat sich seit der Antike an der Praxis: keine Regel ohne Ausnahmen. Zwar braucht man heute keine Rücksicht mehr zu nehmen auf siegreiche Feldherren, die es nach einem standesgemäßen Triumphzug zum Kapitol verlangt. Und Offizielle, die es auf ihren Gefährten zum Circus drängt, sind auch eher selten geworden. Rücksicht nimmt man auf die Anwohner des *centro blu* und auf Menschen, die dort arbeiten. Wie bei Caesar unterliegen auch Lastwagen keinen zeitlichen Einschränkungen: Transporter mit Lebensmitteln, Arzneien und Zeitungen haben jederzeit freie Fahrt. Weniger Verkehr, mehr Rom? Das dürfte in der Hauptstadt Italiens heute ebenso eine Illusion bleiben wie vor 2000 Jahren.

Augustus

Römischer Kaiser 27 v. Chr. – 14 n. Chr.;
Pionierleistung: Gründung der ersten staatlichen Feuerwehr

Die Geschichte der Feuerwehr – der staatlich organisierten Brandbekämpfung mit einer entsprechenden technischen Ausrüstung – beginnt mit dem römischen Kaiser Augustus. Doch verlangt es die historische Gerechtigkeit, dabei nicht die (allerdings etwas zweifelhaften) Verdienste der recht tragischen Figur des Marcus Licinius Crassus zu vergessen.

Der reichste Römer

Crassus war einer der reichsten Römer aller Zeiten. Seine finanziellen Möglichkeiten mochten ihn ein wenig darüber hinwegtrösten, daß er auf der politischen Bühne nur mäßigen Erfolg hatte. Immer stand er im Schatten so großer Persönlichkeiten wie Iulius Caesar und Pompeius. Wenigstens durfte er bei diesen beiden bedeutenden Feldherrn und Politikern den nun einmal notwendigen dritten Mann im sogenannten Ersten Triumvirat von 60 v. Chr. abgeben – vor allem deswegen, weil man für die jeweiligen ehrgeizigen Pläne sein Geld brauchte. Und dann mußte Crassus mit ansehen, wie die beiden Kollegen im Gegensatz zu ihm selbst weiter Karriere machten: Caesar wurde 59 v. Chr. Konsul und zettelte danach den Gallischen Krieg an, der ihm militärische Meriten, aber auch die zunehmende Gegnerschaft zu Pompeius einbrachte. Dieser wiederum war schon längst ein ruhmreicher General und wurde nun zur wichtigsten Figur der römischen Innenpolitik. Jetzt wollte auch der reiche Crassus nicht länger im Abseits stehen. Er ließ sich ein, wie er meinte, prestigeträchtiges militärisches Kommando übertragen – fatalerweise gegen die Parther, die Erzrivalen der Römer, die Herren der weiten Gebiete östlich des Euphrat. Das Ergebnis des ehrgeizigen Unternehmens war eine der schlimmsten Katastrophen der römischen Geschichte: Beim syrischen Carrhae wurden die Legionen des Crassus 53 v. Chr. vollständig aufgerieben, der Feldherr selbst fand den Tod. Immerhin blieb es ihm auf diese Weise erspart, zum Zeugen der bald darauf ausbrechenden Bürgerkriege zwischen Caesar und Pompeius zu werden, aus denen Caesar schließlich als Sieger hervorging.

Reichtum durch Feuerwehr

Wie aber war dieser politisch und militärisch so unglücklich agierende Crassus zu seinem Reichtum gekommen? Wenn man dem Biographen Plutarch Glauben schenken darf, war dies nicht nur auf honorige Weise geschehen. Eine seiner besten Einnahmequellen soll die Aufstellung einer privaten Feuerwehrtruppe gewesen sein. Das war für die Großstadt Rom eine an sich segensreiche Einrichtung. Hier brannte es eigentlich immer: Vor allem in den häufig baufälligen Mietskasernen der ärmeren Bevölkerungsschichten genügte der Funke einer Kerze oder einer Öllampe, um das ganze Gebäude und ebenso angrenzende Häuser in Flammen aufgehen zu lassen.

Die Geschäftsidee des Crassus bestand darin, daß er 500 Sklaven engagierte, die alle als Handwerker oder als Bauarbeiter ausgewiesen waren. Brach wieder irgendwo in Rom ein Feuer aus, war Crassus mit seiner Löschtruppe – übrigens verdächtig schnell – zur Stelle. Anstatt nun aber den Brand unverzüglich zu bekämpfen, trat er zunächst einmal in Verhandlungen mit den Eigentümern der Gebäude ein. Im Widerschein der lodernden Flammen und im Lärm der einstürzenden Balken machte er ihnen die Situation klar: Aller Voraussicht nach würden ihre Häuser abbrennen. Damit aber sei keinem geholfen. Er, Crassus, sei nicht nur bereit, das Feuer zu löschen, sondern er würde sich auch nicht dagegen wehren, wenn sie ihm die Häuser zu einem günstigen Preis verkaufen würden. »Aus Furcht und wegen der Unsicherheit des Kommenden« gingen, wie Plutarch sagt, die Eigentümer auf das Angebot ein, und so kam, wie der Biograph hinzufügt, »der größte Teil Roms in die Hände des Crassus«.

Die Monarchie des Augustus

So stand also am Anfang der Geschichte der antiken Feuerwehr das ziemlich skrupellose Profitdenken des reichsten Mannes von Rom. Und auch die weitere Entwicklung der Brandbekämpfung war jedenfalls nicht in erster Linie von der Sorge um das Gemeinwohl und die Sicherheit der Bürger geleitet. Es ist zwar absolut zutreffend, daß der römische Kaiser Augustus die erste Berufsfeuerwehr gegründet hat. Doch genauso richtig ist die Feststellung, daß dahinter handfeste politische Interessen standen.

Augustus, der Pionier der staatlichen Feuerwehr, war im Jahr 27 v. Chr. an die Macht gekommen. Als 19jähriger hatte er sich 44 v. Chr. in die Bürgerkriege eingemischt, die nach der Ermordung des Diktators Iulius Caesar erneut ausgebrochen waren. Seine einzige Legitimation bis dahin: er war der Adoptivsohn Caesars! Durch geschicktes politisches Lavieren setzte er sich schließlich gegen seinen

Rivalen Marcus Antonius durch. Aus dem traurigen Schicksal seines Adoptivvaters hatte er gelernt, daß den Römern eine absolute Herrschaft nicht zumutbar war. Also konstituierte er eine gemäßigte Form der Monarchie und nannte sich nicht König oder Diktator, sondern *Princeps* (der Erste). Und da es ihm gelang, seine Herrschaft sogar als die Wiederherstellung der alten Republik zu deklarieren, stieß sein Regime in Rom auf breite Akzeptanz.

Popularität durch Feuerwehr

Trotz aller Vorsichtsmaßnahmen formierte sich aber gelegentlich Widerstand, vor allem von Seiten der Senatoren, die sich um ihre angestammten Rechte betrogen sahen. Einer von ihnen war ein gewisser Egnatius Rufus – ein überaus ehrgeiziger Politiker, ständig darauf bedacht, sich beim Volk beliebt zu machen. Da nun schon seit geraumer Zeit kein Crassus mehr da war, der regelmäßig mit seiner Löschtruppe auftauchte, wenn es irgendwo in Rom brannte, glaubte Egnatius, auf diesem Gebiet die erstrebte Popularität zu gewinnen. Nach dem Vorbild des Crassus stellte er aus seinen Sklaven eine private Feuerwehr auf. Anders als Crassus aber ließ er löschen, ohne den Eigentümern zuvor das brennende Haus abgekauft zu haben oder für diese Dienstleistung überhaupt Geld zu verlangen. So trat der gewünschte Erfolg ein: Der Feuerwehrmann Egnatius kletterte auf der politischen Karriereleiter steil nach oben.

Die erste staatliche Feuerwehr

Für Augustus stellte dies eine ernstzunehmende Herausforderung dar. Seine frisch installierte Monarchie konnte keine anderen Helden gebrauchen. Seine Antwort konnte daher nur lauten: Aufstellung einer eigenen Feuerwehrgarde. Das war im Jahre 22 v. Chr., quasi die Geburtsstunde der staatlichen Feuerwehr in Rom. Die praktische Verantwortung übertrug er dem Beamtengremium der Aedilen, zu deren Aufgaben ohnehin die öffentliche Sicherheit gehörte. 600 Sklaven bildeten nun die mobile Einsatzreserve, die nicht nur zur Bekämpfung der Brände eingesetzt wurde, sondern der auch die Feuerprävention oblag. Diesem Zweck dienten speziell nächtliche Kontrollgänge, mit denen verhindert werden sollte, daß es durch Unachtsamkeiten der Bewohner zu Bränden kam. Der lästige Rivale Egnatius Rufus war damit erst einmal ins politische Abseits gedrängt worden. Später wurde er beschuldigt, eine Verschwörung gegen Augustus angezettelt zu haben, und dafür wurde er mit dem Tod bestraft.

Doch auch die neugebildete Augustusgarde war bei der Brandbekämpfung nicht besonders erfolgreich. Im Jahre 6 n. Chr. sah sich

der Kaiser zu einer umfassenden Reorganisation der staatlichen Feuerwehr gezwungen. Ein verheerendes Feuer hatte große Teile Roms zerstört. In der Stadt herrschte Unruhe, der Kaiser mußte handeln, um nicht an Prestige einzubüßen. So entschloß sich Augustus zu einer großen, generalstabsmäßigen Lösung. Personell wurde die Feuerwehr von Rom auf 7 000 Mann aufgestockt, bestehend aus Freigelassenen, d. h. aus ehemaligen Sklaven. Diese *vigiles* (eigentlich »Wächter«) wurden in sieben Abteilungen zu je 1 000 Mann gegliedert. Die Stadt Rom bestand administrativ aus vierzehn Regionen. Jede der sieben Gruppen war künftig für zwei Regionen zuständig. Das Oberkommando hatte ein eigener Feuerwehr-Präfekt. Um sofort und jederzeit einsatzbereit zu sein, waren die Truppen in über die Stadt verteilten Kasernen stationiert.
Mag es nun so erscheinen, als habe Augustus mit diesem Meilenstein in der Geschichte der antiken Feuerwehr endlich die richtige Antwort auf die permanente Brandgefahr in Rom gegeben, so ist auch hier wieder eine Einschränkung vorzunehmen. Bei allem, was der Kaiser tat, dachte er auch an die Sicherung der eigenen Macht. Und so bekam auch die ohnehin paramilitärisch organisierte Feuerwehr bald weitere Aufgabengebiete. Sie wurde vor allem zu einer Art von Polizeitruppe, die bei politischen Unruhen als Ordnungsstifter in Erscheinung trat.

Die Ausrüstung der römischen Feuerwehr

Lebte es sich nach 6 n. Chr. nun sicherer in der Hauptstadt des Imperium Romanum? Die bessere Organisation der Feuerwehr machte sich auf jeden Fall positiv bemerkbar. Außerdem waren die *vigiles* nach dem damals modernsten technischen Standard ausgerüstet. Aus verschiedenen Quellen läßt sich ihre Arbeitsweise rekonstruieren. Als

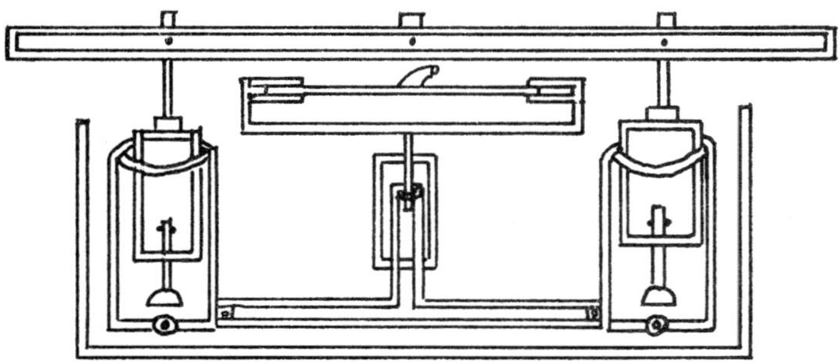

Feuerspritze des Heron

besonders hilfreich erwies sich bei der Brandbekämpfung eine Löschpumpe, deren Erfindung bereits auf die hellenistische Zeit zurückgeht. Ihr Konstrukteur war Ktesibios, ein Pionier der antiken Mechanik, eine verbesserte Version scheint später sein Kollege Heron ausgetüftelt zu haben. Daß Ktesibios nicht auch zum Pionier der antiken Feuerwehr wurde, lag an dem für die hellenistische Zeit typischen Verhältnis zur Technik: Man begnügte sich mit der Erfindung als solcher und verzichtete in der Regel auf die praktische Anwendung. Vitruv, ein Pionier der antiken Architektur und Zeitgenosse des Augustus, hat eine Beschreibung dieser Feuerspritze des Ktesibios vorgelegt. Es handelt sich dabei um eine hydraulische Doppelkolben-Druckpumpe. Sie besteht aus zwei Pumpenzylindern, deren Röhren in einen in der Mitte liegenden Windkessel münden. Darüber befindet sich eine senkrecht in die Höhe gehende Steigröhre. Ein Kolben schließt in dem einen Pumpenzylinder das Bodenventil und drückt durch ein Kesselventil Luft in den Windkessel. Der aufsteigende Kolben in dem zweiten Pumpenzylinder saugt das Wasser durch das nun geöffnete Bodenventil an. »So wird«, resümiert Vitruv, »nachdem man einen Behälter aufgestellt hat, aus einer tieferliegenden Stelle das Wasser für einen hochspringenden Wasserstrahl geliefert.«

Die Verwendung solcher Druckpumpen wird die Arbeit der augusteischen Feuerwehr effektiver gestaltet haben. Im übrigen gab es in der technischen Ausstattung keine größeren Innovationen. Als Hilfsmittel bei der Brandbekämpfung werden ansonsten eher konventionelle Instrumente wie Eimer, Äxte bzw. Brecheisen, Leitern, Patschen und Haken genannt. Wichtig war auch eine geregelte Organisation der Löscharbeiten: Sogenannte *siphonarii* (von *siphon* »Spritze«) bedienten die Löschpumpen, Wasserträger transportierten in Eimern das Löschwasser von den Reservoirs zur Brandstätte.

Der Brand von Rom 64 n. Chr.

Man mochte sich also in Rom seit der Einführung der staatlichen Feuerwehr durch Augustus sicherer fühlen – doch nach wie vor wurde die Stadt regelmäßig von Bränden heimgesucht, die auch von der emsigen Truppe des Augustus nicht in den Griff zu bekommen waren. Exzeptionell war eine Katastrophe im Jahr 64 n. Chr., in der Regierungszeit von Kaiser Nero. Neun Tage lang wütete das Feuer in der Hauptstadt des Römischen Reiches, von den 14 Regionen der Stadt wurden drei komplett zerstört. Der Historiker Tacitus hat das Inferno beschrieben: »Es begann in dem Teil des Circus Maximus, der an den Palatin und den Caelius grenzt. In den dortigen Ver-

kaufsständen, in denen Ware gelagert wurde, die dem Feuer leicht Nahrung bietet, brach das Feuer aus, breitete sich sofort aus und ergriff, vom Wind angefacht, die ganze Länge des Circus. Denn es gab keine mit festen Schutzmauern versehenen Paläste dazwischen, keine von Mauern umgebenen Tempel, überhaupt nichts, was die Flammen hätte aufhalten können. Mit rasender Geschwindigkeit ergriff das Feuer zuerst die ebenen Stadtteile, stieg dann auf die Anhöhen hinauf und verwüstete darauf wieder die tiefer liegenden Regionen.« Die Feuerwehr tat, was sie konnte, doch laut Tacitus schlugen alle Löschversuche fehl, weil die Stadt mit ihren engen und winkligen Straßen und den unregelmäßigen Häuserreihen der Katastrophe schutzlos ausgeliefert war.
Bald ging unter den verzweifelten Menschen das Gerücht um, Kaiser Nero selbst habe das Feuer wüten lassen, um die Stadt nach seinen eigenen Vorstellungen umzugestalten. Aus sicherer Entfernung, so hieß es, habe er während des Feuers den Untergang Trojas besungen. Außerdem seien die Löscharbeiten von Leuten Neros behindert worden, manche hätten sogar weitere Brandsätze gelegt. Der Kaiser trat diesen Spekulationen entgegen, indem er als vermeintlich Schuldige die Christen von Rom präsentierte. Dabei hat Nero in Wirklichkeit wohl nichts mit dem Feuer zu tun gehabt – so etwas kam in Rom eben, wenn auch nicht in diesem Ausmaß, häufig genug vor.
Überhaupt handelte Nero, nachdem das Inferno endlich aufgehört hatte, umsichtig und mit Bedacht. Erstmals in der Geschichte der Stadt Rom wurden, auf kaiserliche Initiative, städtebauliche Konzepte realisiert, in denen der Brandschutz eine wichtige Rolle spielte. Auf den durch das Feuer freigewordenen Flächen wurden neue, großzügige Straßen angelegt. Die Höhe der Häuser wurde beschränkt (die gesetzlich vorgeschriebene Maximalhöhe lag nun bei 20,65 Meter), man ließ Innenhöfe frei und fügte Säulengänge an, um die Vorderseiten der Mietshäuser zu schützen. Bis zu einer bestimmten Höhe sollten die Häuser ohne Gebälk, nur aus dem feuerresistenten gabinischen oder albanischen Gestein errichtet werden. Die Wasserleitungen wurden unter Aufsicht gestellt, um sie der Öffentlichkeit besser zugänglich zu machen. Jeder mußte künftig Geräte zum Feuerlöschen in seinem Vorhof haben. Und schließlich wurde dafür Sorge getragen, daß die Häuser keine gemeinsamen Wände mehr hatten, sondern ein jedes Haus nach beiden Seiten eigene Mauern. Das waren alles sehr vernünftige Maßnahmen, die Nero in Gang setzte. Jedoch: Nero wäre nicht Nero gewesen, hätte er aus der Brandkatastrophe von 64 n. Chr. nicht auch noch für sich selbst

Kapital geschlagen. Den größten Teil der freien Fläche nutzte er für den Bau einer prächtigen, überdimensionalen Palastanlage, der sogenannten *Domus aurea* (Goldenes Haus), die seit einiger Zeit in Rom wieder besichtigt werden kann.

Soziale Unterschiede

Trotz aller Fortschritte – Brände gehörten auch nach Nero zum Alltag der Stadt Rom. Im 2. Jahrhundert n. Chr. bezeichnet sie der Biograph Plutarch, zusammen mit den wohl ebenso häufigen Hauseinstürzen, als »die angeborenen und ständigen Übel Roms«. Etwa zur gleichen Zeit träumt der Satiriker Juvenal von einem Leben auf dem Lande, »wo es keine Brände gibt, keine Angst in der Nacht«. Juvenal macht aber auch deutlich, daß es den Reichen in dieser Hinsicht wesentlich besser ging als den Armen. Die Armen leben in ihren Mietskasernen, und wenn ein Feuer ausbricht, »ruft der Nachbar nach Wasser und schafft seine Habseligkeiten aus dem Haus, und bei dir selbst kommt der Qualm schon aus dem dritten Stock. Du selbst hast aber noch gar nichts gemerkt, denn wenn die Panik im Erdgeschoß ausbricht, wird der oberste Mieter mit Sicherheit ein Opfer der Flammen«. Bei dem Reichen geht es da ganz anders zu: »Wenn sein großes Stadthaus zusammengestürzt ist, rauft sich seine Mutter die Haare, der Adel trägt Trauerkleidung, der Praetor verschiebt die Gerichtstermine.« Und dann eilen die reichen Freunde daher, bringen Marmor und Geld zum Wiederaufbau. Am Ende steht der Reiche noch besser da als vorher, und mancher gerät in den Verdacht, das Haus genau aus diesem Grund selbst angezündet zu haben.

Keine Feuerwehr für Nikomedia

Wie es außerhalb von Rom mit Feuerwehren und Brandschutz aussah, ist naturgemäß weniger bekannt. Einzelne archäologische Befunde und schriftliche Quellen bieten einen kleinen Einblick. In Ostia beispielsweise, der Hafenstadt von Rom, waren die bis heute gut erhaltenen Wohnhäuser feuersicher gebaut. Hier gab es auch eine wohl an dem stadtrömischen Vorbild orientierte Berufsfeuerwehr, deren Kaserne aus der Zeit Kaiser Hadrians (117–138 n. Chr.) archäologisch nachgewiesen werden konnte.

Nicht immer freilich sahen es die Kaiser in Rom gerne, wenn Städte im großen Imperium Romanum eine Feuerwehrtruppe aufstellen wollten. Kaiser Traian (98 – 117 n. Chr.) etwa hat sich ausdrücklich dagegen ausgesprochen. Das geht aus seiner Korrespondenz mit Plinius dem Jüngeren hervor. Dieser war zu Beginn des 2. Jahrhunderts n. Chr. Statthalter in der Provinz *Bithynia et Pontus* im nördlichen

Kleinasien. Wenn irgendwelche Entscheidungen zu treffen waren oder Probleme auftauchten, pflegte Plinius vorsichtshalber in Rom um Rat nachzufragen, und mit bewundernswerter Geduld ging der Kaiser auf die Schwierigkeiten seines Statthalters ein. In einem Brief schreibt Plinius nun, daß während seiner Abwesenheit in der Stadt Nikomedia (dem heutigen Izmit) ein Feuer ausgebrochen sei. Viele Privathäuser wurden zerstört, auch zwei öffentliche Gebäude, obwohl, wie Plinius betont, eine breite Straße zwischen diesen lag. Mehrere Umstände führten nach Plinius dazu, daß das Feuer erheblichen Schaden anrichtete (wobei er mit der dezenten Anmerkung, er selbst sei nicht vor Ort gewesen, dem möglichen Vorwurf, als verantwortlicher Statthalter nicht energisch gehandelt zu haben, zuvorgekommen ist): erstens sei es sehr windig gewesen, zweitens hätten die Einwohner von Nikomedia dem Feuer interessiert, aber völlig untätig zugeschaut, und drittens habe es in der Stadt keinerlei Geräte zur Bekämpfung des Feuers gegeben – weder eine Feuerspritze (die Erfindung des Ktesibios war Plinius also wohlbekannt) noch einen Feuereimer. Nach der eiligen Versicherung, diesem letzteren Mißstand abzuhelfen, kommt Plinius zu seinem eigentlichen Anliegen: Der Kaiser möge doch erlauben, eine Handwerkergilde von mindestens 150 Mann aufzustellen, der man in Zukunft die Aufgaben einer Feuerwehr übertragen könnte. Am Ende des Briefes steht die Versicherung: »Eine so geringe Zahl wird sich leicht überwachen lassen.«

Damit hat er die Einwände des Kaisers gegen die Aufstellung einer Feuerwehr in Nikomedia richtig vorausgeahnt. Traian antwortet sehr reserviert, gibt zu bedenken, daß man in der Vergangenheit mit solchen Gilden schlechte Erfahrungen gemacht habe. Zwangsläufig würden aus ihnen Hetärien werden, also politische Klubs, die ihre Organisation dazu mißbrauchen könnten, etwas gegen die Autorität des Kaisers und des Staates zu unternehmen. Die Furcht Traians, eine Feuerwehr könne zur Keimzelle einer oppositionellen Bewegung werden, mag befremdlich erscheinen. Tatsächlich aber war es allen römischen Kaisern wichtig, zur Sicherung ihrer Herrschaft die Übersicht und die Kontrolle über die Beherrschten zu bewahren. Schon ein sich der staatlichen Überwachung entziehender Feuerwehrclub wurde da als eine potentielle Bedrohung angesehen.

Aber konnte es der Kaiser zulassen, daß die Bewohner von Nikomedia auch künftigen Brandkatastrophen hilflos ausgeliefert sein würden? Natürlich hat er ein paar Ratschläge parat, von denen aber nicht sicher ist, ob sie zur Beruhigung seines Statthalters Plinius beigetragen haben. Man solle, so die kaiserliche Empfehlung, alles bereithalten, was zur Bekämpfung von Bränden dienen könne. Die

Grundeigentümer sollen zur Selbsthilfe angehalten werden und die Löscharbeiten in Eigeninitiative durchführen. Und wenn das alles nichts nützen sollte, könne man ja immer noch das herbeiströmende Volk zur Mitarbeit zwangsverpflichten.
Wie Plinius das den Bewohnern von Nikomedia beigebracht hat, ist ebenso wenig bekannt wie die Antwort auf die Frage, ob Nikomedia für den Rest seiner antiken Geschichte ohne eine ordentliche Feuerwehr auskommen mußte.

Seneca

Römischer Politiker, Naturwissenschaftler und Philosoph, um 4 v. Chr. – 65 n. Chr.; Pionierleistung: Beitrag zur wissenschaftlichen Deutung von Erdbeben

5. Februar 62 n. Chr.: In der Region um den Golf von Neapel ereignet sich ein schweres Erdbeben. Ein Zeitzeuge berichtet: »Wir hören, daß Pompeji, die berühmte Stadt in Kampanien, gelegen zwischen der Küste von Sorrent und Stabiae auf der einen und der von Herculaneum auf der anderen Seite, vom offenen Meer getrennt durch eine liebliche Bucht, von einem Erdbeben zerstört worden ist, und daß auch die benachbarten Gebiete betroffen sind. Und es geschah im Winter, wo doch unsere Vorfahren versicherten, daß dies eine risikofreie Zeit sei. Das Erdbeben geschah am 5. Februar und verwüstete Kampanien, das vor solchen Gefahren ja niemals sicher ist. Aber niemals auch erlitt diese Landschaft großen Schaden, und sie kam immer mit dem Schrecken davon. Teile von Herculaneum liegen ebenfalls in Ruinen, und was stehengeblieben ist, droht einzustürzen. Und obwohl die Kolonie von Nuceria von Zerstörungen verschont blieb, ist auch sie nicht ohne Schwierigkeiten. Neapel hat nur geringe Schäden erlitten, betroffen sind hier Privathäuser, nicht die öffentlichen Gebäude. Einige Landhäuser sind eingestürzt, doch haben die Erdstöße im Umland kein größeres Unheil angerichtet. Eine Herde mit 600 Schafen wurde getötet, Statuen wurden gespalten, und einige Leute sind von dem Geschehen so aus der Fassung gebracht worden, daß sie ganz verwirrt umherliefen.«

Schäden des Erdbebens von 62 n. Chr. (Relief aus Pompeji)

17 Jahre später sollte sich in derselben Landschaft die ganz große Katastrophe ereignen: Der Ausbruch des Vesuv zerstörte die sich damals immer noch im Wiederaufbau befindlichen Städte Pompeji und Herculaneum. Begraben unter einer dicken Schicht von Lava, Asche und Bimsstein, waren diese einst blühenden Städte buchstäblich vom Erdboden verschwunden, bis sie in der Neuzeit wieder ausgegraben wurden und seitdem als El Dorado der Archäologie und auch des Bildungstourismus fungieren.

Der Berater des Kaisers

Wie man heute weiß, war das Erdbeben von 62 n. Chr. der geologische Vorbote des großen Vesuvausbruchs von 79 n. Chr. Der zitierte Zeitzeuge ahnte dies allerdings ebenso wenig wie seine Zeitgenossen, obwohl er sich auf dem Gebiet der Seismologie recht gut auskannte. Aber Seneca, von dem hier die Rede ist, hat das Inferno von 79 n. Chr. gar nicht mehr miterlebt. Er war bereits im Jahre 65 n. Chr. »freiwillig« aus dem Leben geschieden, nachdem ihn Kaiser Nero der Beteiligung an einer Verschwörung beschuldigt hatte. Dieser Verdacht war zwar abwegig, doch hatte sich Seneca in den letzten Jahren seines Lebens zunehmend von dem tyrannischen Herrscher distanziert. Dabei hatte er einst die Ausbildung des 12jährigen Nero übernommen und war später sein engster politischer Berater geworden. Der dankbare Nero machte Seneca dafür zum mehrfachen Millionär. Im Jahr des kampanischen Erdbebens aber zog er sich aus der Politik zurück und widmete sich fortan, auf seinen Besitzungen in Rom und in Kampanien, umfangreichen literarischen und philosophischen Studien. Das hat ihm Nero sehr übel genommen, und so kam es zu dem Zerwürfnis, das Seneca schließlich das Leben kostete.

Streit mit Caligula und Claudius

Auch mit Neros Vorgängern hatte Seneca im übrigen seine Probleme gehabt. Aus dem spanischen Cordoba war er als junger Mann nach Rom gekommen und machte hier, auch dank der Protektion seines einflußreichen Vaters, rasch politische Karriere. Überragend war sein Talent als Redner, was ihm die pathologische Eifersucht des Kaisers Caligula (37–41 n. Chr.) einbrachte, der sich selbst in allen Dingen für den Größten hielt. Wie zuverlässig überliefert wird, beabsichtigte der despotische Herrscher, den vermeintlichen Konkurrenten aus dem Weg zu räumen. Als lebensrettend erwies sich für Seneca die Überzeugungskraft der Berater des Caligula, die dem Kaiser einzureden vermochten, der kränkliche Spanier werde ohnehin bald sterben. Die Prognose war falsch, jedenfalls in bezug auf Seneca – statt dessen war Caligulas Ende nicht mehr fern, der von Leuten seiner Palastgarde ermordet wurde. Sein Nachfolger, der an sich sehr umgängliche Claudius (41–54 n. Chr.), schickte Seneca in die Verbannung nach Korsika, weil er unter dem Verdacht stand, eine politisch nicht mehr ganz passende Liaison mit der Schwester des seligen Caligula eingegangen zu sein. Acht Jahre (41–49 n. Chr.) dauerte der Zwangsaufenthalt auf der Mittelmeerinsel, dann rief ihn Agrippina, die ehrgeizige Mutter des jungen Nero, nach Rom zurück und übertrug ihm die Erziehung ihres Sohnes – der Anfang der für Seneca schließlich unheilvollen Begegnung mit Nero. An Claudius hat sich Seneca später – vorsichtshalber erst nach dessen Tod – mit der Veröffentlichung einer Schmähschrift gerächt, die den zungenbrecherischen Titel *Apokolokyntosis* trug, was so viel wie »Verkürbissung« heißt. Dabei handelte es sich um eine respektlose Parodie auf die *Apotheose*, die Gewohnheit der Römer, verstorbene Kaiser zu den Göttern entrücken zu lassen.

Ein stoischer Philosoph

Es ist nicht das Berufsziel Senecas gewesen, als Erdbebenforscher in die Geschichte einzugehen. Auch die Politik war nicht das Metier, in dem er sich wirklich wohlfühlte. Seine eigentliche Berufung war die Philosophie, und das ist auch die Sparte, in die man ihn heute vor allem einzuordnen pflegt. Erst über die Philosophie ist er dann – allerdings logisch und konsequenterweise – zu dem naturwissenschaftlichen Studium von Erdbeben gekommen. Seneca stand in der Tradition der zu dieser Zeit in der römischen Oberschicht sehr populären *Stoá*. Deren Lehre ging zurück auf den auf Zypern stammenden Gelehrten Zenon, der um 300 v. Chr. in Athen in der *stoá poikile*, der »bunten Säulenhalle«, eine nach dieser Räumlichkeit benannte philosophische Schule gegründet hatte. Zentrales Element der stoischen Philosophie war, neben der Logik und der Physik, eine äußerst rigide Ethik. Der Mensch, so lehrte Zenon, müsse sich von den Affekten freimachen. Zu erstreben ist der Zustand der *apatheia*, der inneren Gemütsruhe. Alles, was den Seelenfrieden stört, hat der Mensch von sich fernzuhalten – übrigens auch alle materiellen Güter, was die zumeist adligen, deshalb finanziell in der Regel gut ausgestatteten Anhänger der *Stoá* ein wenig in Schwierigkeiten brachte. Der stoische Multimillionär Seneca hat dafür in der Schrift *De beata vita* (»Vom glücklichen Leben«) eine pragmatische Lösung gefunden: »Der weise Mensch hat, wenn er ein Vermögen besitzt, mehr Mittel, seinen Geist zu entwickeln.« Und weiter beruhigte der Philosoph sein

Gewissen und das seiner Kollegen mit der Versicherung, er könne jederzeit auf seine Reichtümer verzichten. Außerdem: Wer reich ist, kann anderen besser helfen.

Hinwendung zu den Naturwissenschaften
Seine Karriere als Seismologe begann Seneca relativ spät. Nach seiner politischen Demission schrieb er ein achtbändiges Werk, das unter dem Titel *Naturales quaestiones* (»Naturwissenschaftliche Betrachtungen«) überliefert ist. Darin befaßte er sich ausführlich mit Phänomenen der Meteorologie (etwa Wolken, Winde, Regenbogen), der Geographie (zum Beispiel das in der Antike vieldiskutierte Problem der jährlichen Nilschwelle) und der Astronomie (Kometen). Das 6. Buch handelte von Erdbeben (*de terrae motu*).

Schlechte Noten für Seneca
Die moderne Forschung hat dem Naturwissenschaftler Seneca keine guten Noten gegeben. Er habe, so lautet die Kritik, keine eigenen Studien betrieben, sondern einfach abgeschrieben, was er in seinen griechischen Quellen vorgefunden habe. Ist Seneca deshalb das Prädikat »Pionier« zu verweigern? Man sollte hier großzügiger sein: Seneca hat die Theorien der Griechen über die Entstehung von Erdbeben sorgfältig studiert und kommentiert, und er hat auch selbst Stellung bezogen. Empirische Forschung darf man bei ihm nicht erwarten, auch wenn das Kampanien-Beben von 62 n. Chr. den unmittelbaren Anlaß für seine Beschäftigung mit Erdbeben abgegeben haben dürfte. Und letztlich wollte Seneca auch gar keine neuen Erkenntnisse gewinnen. Ihm kam es darauf an, im Rahmen der stoischen Lehre einen Beitrag dazu zu leisten, daß die Menschen ihre Gemütsruhe finden. Erdbeben waren allerdings in besonderem Maße geeignet, die angestrebte *apatheia* ins Wanken zu bringen. Also tat Aufklärung not: Erdbeben in ihren natürlichen Entstehungsbedingungen zu kennen, mußte nach der Ansicht Senecas den Menschen die Furcht vor dieser Naturkatastrophe nehmen. Wie alle natürlichen Phänomene, will Seneca als Wissen vermitteln, so gehorchen auch Erdbeben bestimmten Prinzipien.

Erdbeben und die Götter
Eine solche Ansicht zu vertreten, war ohnehin fast revolutionär. Sowohl bei den Griechen als auch bei den Römern waren die meisten Menschen der Meinung, die im mediterranen Raum sehr häufig auftretenden Naturkatastrophen seien ein Zeichen oder eine Strafe der Götter. Die Griechen hatten in Poseidon sogar eine spezielle Gottheit

parat, die sie für den Eintritt solcher Desaster verantwortlich machten und an die sie sich in Gebeten und Sühnezeremonien wenden konnten, wenn sich ein derartiges Unglück ereignete.

Antike Erdbebentheorien

Den Weg zu einer rationalen Deutung von Naturkatastrophen beschritten als erste die – in vielerlei Hinsicht – innovativen Naturphilosophen in Ionien. Sie negierten nicht die Götter, glaubten aber, daß Naturphänomene eben auch eine natürliche Erklärung haben müßten. Die früheste bekannte Erdbebentheorie stammt von Thales von Milet (Mitte 6. Jahrhundert v. Chr.), der also neben seinen mathematischen und astronomischen Forschungen noch Zeit für andere Dinge hatte. Die Erde, so behauptete er, schwimme wie ein Schiff auf dem Weltmeer, dem Ozean. Gerate das Wasser in Bewegung, dann zittere auch die Erde, und das werde von den Menschen als Erdbeben wahrgenommen. Sein Schüler und Kollege Anaximandros entwarf ein anderes Modell: Erdbeben entstünden durch Risse in der Erde (verursacht durch Dürre oder übermäßige Nässe), und in diese Risse dringe Luft ein und bewirke Erderschütterungen. Diese Deutung wird man heute nicht mehr für wahrscheinlich halten. Aber Anaximandros hat, wie berichtet wird, auf der Grundlage dieses Modells einmal ein Erdbeben in Sparta vorausgesagt. »Im voraus soll er«, erzählt der römische Naturforscher Plinius der Ältere, »die Spartaner ermahnt haben, auf ihre Stadt und die Häuser aufzupassen, da ein Erdbeben bevorstehe. Und tatsächlich stürzte die ganze Stadt zusammen, und ein großes Stück des Berges Taygetos, das wie das Heck eines Schiffes hervorragte, löste sich los und überschüttete die Ruinen mit seinen Trümmern.« Eine ähnlich bemerkenswerte Prognose lieferte etwa um die gleiche Zeit ein gewisser Pherekydes auf der Kykladeninsel Delos. Er legte sich fest, daß in zwei Tagen ein Erdbeben stattfinden würde – nachdem er aus einem Brunnen Wasser getrunken hatte. Möglicherweise dachte er dabei an die Theorie des Thales und hatte im Wasser merkwürdige Bewegungen registriert. Auch Plinius der Ältere referiert eine Ansicht, wonach sich Erdbeben durch aufgewühltes Wasser ankündigen.

Nachdem die Ionier das Thema vorgegeben hatten, war der Forscherehrgeiz überall geweckt. Die namhaftesten Gelehrten der Antike nahmen die Herausforderung an, den Geheimnissen von Erdbeben auf die Spur zu kommen. Anaxagoras (um 500–428 v. Chr.), mit der Empfehlung, eine Sonnenfinsternis vorausgesagt zu haben, einmal aber auch angeklagt wegen Gottlosigkeit, hielt Erdbeben, wie Anaximandros, für das Ergebnis von Luftbewegungen: Von unten

dringe Luft in die Erde ein, und diese suche sich dann einen gewaltsamen Ausgang nach oben, wenn die Oberfläche etwa durch Verschlammung undurchlässig sei. Auch Demokrit, der Pionier der Atomforschung, mischte sich in die seismologische Debatte ein. Sein Bestreben ging dahin, die bis dahin angestellten Überlegungen, bei denen entweder das Wasser oder die Luft für das Beben der Erde verantwortlich gemacht worden war, zu harmonisieren. Letztlich handelt es sich nach ihm bei Erdbeben um das Entladen gewaltiger Wassermassen in unterirdischen Höhlen. Sein Schüler Metrodoros bereicherte die Forschung um die wichtige Einsicht, daß Erdbeben lokaler Natur sind: Bis dahin hatte man geglaubt, daß die Erschütterungen die ganze Erde erfassen würden. Unter dem Einfluß des Empedokles brachte Antiphon (um 480–411 v. Chr.) ein neues, bisher noch nicht genanntes Element ins Spiel. Ihm zufolge trocknete die Erdoberfläche durch ein inneres Feuer aus, das sich dann durch gewaltige Eruptionen Luft verschafft.
Daß sich nicht nur die engeren Fachgelehrten mit den physikalischen Bedingungen von Naturkatastrophen befaßt haben, zeigt das Beispiel des Historikers Thukydides (um 460–400 v. Chr.). In seiner Geschichte des Peloponnesischen Krieges erwähnt Thukydides das Phänomen eines Seebebens, das man heute mit dem japanischen Begriff des *Tsunami* (»Hafenwelle«) zu bezeichnen pflegt. Wörtlich heißt es: »Um jene Zeit, da die Erdbeben noch anhielten, wich bei Orobiai auf Euböa das Meer von der damaligen Küste zurück und stürzte auf ein Stück der Stadt, um sie teils zu überfluten, teils auch wieder abzuebben. Jetzt ist Meer, wo vorher Land war. Bei der Insel Atalante gegenüber lokrischen Opus gab es eine ähnliche Überflutung, die die Festung der Athener beschädigte und eines von zwei Schiffen, die man an Land gezogen hatte, zertrümmerte. Auch bei Peparethos beobachtete man ein Zurückweichen der Flutwelle, doch keine Überschwemmung.« Und dann liefert Thukydides eine bemerkenswerte Interpretation des Geschehens: »Die Ursache dieser Phänomene war meiner Meinung nach das Erdbeben, das dort, wo es am stärksten war, die Fluten zurückgezogen hat. Wenn diese dann wieder mit großer Wucht zurückströmten, kam es zu den Überschwemmungen. Ohne Erdbeben aber kann es dergleichen, wenn ich es recht sehe, nicht geben.«

Aristoteles gibt den Kurs vor

Im 4. Jahrhundert v. Chr. nahm sich der Universalgelehrte Aristoteles der Angelegenheit an. Aufgrund seiner überragenden Autorität setzte er für die künftigen Forschungen Maßstäbe. Er entwickelte das sogenannte *pneumatische* Modell, das über die ganze Antike hinweg in Gelehrtenkreisen als die beste Erklärung für das Auftreten von Erdbeben galt. Dargelegt hat Aristoteles seine Auffassung in einer Schrift über Meteorologie, durch die er sich ja auch das Prädikat eines Pioniers der antiken Meteorologie erworben hat. Den Beifall seiner Kollegen und der Nachwelt dürfte Aristoteles auch deswegen erhalten haben, weil er versucht hat, die bis dahin vorliegenden Modelle miteinander in Einklang zu bringen. Die Ausgangsformel lautete: Die Erde wird durch zwei unterschiedliche Elemente ausgedünstet, durch das Feuchte und durch das Trockene. Diese Ausdünstungen lassen außerhalb und innerhalb der Erde Luft entstehen, das sogenannte *Pneuma*, nach Aristoteles der beweglichste aller Körper. Dringe nun Wasser in die Erdhöhlen ein, suche sich das Pneuma einen Ausweg, und es komme zu einem Erdbeben.

An diese grundsätzlichen Erwägungen hat Aristoteles einige konkrete Beobachtungen angeschlossen bzw. seine pneumatische Theorie durch Empirie begründet. Nachts treten Erdbeben häufiger und stärker auf. Erdbeben, die sich am Tage ereignen, treten meist um die Mittagszeit auf, weil diese Zeit die ruhigste Zeit des Tages ist. Denn, so erläutert Aristoteles dieses Phänomen, wenn die Sonne die größte Kraft habe, verschließe sie den Dunst in der Erde. Die heftigsten Erdbeben treten nach Aristoteles in Gegenden auf, wo das Meer eine starke Brandung hat und wo Höhlen vorhanden sind. Im Mittelmeerraum müßte daher vor allem die Bevölkerung am Hellespont, in Achaia, auf Sizilien und Euböa auf der Hut sein. Laut Aristoteles gibt es auch einige natürliche Warnzeichen für bevorstehende Erdbeben. So zeige sich in der Dämmerung oder kurz nach Sonnenaufgang bei heiterem Himmel eine langgestreckte, feine Wolke, dünn und schnurgerade wie eine Linie – das *Pneuma* erlischt bei seinem Ortswechsel.

Ein weiterer Universalgelehrter gab der antiken Erdbebenforschung einige Zeit nach Aristoteles weitere Impulse: Poseidonios aus dem syrischen Apameia (um 135 – 51 v. Chr.). Wie es scheint, hat er als erster auf die Zusammenhänge zwischen Seismologie und Vulkanismus aufmerksam gemacht: Erdbeben und Vulkanausbrüche können, so lehrte Poseidonios, die gleiche Ursache haben. Strabon, der Geograph und Historiker augusteischer Zeit, hat diese Ansichten später konkret auf Lykien (im südlichen Kleinasien) und auf Sizilien angewandt. Das waren Regionen, die nach Poseidonios von Höhlen und unterirdischen Gängen durchzogen waren, geschaffen von Feuer und von Wasser. Diese Kräfte suchten sich aus ihrem unterirdischen Gefängnis einen Ausweg, und das Resultat seien seismische und vulkanische Aktivitäten.

Senecas eigene Theorie
Als Seneca sich nach dem Kampanien-Beben vom Februar 62 n. Chr. daran machte, einen kritischen Streifzug durch die Erdbebentheorien von den Anfängen bis in seine eigene Zeit hinein zu unternehmen, stellte er nicht den Anspruch, neue Erkenntnisse zu präsentieren. Grundsätzlich hat er sich bei seinem physikalischen Erklärungsmodell der pneumatischen Theorie des Aristoteles angeschlossen, aber auch Ergebnisse des Poseidonios akzeptiert. Zudem hat er eine Reihe von eigenen Beobachtungen eingestreut. In erster Linie aber ging es ihm als Stoiker darum, den Menschen zu zeigen, was sich bei Erdbeben im Erdinnern abspielte: Die Natur zu begreifen heißt, keine Furcht mehr haben zu müssen.

Wissen besiegt die Furcht
Seine Furchtabbau-Therapie komplettiert Seneca im Rahmen seiner naturwissenschaftlichen Erörterungen mit allgemeinen Empfehlungen, Katastrophen und Tod nicht als etwas Schreckliches zu empfinden. »Natürlich«, so gesteht er zu, »ist es für uns eine sehr reelle Gefahr, daß die Erde bebt, daß sie sich plötzlich spaltet und alles, was sie trägt, in die Tiefe zerrt. Aber jemand, der sich vor Blitzen, Erdbeben und Erdspalten fürchtet, ist wohl sehr eingebildet. Er soll sich lieber seiner Verletzlichkeit bewußt sein und eher Angst haben, sich zu erkälten. Soll ich mich fürchten, wenn das Meer sein Bett verläßt und eine Springflut mit einer schnelleren Strömung als normal mehr Wasser mit sich zieht und mich überschwemmt? Es ist vorgekommen, daß ein Mensch schon erstickte, weil er sich an einem Tropfen Wasser verschluckte. Es ist doch wohl dumm, das Meer zu fürchten, wenn du weißt, daß schon ein Wassertropfen dein Ende bedeuten kann.« Schließlich kommt Seneca gar zu der Auffassung, daß es ein Privileg sein kann, zum Opfer einer Naturkatastrophe zu werden: »Solche Katastrophen sollten uns nicht aus der Fassung bringen, als ob sie etwas Schlimmeres als einen gewöhnlichen Tod bedeuten würden. Es ist genau umgekehrt: Weil wir notwendig sterben müssen und irgendwann den letzten Atem aushauchen, könnte es gerade ein Trost sein, durch eine auffälligere Ursache zu sterben. Sterben müssen wir irgendwo, irgendwann. Auch wenn der Erdboden unbeweglich bleibt, sich an die ihm gesetzten Grenzen hält und durch keine Katastrophen getroffen wird, werde ich ihn einst über mir haben. Was tut es zur Sache, ob ich mich bestatten lasse oder ob die Erde selber mich unter sich begräbt?«
Seneca hat sich sogar gewünscht, einmal durch ein Erdbeben ums Leben zu kommen – jedenfalls behauptet er das ziemlich überzeugend:

»Wenn ich sterben soll, dann am liebsten durch einen ungeheuren Erdstoß. Ich weiß, daß es sündhaft ist, sich eine Naturkatastrophe zu wünschen, aber es ist doch eine ungeheure Ermunterung gegenüber dem Tod, wenn man sieht, daß die Erde genauso vergänglich ist.«

Der Tod eines stoischen Weisen

Senecas Wunsch ist nicht in Erfüllung gegangen. Von seinem ehemaligen Schützling Nero gedrängt, wählte er nur kurze Zeit, nachdem er diese Sätze geschrieben hatte, den Freitod. Von dem Historiker Tacitus stammt ein ergreifender Bericht über das Ende des Philosophen Seneca, der freilich so starke Bezüge zum Ende des großen athenischen Philosophen Sokrates (im Jahre 399 v. Chr.) aufweist, daß man über die historische Zuverlässigkeit berechtigte Zweifel haben kann. Ein Versuch, sich die Pulsadern aufzuschneiden, soll fehlgeschlagen sein. Dann habe Seneca nach einem Gift verlangt von der Art, »mit dem die vom Volksgericht der Athener Verurteilten hingerichtet wurden« (also durch den Schierlingsbecher). Doch wiederum zeigte sich der Körper resistent. Erfolg hatten die suiziden Bemühungen Senecas schließlich, als er in ein Dampfbad stieg und in dessen Qualm erstickte. Dann wurde er, heißt es bei Tacitus, ohne jede Leichenfeier verbrannt. Nicht die Erde, über die er sich gegen Ende seines Lebens so viele Gedanken gemacht hat, hat ihn nach seinem Tod umhüllt, sondern eine einfache Aschenurne.

Der Glaube siegt über das Wissen

Hat Seneca die Menschen mit seinem Plädoyer für einen gelassenen Umgang mit der Naturkatastrophe erreicht? Auch dies darf bezweifelt werden. Alle Zeugnisse lassen deutlich erkennen, daß die religiöse Deutung von Erdbeben und anderen natürlichen Desastern als vorherrschendes Erklärungsmodell Bestand hatte. Die Wissenschaftler blieben mit ihren Aufklärungsversuchen sozusagen unter sich. Die physikalischen Vorgänge genau zu kennen, stellte in der Realität (und entgegen den Erwartungen der Stoiker) für die Menschen keine Beruhigung dar. Lieber hielt man sich an tradierte Verfahrensweisen, machte die Götter verantwortlich und wußte dann auch, an wen man sich zu wenden hatte, wollte man künftiges Unheil abwenden. Die Menschen zogen es vor zu beten, statt physikalische Spezialstudien anzustellen. Und das ist, wie man immer wieder feststellen kann, auch heute nicht so viel anders: Im Unglücksfall sind Priester begehrtere Ansprechpartner als die Wissenschaftler.

Ein Kaiser trotzt der Katastrophe

Möglicherweise aber hat Seneca einen Erfolg verbuchen können, von dem man erstens nicht weiß, ob er davon überhaupt Kenntnis hatte und zweitens, ob er auf ihn stolz gewesen wäre. Im Jahre 64 n. Chr., ein Jahr vor dem Tod des Philosophen, ereignete sich in der Region um Neapel erneut ein Erdbeben. In seiner Schwere war es nicht vergleichbar mit der Katastrophe zwei Jahre zuvor, aber es war doch deutlich spürbar. Nach den Angaben des Kaiserbiographen Sueton begann die Erde akkurat in dem Augenblick zu beben, als Nero im Theater von Neapel ein Konzert gab. Sich musikalisch zu produzieren, zählte nicht nur zum Verdruß Senecas zu den Leidenschaften des Kaisers. Wenn der Kaiser sang, durfte keiner das Theater verlassen. Manche stürzten sich dann in ihrer Verzweiflung von den Mauern, andere stellten sich tot und wurden hinausgetragen. Sueton sagt nicht, daß die Erde bebte, *weil* Nero sang. Er erwähnt den Fall, weil Nero sich – ganz stoisch – von dem Geschehen um ihn herum völlig unbeeindruckt zeigte und seine Vorführung ruhig zu Ende brachte. Der Historiker Tacitus bietet eine etwas andere Version: Demnach stürzte das Theater ein, nachdem alle Zuschauer weggegangen waren. Kombiniert man die beiden Informationen, ergibt sich folgende (mögliche) Rekonstruktion des tatsächlichen Geschehens: Die Erde begann zu beben, als Nero sang. Der Kaiser setzte seine Vorstellung fort. Das Publikum wagte, auch angesichts der nun zweifachen Bedrängnis, nicht, das Theater zu verlassen. Als Nero fertig war, stürmte alles hinaus – wodurch das durch das Beben schon mitgenommene Theater in sich zusammenfiel.

Ob Seneca Grund gehabt hat, auf Nero stolz zu sein, bleibt fraglich. Wahrscheinlich hat der Kaiser bei diesem denkwürdigen Auftritt nicht die stoischen Ideen seines Lehrers im Kopf gehabt. Vielleicht war er von seiner eigenen Kunst so berauscht, daß er um sich herum nichts mehr wahrgenommen hat – nicht einmal ein Erdbeben. Oder aber er wollte sich in der Öffentlichkeit als ein standhafter Herrscher präsentieren, den eine Kleinigkeit wie ein Erdbeben nicht von dem abhält, was er sich vorgenommen hat.

Heron

Griechischer Mechaniker, 1. Jahrhundert n. Chr.; Pionierleistung: Konstruktion und Beschreibung von sich selbst bewegenden Apparaten

Der römische Kaiser Vespasian (69 – 79 n. Chr.) hat sich nicht gerade für einen Eintrag in das Buch der technischen Innovationen qualifiziert. Eines Tages, so berichtet der Biograph Sueton, erschien bei ihm ein *mechanicus*, ein Ingenieur, mit einem eigentlich sehr attraktiven Vorschlag. Er überreichte dem Kaiser den Entwurf für eine Maschine, mit der es möglich sein würde, bei geringem Kostenaufwand schwere Säulen auf das Kapitol in Rom zu schaffen. Vespasian war beeindruckt, gab dem Ingenieur für seine Idee eine hohe Belohnung, lehnte die Realisierung und serielle Produktion aber dankend ab mit dem Hinweis, er möge ihm doch nicht die Gelegenheit nehmen, seine Leute mit Arbeit zu versorgen.

Die Leiden eines antiken Ingenieurs

Der denkwürdige Vorfall ließ zwei unterschiedlich gestimmte Menschen zurück: einen zufriedenen Kaiser, der in vorbildlicher Weise seiner Verpflichtung nachgekommen war, die stadtrömische Bevölkerung in Lohn und Brot zu setzen; und einen frustrierten Ingenieur, der an der Sinnhaftigkeit seines Tuns zu zweifeln begann. Warum sollten sich Tausende von Menschen damit abplagen, Steine auf das Kapitol zu schleppen, wenn das mit einer Maschine viel einfacher und bequemer zu bewerkstelligen war? Doch dann mag er sich mit dem Gedanken getröstet haben, daß diese Erfahrung schon ganz andere Leute hatten machen müssen. Mit dem Argument der Arbeitsersparnis waren die Reichen und die Mächtigen nicht für die Einführung technischer Weiterentwicklungen zu gewinnen. Wie Vespasian wollten sie ja gerade möglichst vielen Menschen Arbeit geben. Außerdem war auch eine genügende Zahl von Sklaven vorhanden. Und schließlich widersprach es antiker Mentalität, in neue Technologien zu investieren. Der Typus des risikobereiten Unternehmers war die absolute Ausnahme, in der Regel pflegte man sein Kapital in die Landwirtschaft zu stecken. Und dann gab es, zu guter Letzt, noch jene aristokratischen und bürgerlichen Kreise, die die produktionsorientierte, kommerzielle Verwertung von technischen Innovationen als etwas schlichtweg Unanständiges ansahen. Tüfteln war erlaubt und erwünscht, aber bitte nicht mit der Absicht, damit Geld zu verdienen und die schön geordnete Welt zu verändern.

Technik als Unterhaltung

Wohin dann aber mit dem Erfindergeist? Seit dem 4. Jahrhundert v. Chr. sagten sich viele Mathematiker, Ingenieure und Mechaniker: Dann stellen wir unsere Apparate eben nur als eine aparte Spielerei, zur bloßen Unterhaltung her. Und so entstanden eine ganze Reihe von Geräten und Maschinen auf höchstem technischen Niveau, an denen sich auch die Herrschenden und die Reichen nicht nur in ihren Mußestunden erfreuen konnten.

Besonderen Gefallen fand man an Automaten. Der Traum, Gegenstände ohne direktes Zutun des Menschen in Bewegung zu setzen, war uralt. Sucht man nach den Anfängen von Entwicklungen, schaut man am besten erst einmal bei Homer nach. Auch in diesem Fall wird man nicht enttäuscht. In der *Ilias* konstruiert Hephaistos, der Gott der Schmiede und der Handwerker, Dreifüße mit goldenen Rädern, die die Fähigkeit hatten, sich von selbst zu bewegen (Homer verwendet hierfür bereits den Begriff *automatos*). Diese Dreifüße fuhren direkt zur Versammlung der Götter und kehrten von dort, »ein Wunder dem Auge«, selbständig zu Hephaistos zurück.

Die Taube des Archytas

Der erste reale Erfinder von Automaten, von dem man Kenntnis hat, war der aus dem unteritalischen Tarent stammende Wissenschaftler Archytas, ein bedeutender Mathematiker und Musiktheoretiker. Man rühmte in der Antike seine Seriosität und Integrität, was ihn freilich nicht davon abhielt, ein wahres Zauberwerk zu entwerfen – eine fliegende, mechanisch betriebene Taube aus Holz. Deren praktischer Nutzwert war zwar stark begrenzt, doch erregte sie ebenso Bewunderung wie die Konstruktion einer Rassel, mit der Archytas die Möglichkeiten der Spielgestaltung bei antiken Kindern erheblich erweiterte. Mancher Wissenschaftler wird einem solchen Treiben zunächst mit Vorbehalten begegnet sein. Doch diese Hemmungen schwanden spätestens, als kein Geringerer als der gestrenge Aristoteles den Automaten seinen Segen erteilte: Es kann durchaus reizvoll sein, so teilte er der Öffentlichkeit mit, Geräte zu erfinden, deren Funktionsweise dem Betrachter zunächst verborgen bleibt.

Die spuckende Schnecke

Zugute kam dieser unaufhaltsamen Entwicklung weiterhin, daß sich auch die Monarchen in den hellenistischen Königreichen für Automaten zu interessieren begannen. Ihre Macht hatten diese Nachfolger Alexanders des Großen meist mit militärischen Mitteln erworben. Sowohl nach außen als auch nach innen hatten sie viele Gegner. Von daher war es angezeigt, den Menschen etwas zu bieten und sie somit auf ihre Seite zu ziehen. Lieferten die römischen Kaiser dem Volk später »Brot und Spiele«, so präsentierten die hellenistischen Könige gerne technische Wunderwerke. Den Anfang machte im Jahre 308 v. Chr. der Athener Demetrios von Phaleron, ein Parteigänger der Makedonen, der in deren Auftrag die politische Führung in seiner Heimatstadt übernahm. Diese heikle Mission meisterte er zwar mit Bravour. Doch sicherheitshalber probierte der Statthalter der fremden Macht noch weitere vertrauensbildende Maßnahmen aus. So präsentierte er den Athenern während eines Prozessionszuges in eben jenem Jahr 308 v. Chr. die Meisterleistung eines heute namentlich nicht mehr bekannten Mechanikers: An der Spitze des Zuges bewegte sich scheinbar ganz von alleine, tatsächlich aber durch eine interne Apparatur in Gang gesetzt, eine große Schnecke, die dazu auch noch beständig Speichel von sich gab.

Die Amme des Dionysos

Trotz solcher durchaus originellen Bemühungen, die Gunst des Volkes zu gewinnen, wurde Demetrios bereits im Jahr darauf abgelöst und begab sich nach Ägypten, wo er als allseits geschätzter Berater des Königs Ptolemaios I. tätig war. Bei dessen Nachfolger Ptolemaios II. fiel er jedoch in Ungnade, wurde aus der lebendigen Metropole Alexandria in die triste Provinz verbannt und starb dort durch einen Schlangenbiß. Vielleicht hatte er aber vorher noch Gelegenheit gehabt, dem König aus seinem Leben zu erzählen, und möglicherweise hat er ihm bei dieser Gelegenheit auch von der automatischen Schnecke berichtet. Jedenfalls krönte Ptolemaios II. einen seiner Festzüge mit einer Riesenstatue der Nysa, der Amme des Gottes Dionysos, die ein findiger Ingenieur so präpariert hatte, daß sie von sich aus aufstehen konnte, aus einer goldenen Schale Milch fließen ließ und sich dann wieder auf ihren Sitzplatz begab.

Eine unbekannte Persönlichkeit

Wie aber haben diese Automaten funktioniert? Zum Glück haben die antiken Wissenschaftler ihre Geheimnisse nicht für sich behalten. Besonders auskunftsfreudig war der Mechaniker Heron, der zahlreiche Schriften zu diesem Thema verfaßt hat und der auch selber für die Konstruktion von sich selbst bewegenden Maschinen und Geräten verantwortlich gewesen ist. Leider ist über ihn als Person fast gar nichts bekannt. Theoretisch kann er zu jedem beliebigen Zeitpunkt zwischen dem 3. Jahrhundert v. Chr. und dem 4. Jahrhundert n. Chr. gelebt haben. Diese reichlich unpräzise Rechnung ergibt sich aus einem eklatanten Mangel an gesicherten Daten. Gleichzeitig ist dies ein schönes Beispiel dafür, mit welchen Problemen man manchmal bei der Beschäftigung mit der Geschichte des Altertums konfrontiert wird – und sei es nur, daß man ganz elementar herausbekommen möchte, wann jemand gelebt hat. Die genannte Eingrenzung ergibt sich aus folgenden mageren Indizien: Heron hat in seinen Schriften den berühmten Archimedes zitiert, der 212 v. Chr. gestorben ist, und er ist seinerseits von dem spätantiken Mathematiker Pappos als Autorität angeführt worden, der zu Beginn des 4. Jahrhunderts n. Chr. gelebt und gewirkt hat. Einen weiteren Anhaltspunkt aber haben findige Forscher in einem der von Heron verfaßten Texte entdecken wollen. Dort beschreibt er eine Methode, um den Zeitunterschied zwischen den Städten Alexandria und Rom durch die Beobachtung einer an beiden Orten gleichzeitig stattfindenden Mondfinsternis zu bestimmen. Nach allgemein akzeptierter Auffassung muß es sich dabei um eine Mondfinsternis handeln, die am 13. März des Jahres 62 n. Chr., in der Regierungszeit des römischen Kaisers Nero, eingetreten ist. Und da man weiter davon ausgeht, daß Heron in Alexandria persönlich Zeuge dieses Naturphänomens gewesen ist, datiert man ihn in das 1. Jahrhundert n. Chr. Sicher ist immerhin, daß er in Alexandria gelebt und gearbeitet hat, jener traditionsreichen Stadt in Ägypten, die seit den Ptolemäerkönigen das Zentrum antiker Gelehrsamkeit war.

Fahrende und stehende Automaten

In einer Schrift mit dem Titel *Über die Automatenherstellung* hat Heron verraten, nach welchen Prinzipien die Wunderwerke funktionierten. Er unterscheidet darin zwischen fahrenden und stehenden Automaten. Unter den fahrenden Automaten verstand er speziell jene Apparaturen, die sich bei den großen Prozessionszügen zur Überraschung der Zuschauer von selbst in Gang setzten, aber auch kleine Modelle davon, mit denen zum Beispiel die Ptolemäer ihre Gäste bei abendlichen Festen unterhielten. Das Geheimnis dieser Automaten waren Gewichte aus Blei, die über ein kompliziertes System von Schnüren Wellenbewegungen erzeugten (nicht viel anders funktioniert im übrigen auch die mechanische Uhr). Die Beschreibung, die Heron liefert, ist so genau, daß sie wohl als eine Einladung zum Nachmachen und zum Selberbasteln gedacht war: »Der bewegende und der bewegte Körper verfügen über eine gemeinsame Schnur. Das eine Ende dieser Schnur ist an den bewegenden Körper gebunden, das andere Ende durch eine Öse an dem bewegten Gegenstand befestigt. Der bewegte Körper ist eine Achse, um die die Schnur herumgewickelt ist. An dieser Achse sind Räder befestigt. Wenn sich nun die Achse dreht und die Schnur sich abwickelt, bewegen sich auch die auf dem Boden ruhenden Räder.« Auch für die Regulierung des Tempos der auf die beschriebene Weise erzeugten Bewegung hatte man Vorkehrungen getroffen. Das Bleigewicht senkte sich in einen Gewichtskasten, der auf einer Schicht von Hirse oder Senfkörnern ruhte. »Wenn diese nun,« so erklärt Heron, »durch den Boden des Gewichtskastens ausläuft, senkt sich langsam das Gegengewicht und bringt, durch das Anziehen einer jeden Schnur, die Bewegung hervor.«

Der Fehler des Odysseus

Die Funktionsweise stehender Automaten erläutert Heron am Beispiel eines mechanischen Puppentheaters mit der Aufführung der in der Antike sehr populären Nauplios-Sage. Das Szenario dieser Sage stellte eine echte Herausforderung an die technischen Fähigkeiten eines Automatenherstellers dar. Nauplios war ein Sohn des Gottes Poseidon und kam mit dem Troja-Helden Odysseus ins Gehege, weil dieser für den Tod seines Sohnes Palamedes verantwortlich war. Er suchte ihn vor Troja auf, wurde aber von den griechischen Heerführern, die gerade mit der Belagerung der Stadt beschäftigt waren, ziemlich unfreundlich zurückgewiesen. Daraufhin beschloß er, sich zu rächen. Erst animierte er die daheimgebliebenen Frauen zum Ehebruch. Dann wartete er die Rückkehr der perfiden Helden ab und gab (als früher Vertreter antiker Signaltechnik) vor der Küste Euböas falsche Lichtzeichen, so daß fast die ganze Flotte Schiffbruch erlitt.

Automatisches Theater

In dem automatischen Puppentheater wurde dieser Stoff in fünf Akten aufgeführt. Technisch kam dabei dasselbe Verfahren wie bei den fahrenden Automaten zur Anwendung: Hier waren es die handelnden Figuren, die durch das sinkende Gegengewicht in Bewegung gesetzt wurden. Doch es kamen noch eine Reihe von Raffinessen der Ingenieurskunst hinzu. Allein schon der erste Akt, in dem die Griechen vor Troja ihre Schiffe reparieren, muß höchste Bewunderung erregt haben. Da wurde gezeigt, wie die einen sägten, die anderen mit Beilen zimmerten, wieder andere hämmerten und eine letzte Gruppe mit verschieden großen Bohrern arbeitete. Auch in dieser Hinsicht hat Heron nicht für sich behalten, wie es möglich war, so viel automatisches Treiben auf die Bühne zu zaubern. Bei der hämmernden Figur beispielsweise kam es darauf an, die Drehbewegung der Achse auf das Werkzeug zu übertragen. Zu diesem Zweck wurde der Arm der Figur mit einem für das Publikum unsichtbaren kleinen Balken verbunden, an dessen einem Ende ein Gewicht und an dem anderen Ende ein Sternrad angebracht waren. »Ich stelle«, erläutert Heron die Prozedur, »ein kleines Sternrad daneben, das sich um den Bolzen dreht, der in die Kulisse eingefügt ist. Mit diesem Sternrad muß eine Rolle verbunden sein, und um diese Rolle soll die Schnur mehrfach geschlungen werden. Dann muß sie nach dem Gegengewicht geleitet werden, damit dieses durch das Anziehen das Sternrad langsam drehe und das Sternrad dann, infolge der Drehungen, immer wieder auf den Hebel schlage.« So konnte das Spiel weitergehen: Im 2. Akt werden die Schiffe ins Wasser gezogen, im 3. Akt segeln sie auf dem Meer, umgeben von auf- und abtauchenden Delphinen, im 4. Akt zündet Nauplios sein irreführendes Feuer, und im Schlußakt läßt die Göttin Athene die Schiffe der Griechen in einem Inferno aus Blitz und Donner in den Fluten versinken.

Erleuchtung im Friseursalon

Dank des auskunftsfreudigen Heron sind wir heute über die Prinzipien antiker Mechanik und Automatenherstellung gut informiert. Heron war aber auch so seriös, den Ruhm dieser technischen Großtaten nicht für sich allein zu reklamieren. Beispielsweise gab er gerne zu, daß das Copyright für das Puppentheater eigentlich bei dem aus Byzanz stammenden Wissenschaftler Philon lag. Und tatsächlich erlebten diese Disziplinen ihre erste Blütezeit im 3. Jahrhundert v. Chr., im innovativen Zeitalter des Hellenismus. Als Pionier muß hier der (natürlich) aus Alexandria stammende Wissenschaftler Ktesibios gelten, der der antiken Mechanik ganz neue Wege gewiesen hat (und der im übrigen auch der Lehrer des besagten Philon gewesen ist). Seine Entdeckung war das Prinzip der Pneumatik bzw. der Hydraulik – also das Wissen um die Druckwirkung der Luft und des Wassers. So wie Archimedes, der in der Badewanne das spezifische Gewicht entdeckte, soll auch dieser Ktesibios ein Erweckungserlebnis der speziellen Art gehabt haben. Die Ansicht einiger moderner Forscher, es handele sich dabei gar nicht um den großen Ktesibios, sondern um einen späteren Namensvetter, kann hier nicht verschwiegen werden – aber das tut der Sache an sich keinen großen Abbruch, da die Geschichte wahrscheinlich ohnehin erfunden ist: Zu antiken Techniker-Legenden gehörte es eben dazu, die großen Geister aufgrund von ganz alltäglichen Erfahrungen zu ihren ingeniösen Erfindungen inspirieren zu lassen. Aber diese Geschichten sind meist so schön und so prägnant ausgedacht, daß sie nicht in Vergessenheit geraten sollten. Der Vater des Ktesibios besaß also, nach dieser Erzählung, einen Friseursalon in Alexandria. Um die Service-Leistungen des Geschäfts zu optimieren, kam der Sohn auf den Gedanken, den Spiegel in einer der jeweiligen Körpergröße der Kunden entsprechenden Höhe aufzuhängen. Und so befestigte er den Spiegel an einem Seil, das er über zwei Rollen zu einem aus einer Bleikugel bestehenden Gegengewicht in einem anderen Teil des Raumes führte. Bei der kundengerechten Einstellung des Spiegels tauchte die Bleikugel in zusammengesetzte dünne Röhren ein. Durch diese Bewegung wurde die Luft in den Röhren zusammengepreßt, was sich akustisch durch einen hellen Pfeifton bemerkbar machte.

Nützliche Erfindungen

Da diese Geschichte nicht wahr ist, muß man auch nicht darüber spekulieren, ob der verstellbare Spiegel zu einem vermehrten Publikumsverkehr im Friseursalon von Ktesibios' Vater geführt hat. Wie auch immer Ktesibios die Entdeckung gemacht hat, daß man mit Luft Druck erzeugen kann – sie spielte jedenfalls in seinen Erfindungen und Konstruktionen eine große Rolle. Manche waren sogar – ganz untypisch – von praktischem Nutzen, wie die Feuerspritze, mit deren Hilfe sich später der römische Kaiser Augustus Meriten als Erfinder der römischen Feuerwehr erwerben konnte. Und auch das pneumatische Katapult war sicher dazu gedacht, der Militärtechnologie neue Möglichkeiten zu erschließen. Wie es aussieht, ist Ktesibios mit diesem Apparat aber nicht über das Stadium des Experimentierens hinausgekommen. Aber glaubwürdige antike Schriftsteller berichten davon, daß die Waffe mit einer Kombination aus Kolben und Zylindern funktionieren sollte, und Augenzeugen wollen bei den Versuchen des Ktesibios gesehen haben, wie neben der Luft auch Flammen aus dem Katapult herausschossen.

Die Wasserorgel

Auf das erfinderische Konto des Ktesibios geht auch eine Wasserorgel, bei der sich die Experten nicht ganz einig sind, ob es sich dabei um eine nützliche oder eine eher entbehrliche Innovation handelt. Für die antike Musikszene war das Instrument auf jeden Fall ein Gewinn. Die Römer pflegten später mit Orgelmusik die Kämpfe der Gladiatoren in der Arena zu begleiten. Die Funktionsweise der Wasserorgel hat in sehr ausführlicher Form der römische Fachautor

Wasserorgelspieler (Fußbodenmosaik aus Nennig)

Vitruv beschrieben (1. Jahrhundert v. Chr.). Am Ende seiner komplizierten Darlegung sind ihm offenbar Zweifel an der Transparenz seiner Argumentation gekommen: »Ich habe mich«, so bekennt er, »nach Kräften bemüht, diese schwer verständliche Sache klar darzustellen.« Doch er ahnt, daß er manchen seiner Leser damit überfordert hat – deshalb schließlich der Trost: »Wer die Beschreibung nicht versteht, wird auf jeden Fall finden, daß alles sorgfältig und geschickt eingerichtet ist.« Dabei ist das Prinzip der Wasserorgel des Ktesibios eigentlich recht einfach gewesen: Das Instrument wurde mit Wasserkraft betrieben, die mittels Kolben Luft in die etwa 50 Pfeifen pumpte.

Uhrzeit auch bei schlechtem Wetter

Ein nun zweifellos nützlicher Automat, der von Ktesibios entwickelt worden ist, war eine Wasseruhr, die gegenüber den bis dahin gängigen Sonnenuhren den unschätzbaren Vorteil hatte, daß sie auch bei schlechtem Wetter und im Winter ihre Dienste leistete. Dabei orientierte sich Ktesibios zunächst am Prinzip der athenischen Gerichtsuhr, die treffend als *klepsydra* (»Wasserstehler«) bezeichnet wurde. Sie war dazu da, bei Prozessen die Redezeit zu begrenzen. In ein großes Tongefäß wurde eine bestimmte Menge Wasser gefüllt, das durch ein kleines Auslaufrohr geleitet wurde. War das Gefäß leer, mußte der Redner seine Ausführungen beenden. Aus dem einfachen Wasserstehler machte Ktesibios dann eine perfekte Wasseruhr: Zum einen brachte er am Wasserzulauf einen kegelförmigen Schwimmer an, der es möglich machte, die Zufuhr des Wassers zu regulieren. Und zum anderen löste er das Problem, daß die Stunden in den einzelnen Jahreszeiten unterschiedlich lang sind: Durch einen Schwimmer wurde der jeweilige Pegel des Wassers mit einer runden Tafel verbunden, die für jeden Monat die betreffende Stundenlänge angab.

Heron und die Dampfmaschine

Was aber hat nun Heron selbst geleistet? In einem sehr neuen Lexikon zur Antike findet sich das kategorische Urteil: »Heron ist wenig originell.« Seine Bedeutung liege nur in der »handbuchartigen Zusammenfassung des vorhandenen Wissens«. Dieses Urteil ist allerdings höchst ungerecht. Natürlich konnte Heron von dem profitieren, was Mechaniker wie Ktesibios, Philon und andere in der Zeit des Hellenismus bereits an Forschungen betrieben hatten. Doch scheinen seine Experimente mit dem Dampf als einer Energiequelle so weit über die Arbeiten seiner Vorgänger hinausgegangen zu sein, daß moderne Technikhistoriker, die Heron gegenüber freundlicher eingestellt sind, behaupten, nie sei die Antike näher an der Entwicklung der modernen Dampfmaschine gewesen. Eigentlich hätten, so sagen manche, dem antiken Automatenhersteller nur noch Rohre und Befestigungsschrauben aus Eisen gefehlt. Das Grundprinzip der Dampfmaschine hat Heron jedenfalls bereits in seiner Dampfkugel vorweggenommen, bei der eine Kugel durch die Zufuhr von Wärmeenergie in Bewegung versetzt wurde. Praktisch zum Einsatz gekommen ist dieser Vorläufer der Dampfmaschine aber wohl nicht – und dies nicht nur deswegen, weil es dazu noch an einigen technischen Voraussetzungen fehlte, sondern auch, weil kein öffentliches Interesse an einer solchen maschinellen Arbeitsersparnis bestand.

Tempel-Tricks

Und so begnügte sich auch Heron bei seinen Experimenten damit, einige wundersame Apparate herzustellen, die geeignet waren, die Menschen zum Staunen zu bringen und sie zu unterhalten. Was konnte man also alles mit der Entdeckung anfangen, daß Luft sich in der Wärme ausdehnt? Man konnte das Modell eines Tempels herstellen, bei dem sich, wenn auf einem Altar ein Feuer angezündet wurde, automatisch die Tempeltüren öffneten. Ein weiterer Tempel-Trick Herons waren die Weinspender: Zwei Figuren stehen auf einem Sockel, bereit, auf einem Altar ein Trankopfer aus Wein darzubringen. In Bewegung gerät die Szene wiederum durch das Entfachen eines Feuers – nun fließt der Wein aus den Opferschalen. Zum Repertoire Herons gehörte es weiterhin, Figuren zum Tanzen zu bringen oder durch das Öffnen einer Tempeltür aus einer Spielzeugtrompete einen Signalton erschallen zu lassen.

Weinspendende Figuren des Heron

Heron und die Erfindung des Münzautomaten

Um nun aber nicht gänzlich in den Ruf zu geraten, nur unnütze Dinge zu produzieren, kam Heron eines Tages auf die Idee, etwas herzustellen, was sowohl dem Spieltrieb als auch den Anforderungen des täglichen Lebens zugute kommen würde. Das Ergebnis war ein Apparat, durch den er zum Protagonisten auch der modernen Münzautomaten wurde. Dabei handelte es sich um einen Weihwasser-Automaten. Dieser wurde am Eingang des Tempels aufgestellt und spendete den Gläubigen nach dem Einwerfen einer 5-Drachmen-Münze eine geringe Menge an Wasser. Für diese neue Einnahmequelle werden die Priester dem Erfinder ewig dankbar gewesen sein – im Gegensatz zu den Tempelbesuchern, die das Wasser bis dahin gratis bekommen hatten.

Frontinus

Römischer Politiker und Militär, 1./2. Jahrhundert n. Chr.;
Pionierleistung: Aufsicht über die Wasserleitungen der Stadt Rom und Autor eines Handbuches über Bauten zur Wasserversorgung

Keiner wußte so gut wie der antike Römer, daß jeder lebende Mensch ein zukünftiger Verstorbener ist. Die Gewißheit, einmal sterben zu müssen, hat ihn dabei nicht übermäßig belastet. Aber nichts war für ihn quälender als die Vorstellung, nach dem Tod in Vergessenheit zu geraten. Zu den wichtigsten Wörtern in seinem Sprachschatz gehörte daher die *memoria*, wörtlich »die Erinnerung«, allgemein das Bestreben, im Gedächtnis der Nachwelt haften zu bleiben. Um dieses Ziel zu erreichen, gab es im Prinzip zwei Möglichkeiten. Die eine bestand darin, in seinem Leben derartige Großtaten zu vollbringen, daß die Menschheit ewig davon sprechen würde. Das ist allerdings nur wenigen Römern gelungen – nicht jeder war ein Caesar, ein Augustus, ein Nero. Also blieb für die meisten nur eine andere Option der *memoria*-Wahrung: Man sorgte noch zu Lebzeiten dafür, daß man ein respektables Grab erhielt mit einer Inschrift, die die eigene (tatsächliche oder vermeintliche) Bedeutung unterstrich. Deshalb ließen sich die Römer auch nicht auf abgelegenen Friedhöfen begraben, sondern mitten im Leben, an den großen Ausfallstraßen der Städte, wo jeder Passant die letzte Ruhestätte sehen konnte (die demzufolge in Wirklichkeit auch gar keine Ruhestätte war).

Leistung statt Grabluxus

Sextus Iulius Frontinus gehört, aus heutiger Sicht, wohl nicht zu der allerersten Garde römischer Prominenz. Aber Frontinus war ein selbstbewußter Römer. Für ihn stellte sich die Frage nicht, auf Grund welcher der beiden Arten er seine *memoria* sicherstellen sollte. »Aufwendungen für ein Grabmal«, so verkündete er, »sind überflüssig. Die *memoria* an uns wird dauern, wenn wir es durch unser Leben verdient haben.« Nun wurde sicherlich auch Frontinus irgendwo begraben. Doch gibt es von seinem Grabmal heute keine Spur mehr. Es entfällt daher die Möglichkeit zu kontrollieren, ob er in dieser Hinsicht Wort gehalten und sich mit einer bescheidenen Begräbnisstätte begnügt hat. So bleibt nur die Alternative zu prüfen, was er in seinem Leben geleistet hat. Reicht das aus, um in den Genuß dauerhafter *memoria* zu gelangen?

Von der Nutzlosigkeit der Pyramiden

Für heutige Frontinus-Anhänger ist das keine Frage. In Deutschland gibt es eine angesehene wissenschaftliche Gesellschaft, die sich nach ihm benannt hat. Aber auch seine Zeitgenossen hätten nicht gezögert, ihn zu den wichtigeren Persönlichkeiten zu zählen. Und tatsächlich muß sein Name immer dann fallen, wenn von antikem Wasserbau die Rede ist. Mehrere Jahre lang, zwischen 97 und etwa 103 n. Chr., also in der römischen Kaiserzeit, bekleidete er das angesehene und wichtige Amt des Oberaufsehers über die Wasserleitungen der Stadt Rom. Seine diesbezüglichen Erfahrungen hat er – auch für seine Amtsnachfolger – in einer komplett erhaltenen Schrift festgehalten, die eine einzigartige Quelle für die römische Wasserbautechnik darstellt. In dieser findet sich im übrigen ein bemerkenswerter Satz, der beweist, daß es Frontinus nicht an der notwendigen inneren Anteilnahme an seiner Tätigkeit gefehlt hat: Was sind die nutzlosen Pyramiden und ebenso nutzlosen Bauwerke der Griechen, so führt er ganz unbescheiden aus, gegenüber den Aquädukten, den Wunderwerken römischer Baukunst, »und mögen die Leute noch so viel über diese anderen Konstruktionen reden!«

Vom Militär zum Wasserdirektor

Als ihm Kaiser Nerva 97 n. Chr. die verantwortungsvolle Aufgabe übertrug, sich um die Wasserversorgung der Millionenstadt Rom zu kümmern, konnte Frontinus bereits auf eine respektable Karriere zurückblicken: Statthalter in Britannien, in führender Position Teilnahme an einem Feldzug des Kaisers Domitian gegen die germanischen Chatten (im heutigen Hessen), danach Statthalter in der Provinz Asia (im wesentlichen die heutige Türkei). Das waren durchaus ehrenwerte Posten, doch hätten sie allein ihm wohl kaum den ersehnten Ruhm verschafft, auch wenn er seine Kriegserfahrungen und überhaupt sein Interesse an der Militärgeschichte in einem (ebenfalls erhaltenen) Werk über Kriegslisten verarbeitet hat.
Der Durchbruch zur ewigen Sicherung der *memoria* kam 97 n. Chr., als ihm Kaiser Nerva die *cura aquarum* übertrug, also die Stellung eines Direktors der stadtrömischen Wasserversorgungs-Anlagen. Das war eine sehr verantwortungsvolle Aufgabe. Rom brauchte viel Wasser – nicht nur das Trinkwasser für eine Bevölkerung, deren Zahl in der römischen Kaiserzeit die Millionengrenze erreichte, sondern auch das Wasser für die vielen Thermen und Bäder, die für einen Römer zum selbstverständlichen Lebensstandard gehörten. Und geradezu astronomisch wurde der Wasserbedarf, wenn der Kaiser sein Volk mit einer *Naumachie* zu unterhalten beschloß, das heißt der mög-

lichst naturgetreuen Nachbildung großer Seeschlachten – dafür wurden eigens künstliche Seen angelegt, und auch das 80 n. Chr. eingeweihte Kolosseum enthielt Vorrichtungen, um die Arena unter Wasser zu setzen. Aber schon in den Tagen der alten Republik war die konventionelle Versorgung aus Zisternen und Brunnen oder direkt aus dem Tiber nicht mehr ausreichend gewesen. So war man auf die Idee gekommen, Wasser aus ferner gelegenen Quellgebieten in die Stadt zu transportieren.

Die Anfänge

Das Verdienst, die erste römische Fernwasserleitung angelegt zu haben, kommt Appius Claudius Caecus zu, der gleichzeitig als Pionier des antiken Straßenbaus von sich reden gemacht hat, indem auf seine Initiative hin, während seiner *Censur* im Jahre 312 v. Chr., die *Via Appia* nach Capua angelegt wurde. Doch damit waren die gestalterischen Energien des emsigen Censors noch lange nicht verbraucht. Im selben Jahr ließ er eine Wasserleitung bauen, die nach ihm benannte *Aqua Appia*, den Prototyp aller römischen Aquädukte. Frontinus dachte vor allem an seinen eigenen Nachruhm, doch fairerweise hat er in seinem Handbuch nicht die (ja auch absolut unwahre) Behauptung aufgestellt, die Aquädukte von Rom etwa selbst gebaut zu haben. Auf Appius Claudius scheint er aber doch etwas eifersüchtig gewesen zu sein. Er schreibt nämlich, daß es eigentlich dessen Amtskollege Plautius gewesen sei, der die Quellen für diese Leitung (in den Albanerbergen bei Rom) aufgespürt habe. Dafür erhielt dieser zwar den treffenden Beinamen *Venox*, was so viel wie »Wasseraderfinder« heißt. Den Ruhm aber erntete, mit nicht ganz feinen Methoden, sein Kollege Appius Claudius (der den nur vordergründig despektierlichen Beinamen *Caecus* »der Blinde« trug, in Bezugnahme auf eine im Alter auftretende Sehschwäche und einen damit verbundenen plötzlichen Zuwachs an Weisheit). Während der »Wasseraderfinder«, wie von der Verfassung vorgesehen, sich nach 18 Monaten als Censor zurückzog, blieb der »Blinde« einfach im Amt und konnte auf diese Weise das Werk der Wasserleitung vollenden. Über eine Distanz von etwa 17 km führte die *Aqua Appia* nun das kostbare Wasser in die Stadt, wobei der größte Teil unterirdisch und nur eine kurze Strecke oberirdisch, »auf Untermauerungen und Pfeilerarkaden«, wie Frontinus notiert, verlief.

Ein Netz von Wasserleitungen

Elf solcher Fernleitungen haben die Römer bis in die spätere Kaiserzeit hinein angelegt. Die längste von ihnen war die *Aqua Marcia*, ein

Werk des Quintus Marcius Rex, erbaut in den Jahren zwischen 144 und 140 v. Chr. Ihre Gesamtlänge zwischen Quelle und Stadt betrug, wie der gewissenhafte Chronist Frontinus mitteilt, 91,26 km. Die *Aqua Marcia* galt zudem als die beste aller stadtrömischen Wasserleitungen: Die Qualität des besonders kalten und reinen Wassers wurde allseits geschätzt.

Neueste Berechnungen gehen davon aus, daß in der Kaiserzeit aus den elf Leitungen, die in der Summe eine Länge von über 500 km erreichten, ein tägliches Maximum von 635 000 m^3 Wasser nach Rom geführt wurde. An Wassermangel haben die Römer also nicht gelitten: Rein rechnerisch gesehen konnte jeder Einwohner – bei einer angenommenen Bevölkerungszahl von einer Million – täglich über 635 Liter Wasser verfügen. Das allerdings konnte der verschwenderischste Römer beim besten Willen nicht verbrauchen. Und so wurde denn auch von umsichtigen Wasserdirektoren wie Frontinus Vorsorge getroffen, daß mit dem nach Rom strömenden Wasser vernünftig umgegangen wurde.

Die Wasserleitungen nach Rom

Der Weg zu den Verbrauchern
Wichtig war hier ein ausgeklügelter Verteiler-Mechanismus, wie er auch in anderen Städten, zum Beispiel Pompeji, angewendet wurde. Die Aquädukte mündeten in der Stadt in den sogenannten *castella*, den Wasserschlössern. Von diesen wurde das Wasser über drei Hauptleitungen weitergeführt. Die erste diente der Versorgung der Brunnen, die der Allgemeinheit zur Verfügung standen. Die zweite bediente die zahlreichen öffentlichen Bäder und Thermen. Die dritte Leitung war für die Wohlhabenderen reserviert, die sich über Bleirohr-Abzweigungen einen direkten Wasseranschluß in ihren Privathäusern leisten konnten. Solche Hausanschlüsse waren natürlich begehrt, aber schwer zu bekommen: Die Konzessionen wurden vom Kaiser persönlich vergeben. Als Ausgleich für diese Privilegien wurden die reichen Privatabnehmer aber auch häufiger krank, wie im 1. Jahrhundert n. Chr. der Architektur-Schriftsteller Vitruv herausbekommen haben wollte: »Das Blei«, so belehrte er die Elite, »scheint gesundheitsschädlich zu sein, weil aus ihm Bleiweiß entsteht.« Doch letztlich zählten solche Bedenken wenig gegenüber der Annehmlichkeit, sich den täglichen Gang zum öffentlichen Brunnen sparen zu können. Doch die angeblich von den Bleirohren ausgehende Gefahr hat die Menschen immer wieder beschäftigt. Die schleichende Vergiftung der römischen Führungsschicht durch die verbleiten Wasserrohre haben manche moderne Forscher eine Zeitlang sogar für den Untergang Roms verantwortlich gemacht. Dann muß die Elite aber extrem resistent gegenüber diesen schädlichen Einflüssen gewesen

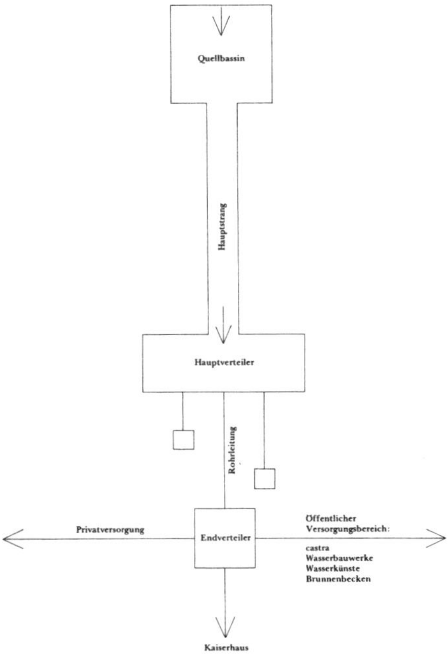

System der Wasserverteilung in Rom

sei, denn untergegangen ist Rom erst mehrere Jahrhunderte nach der Konstruktion der Wasserleitungen.

Die Pflichten eines Wasserdirektors

Und es gab da ja auch noch den *curator aquarum*, der sich z. B. darum kümmerte, daß das Leitungsnetz intakt blieb und daß die notwendigen Reparaturarbeiten durchgeführt wurden. Und sie schauten nach schwarzen Schafen, die die Leitungen unrechtmäßig anzapften und sich so eine private Versorgung verschafften. In diesen Fällen kannten die Behörden keine Gnade. Was von den Sündern mit dem Wasser alles angestellt wurde, beweist das folgende, von Frontinus in seinem Buch zitierte Gesetz (dessen Wortlaut im übrigen zeigt, zu welch bürokratischer Terminologie auch bereits die Römer in der Lage gewesen sind): »Wer wissentlich und in bösartiger Absicht die in Richtung Stadt führenden Kanäle, Leitungsrinnen, Gewölbegänge, Blei- und Tonrohrleitungen, weiterhin die Wasserbehälter der Brunnenbecken der öffentlichen Wasserleitungen aufbohrt und durchbricht, sie aufbrechen oder durchbohren läßt oder sie sonstwie beschädigt, mit der Folge, daß aus einer oder aus mehreren dieser Leitungen eine geringere Menge Wasser fließen kann, als in die Stadt Rom fließt, sich dorthin ergießt, dorthin strömt, gelangt oder geleitet wird, der soll 100 000 Sesterzen Strafe zahlen.«

Griechische Wasserleitungen

Die römischen Aquädukte, bei denen das Wasser aus weit entfernten Quellregionen über Bogenkonstruktionen in die Städte geleitet wurde, bilden ohne Frage den technischen Höhepunkt des antiken Wasserbaus. Doch hätte selbst der stolze Frontinus zugegeben, daß dessen Geschichte schon lange vor den Römern begonnen hat. Besonders innovativ waren auf diesem Gebiet die Griechen. Technikgeschichte schrieb etwa der Tunnel des Eupalinos (6. Jh. v. Chr.) oder die Druckwasserleitung von Pergamon (2. Jh. v. Chr.), mit der über eine Länge von 42 km nach dem Prinzip der kommunizierenden Röhren Wasser aus der Ebene auf den Burgberg hinaufgepumpt wurde. Für die Leitung waren 200 000 Tonröhren notwendig. Die tägliche Förderleistung betrug beachtliche 4 000 m^3 Wasser.

Warum Aquädukte?

Aquädukte haben die Griechen jedoch nicht gebaut. Sie paßten ihre Leitungen – in der Regel über unterirdisch verlegte Tonröhren – den Konturen des Geländes an. Nur wenn es nicht anders ging, verstiegen sie sich zu Meisterleistungen wie Eupalinos auf Samos. Die Römer aber setzten sich andere Maßstäbe. Ein Tal durfte kein Hindernis sein – dann wurde das Wasser eben oberirdisch in einem Kanal, auf einer Konstruktion aus Bogen und Tonnengewölben, darüber hinweggeführt. Doch nicht nur der Wunsch, die Natur zu bezwingen, spielte bei der Anlage von Aquädukten eine Rolle. Hinzu kam, daß die römischen Ingenieure auch die Vorteile der Führung des Wassers über Kanäle (statt, wie bei den Griechen, durch Rohre) erkannt hatten: Einerseits war die Abflußleistung ungleich höher, und andererseits war eine solche Anlage auch einfacher zu reparieren und zu warten. Aquädukte wurden weiterhin eingesetzt, um in Rom die höhergelegenen Stadtteile mit Wasser zu versorgen. Allerdings waren die Römer auch in der Lage, bei besonders großen Höhenunterschieden auf die schon bei den Griechen bewährte Druckleitung zurückzugreifen – so etwa bei der berühmten *Aqua Marcia* mit ihrem Frisch- und Kühlwasser aus den Sabinerbergen.

Imperialer Glanz durch Aquädukte

Die römischen Aquädukte dienten aber nicht allein dem sehr praktischen Zweck, Menschen mit Wasser zu versorgen. Wenn man sie schon, nach den Worten des Frontinus, für wichtiger und bedeutender hielt als die Pyramiden und die Bauten der Griechen, dann sollte auch alle Welt sehen, wozu römische Ingenieurkunst in der Lage war. Also blieben diese Prunkstücke nicht auf Italien beschränkt, sondern sie wurden in alle Teile des Imperium Romanum exportiert. Wie die Theater oder die Straßen wurden sie zu festen, unübersehbaren Dokumenten römischer Präsenz und imperialer Überlegenheit. Ob in Syrien oder in Spanien, in Germanien oder in Afrika – überall konnten nun die unterworfenen Völker anhand der immer prächtiger werdenden Aquädukte bewundernd feststellen, von welch einem Volk sie beherrscht wurden. Ganz im Sinne des Wasserdirektors Frontinus zeugen sie noch heute – meist in gut erhaltenem Zustand – vom Glanz des Römischen Reiches und bewahren die *memoria* an dessen architektonische und technische Brillanz.

Die berühmtesten Aquädukte

Welche der außeritalischen Aquädukte würden, wenn er sie denn alle gekannt hat, Frontinus besonders gefallen haben? In den engeren Kreis der Favoriten gehört zweifellos jener Aquädukt in Frankreich, der modern *Pont du Gard* genannt wird – jene monumentale Wasserleitung in der Provence, heute eine Touristen-Attraktion, aus der zweiten Hälfte des 1. Jahrhunderts v. Chr. stammend, errichtet über dem Felstal des Flußes Gardon, 49 Meter hoch, mit drei Arkaden, auf deren höchstem Geschoß sich der 275 Meter lange Leitungskanal befand. Und es gibt viele weitere Kandidaten für die Krone des römischen Wasserbaus: zum Beispiel den Aquädukt im spanischen Segovia aus der Zeit des Kaisers Augustus mit 119 Doppelarkaden mit einer Höhe von 29 Metern; den Aquädukt im nordafrikanischen Karthago, mit 132 Kilometern der längste im ganzen Imperium Romanum; ebenfalls in Spanien den wiederum von Augustus gebauten Aquädukt im spanischen Tarragona, der in zwei Bogenreihen ein Tal von über 200 Metern Breite überspannt; den Valens-Aquädukt in Konstantinopel, dem heutigen Istanbul, der immer noch mitten durch die Stadt verläuft und der 378 n. Chr. von dem Kaiser Valens erbaut wurde. Und auch in Deutschland haben die Römer Spuren ihrer wassertechnischen Aktivitäten hinterlassen. Gut erforscht ist insbesondere die Eifel-Wasserleitung, die der Trinkwasserversorgung von Köln diente (jener Stadt, die zur Römerzeit noch etwas komplizierter *Colonia Claudia Ara Agrippinensium* hieß – die praktische Verkürzung auf »Köln« signalisiert, daß in der Antike nicht alles besser gewesen ist). Bei einer Länge von 78 Kilometern überwand diese Wasserleitung einen Höhenunterschied von 360 Metern.

Der Kaiser, das Wasser und der Wein

So hatten fast alle Bewohner des Römischen Reiches, dank der Umsicht der politischen Führung (und natürlich dank des unermüdlichen Schaffens von Wasserdirektoren wie Frontinus) zu jeder Zeit mehr Wasser als genug. Den mit Wasser besonders gesegneten Bewohnern der Hauptstadt Rom muß dies bald als eine Selbstverständlichkeit vorgekommen sein, so daß es ihnen an der gebührenden Dankbarkeit zu fehlen begann. Einmal, so erzählt der antike Biograph Sueton, beklagten sie sich bei Kaiser Augustus, daß zu wenig Wein da sei und dieser überdies auch noch zu teuer sei. Da verwies sie der Kaiser mit einer, wie Sueton sagt, »äußerst strengen Bemerkung« in die Schranken: Sein Schwiegersohn Agrippa habe so viele Wasserleitungen in die Stadt gelegt, daß keiner Durst leiden müsse. Da muß, werden die Bewohner von Rom gedacht haben, der Kaiser irgend etwas falsch verstanden haben. Doch von nun an wußten sie wieder, was sie an ihren Aquädukten hatten.

Literaturhinweise

H. Albrecht / Ch. Schönbeck (Hg.), Technik und Gesellschaft, Düsseldorf 1993

A. G. Drachmann, Große griechische Erfinder, Zürich 1967

D. Flach, Römische Agrargeschichte, München 1990

R. J. Forbes, Studies in Ancient Technology, 9 Bände, 2. Auflage Leiden 1964–1972

G. Garbrecht, Wasser. Vorrat, Bedarf und Nutzung in Geschichte und Gegenwart, Reinbek bei Hamburg 1985

K. Grewe, Licht am Ende des Tunnels. Planung und Trassierung im antiken Tunnelbau, Mainz 1998

H. Kloft, Die Wirtschaft der griechisch-römischen Welt, Darmstadt 1992

F. Kolb, Die Stadt im Altertum, München 1984

A. Krug, Heilkunst und Heilkult. Medizin in der Antike, 3. Auflage München 1993

J. G. Landels, Die Technik in der antiken Welt, 4. Auflage München 1989

E. Olshausen, Einführung in die Historische Geographie der Alten Welt, Darmstadt 1991

W. Riepl, Das Nachrichtenwesen des Altertums, Leipzig/Berlin 1913 (Nachdruck 1972)

H. Schneider, Einführung in die antike Technikgeschichte, Darmstadt 1992

H.-Chr. Schneider, Altstraßenforschung, Darmstadt 1982

H. Sonnabend (Hg.), Mensch und Landschaft in der Antike. Lexikon der Historischen Geographie, Stuttgart/Weimar 1999

R. Tölle-Kastenbein, Antike Wasserkultur, München 1990

Bildnachweis

Seite 12 Thales (Büste, Rom, vatikan. Museen, aus: German Hafner, Bildlexikon antiker Personen, Zürich 1993, S. 263)

Seite 22 Der Tunnel des Eupalinos in Samos (Plan des Gesamtverlaufs, aus: Werner Müller, Architekten in der Welt der Antike, Zürich/München 1989, S. 155)

Seite 30 Schiffsbrücke über die Donau (Relief, Rom, Trajansäule, aus: Fritz Kretzschmer, Bilddokumente römischer Technik, Düsseldorf 1983, S. 106)

Seite 34 Rekonstruktion der Rheinbrücke (aus: C. Iulius Caesar, Der Gallische Krieg, lat./dt., hg. von Otto Schönberger, Düsseldorf/Zürich, 2. Aufl. 1999, S. 545)

Seite 45 Xerxeskanal und Isthmos (Zeichnung E. H.)

Seite 51 Plan von Milet (aus: Müller, S. 51)

Seite 60 Demokrit und Atommodell (griechische 10-Drachmen-Münze aus dem Jahr 1976, aus: Antike Atomphysik, griech./lat./ital./dt., hg. von Alfred Stückelberger, München 1979, S. 3)

Seite 68 Chirurgische Instrumente (aus: Reisen in die Vergangenheit. Lebensalltag im alten Rom, Stuttgart 1996, S. 117 © G. Dagli Orti, Paris)

Seite 82 Schlachtreihe (Vase, 7. Jh. v. Chr., Nachzeichnung E. H.)

Seite 88 Aristoteles (Büste, Rom, Museo Nazionale, aus: Hafner, Bildlexikon, S. 60)

Seite 95 Appius Claudius Caecus (Büste, Rom, vatikan. Museen, aus: Hafner, Bildlexikon, S. 49)

Seite 100 Via Appia (Fotografie von Gunter Giebel, aus: Marion Giebel, Reisen in der Antike, Düsseldorf/Zürich 2000, S. 132)

Seite 107 Der römische Leuchtturm von La Coruña (aus: Müller, S. 177)

Seite 117 Wasserschnecke des Archimedes (Diagramm nach Vitruv 10,6, oben Querschnitt, aus: Aage Gerhardt Drachmann, Große griechische Erfinder, übers. von Klaus Bartels, Zürich 1967)

Seite 127 Erdkarte nach Eratosthenes (aus: Giebel, Reisen, S. 106/ 107)

Seite 138 T. Paconius Caledus beaufsichtigt seine Landarbeiter (Grabrelief, Rom, vatikan. Museen, aus: Karl-Wilhelm Weeber, Alltag im Alten Rom, Bd. 2: Das Landleben, Düsseldorf/Zürich 2000, S. 47)

Seite 142 Attalos III. (Büste, Oslo, aus: Hafner, Bildlexikon, S. 65)

Seite 144 Gefleckter Schierling (Zeichnung von Ruth und Heinz Weber, aus: Hans-Peter Dörfler/Gerhard Roselt, Heilpflanzen. Gestern und heute, Leipzig/Jena/Berlin 1989)

Seite 153 Schema einer Hypokaustenheizung: 1 Außenmauer, 2 Putzschicht, 3 Hohlziegel (*tubuli*), 4 Estrich, 5 Ziegelplatten, 6 Ziegelpfeiler, 7 Feuerstelle (*praefurnium*) (aus: Karl-Wilhelm Weeber, Alltag im Alten Rom, Bd. 1: Das Leben in der Stadt, Düsseldorf/Zürich 6. Aufl. 2001, S. 177)

Seite 153 Hypokausten, Thermenanlage von Saepinum (aus: Weeber 1, S. 177)

Seite 160 Straßenszene (röm. Sarkophag, 4. Jh. n. Chr., aus Weeber 1, S. 390)

Seite 172 Feuerspritze des Heron (aus: Drachmann, S. 21)

Seite 178 Schäden des Erdbebens von 62 n. Chr. (Relief aus Pompeji, aus: Weeber 2, S. 202)

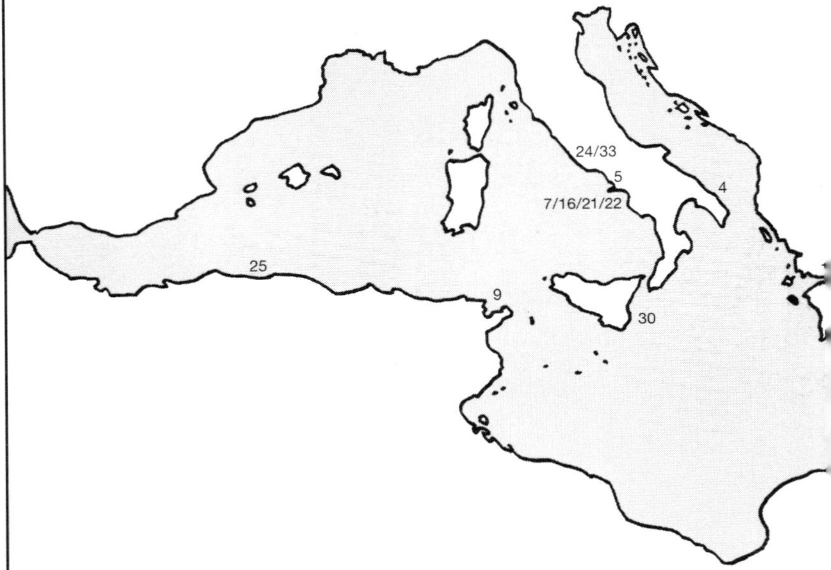

1 Abdera
2 Alexandria
3 Athen
4 Brundisium
5 Capua
6 Gortyn
7 Herculaneum
8 Jerusalem
9 Karthago
10 Knossos
11 Korinth
12 Kos
13 Kyrene
14 Leuktra
15 Milet
16 Neapel
17 Nikomedia
18 Pella
19 Pergam
20 Piräus
21 Pompe
22 Puteoli
23 Rhodos
24 Rom
25 Saldae
26 Samos
27 Sparta